Wie unsere Jahre zählen und was sie bedeuten, hängt davon ab, welches Geschlecht wir haben. Und Frauen haben dabei von jeher die schlechteren Karten. Trotz aller emanzipatorischer Fortschritte sind Frauen in Sachen Altern noch immer mit einer brutalen Doppelmoral konfrontiert, die ihnen Lebenschancen nimmt, sie verschwinden lässt, sie zu Getriebenen macht.

In ihrem neuen Buch nimmt die Bestsellerautorin das weibliche Älterwerden in den Blick und widmet sich dessen zentralen Kampfzonen: dem Thema Liebe und Partnerschaft, dem Berufsleben, den Wechseljahren, dem ewigen Kampf um die Schönheit und natürlich der Frage, welche Rolle die Medien bei all dem spielen. Dabei lässt sie zahlreiche Frauen zu Wort kommen, von ihren Erfahrungen, Hoffnungen und Ängsten berichten, befragt aber auch Experten und Wissenschaftler.

BASCHA MIKA wurde 1954 in einem schlesischen Dorf in Polen geboren und übersiedelte als Kind in die Bundesrepublik. Nach einer Banklehre studierte sie Germanistik, Philosophie und Ethnologie. Sie arbeitete als Redakteurin und Journalistin und veröffentlichte 1998 eine kritische Alice-Schwarzer-Biografie, die für großes Aufsehen sorgte. Von 1999 bis 2009 war sie Chefredakteurin der taz. Heute ist sie Honorarprofessorin an der Universität der Künste, Berlin, und freie Publizistin.

BASCHA MIKA

MUTPROBE

Frauen und das höllische Spiel
mit dem Älterwerden

btb

Verlagsgruppe Random House FSC® N001967
Das für dieses Buch verwendete FSC®-zertifizierte
Papier *Lux Cream* liefert Stora Enso, Finnland.

1. Auflage
Genehmigte Taschenbuchausgabe Juni 2015,
btb Verlag in der Verlagsgruppe Random House GmbH, München
Copyright © der Originalausgabe 2014
C. Bertelsmann Verlag, München, in der
Verlagsgruppe Random House GmbH
Umschlaggestaltung: semper smile, München, nach einem
Umschlagentwurf von buxdesign, München
Druck und Einband: CPI books GmbH
LW · Herstellung: sc
Printed in Germany
ISBN 978-3-442-74967-6

www.btb-verlag.de
www.facebook.com/btbverlag
Besuchen Sie auch unseren LiteraturBlog www.transatlantik.de!

Inhalt

Worte übers Älterwerden

*»Männer haben einen erheblichen Vorteil: Wir kriegen
Falten, werden fett und glatzköpfig oder weißhaarig
und keinen kümmert's.«*
(George Clooney)

*»Frauen werden Männern niemals ebenbürtig sein,
solange sie nicht mit Glatze und Bierbauch die Straße runter-
laufen können und immer noch denken, sie seien schön.«*
(Nina Hagen)

*»Eine Frau kann mit 19 entzückend, mit 29 hinreißend sein.
Aber erst mit 39 ist sie absolut unwiderstehlich. Und älter
als 39 wird keine Frau, die einmal unwiderstehlich war.«*
(Coco Chanel)

*»Das Altern erschreckt nur Frauen,
die außer ihrer Figur nichts aufzuweisen haben.«*
(Inge Meysel)

»Nicht ich werde älter, sondern mein Kameramann.«
(Doris Day)

»Es gibt ein Alter, in dem eine Frau schön sein muss,
um geliebt zu werden. Und dann kommt ein Alter,
in dem sie geliebt werden muss, um schön zu sein.«
(Françoise Sagan)

»Falten sind die Haltestelle der Gesichtszüge.«
(Heinz Erhardt)

»Eine Frau ist ein Engel mit zehn, eine Heilige
mit fünfzehn, ein Teufel mit vierzig und
eine Hexe mit achtzig.«
(Englisches Sprichwort)

»Alter ist irrelevant, es sei denn,
du bist eine Flasche Wein.«
(Joan Collins)

»Keine Grenze verlockt mehr zum Schmuggeln
als die Altersgrenze.«
(Karl Kraus)

»Die hässlichen Frauen altern besser als die hübschen,
denn sie gehen vom Schatten in die Dunkelheit.«
(Francis de Croisset)

»Das Alter ist die Hölle der Frauen.«
(François de La Rochefoucauld)

Vorwort

Älterwerden beginnt mit der Geburt und endet mit dem Tod. Das versteht sich eigentlich von selbst, warum es also noch einmal betonen? Weil dieser Satz etwas Zentrales verschleiert. Er klingt, als ginge es hier nur um einen biologischen Prozess, als wären alle Menschen gleichermaßen von den Jahren betroffen. Doch das ist Täuschung. Denn für Frauen hat diese Aussage eine völlig andere Bedeutung als für Männer. Wo viele Frauen bereits jenseits der 30 beginnen, sich vor dem Älterwerden zu fürchten, sehen die meisten Männer ihrer mittleren Lebensphase sehr viel gelassener entgegen. Der Grund: die unterschiedliche gesellschaftliche Bewertung der Lebensjahre. Männer werden älter, Frauen werden alt gemacht! Es ist ein höllisches Spiel, das wir seit Tausenden Jahren im Geschlechterzirkus betreiben.

Das Thema beschäftigt mich schon lange, es war an der Zeit, den Phänomenen gezielt nachzugehen. Im Alltag und im öffentlichen Raum, in Gesprächen mit Experten und Wissenschaftlerinnen, in zahlreichen Begegnungen mit Frauen und Männern, die über ihre Erfahrungen mit dem Älterwerden berichteten. Wiederkehrend und erschreckend deutlich wurde dabei: Frauen in den mittleren Jahren sind einer perfiden sozialen Geringschätzung ausgesetzt, die Unbehagen, Angst und Leid hervorrufen kann. Die weibliche Abwertung wird kollektiv erlebt und ist mitnichten ein persönliches, sondern ein gesellschaftliches Problem.

Älterwerden scheint wie ein Fluch auf Frauen zu lasten und fordert ihnen eine permanente, wenngleich unfreiwillige Mutprobe ab. Selbst wenn nicht alle gleichermaßen betroffen sind, spüren doch alle mehr oder weniger bewusst den Druck, der hier auf weiblicher Seite herrscht.

Um den Blick dafür zu schärfen, schreibe ich aus einer weiblichen Perspektive. Frauen sind zwar nicht einfach Opfer – dazu sind sie selbst zu sehr in das System verstrickt –, aber das Doppelspiel mit den Jahren geht zu ihren Lasten und trifft sie besonders hart. Als *The Double Standard of Aging* hat die berühmte amerikanische Essayistin Susan Sontag bereits in den 1970er Jahren die Missachtung der älter werdenden Frau beschrieben. Wie kann es sein, dass sich im Kern daran bis heute so wenig geändert hat? Und warum sollten wir Frauen das weiter hinnehmen?

Alle der folgenden Erzählungen und Geschichten sind authentisch, alle darin geschilderten Menschen real. Damit meine Interviewpartnerinnen und -partner die Möglichkeit hatten, sich in einem geschützten Rahmen zu äußern, habe ich sie anonymisiert, wenn sie es wünschten.

Tücke und Tabu

Worum es geht

Auch Heldinnen haben Ängste. Und dann benehmen sie sich merkwürdig. So merkwürdig wie Meryl Streep. Die Schauspielerin hatte gerade *Jenseits von Afrika* abgedreht und gab in New York einige Interviews. Es waren Gespräche, wie sie bei der Werbetour für einen Film üblich sind: straff geplant und zeitlich durchgetaktet. Meryl Streep erledigte professionell ihren Job – doch plötzlich setzte sie ihren Pressesprecher vor die Hotelzimmertür und sagte alle weiteren Termine ab.

Eine Reporterin vom *Stern* war aufgetaucht. Die Journalistin hatte sich darauf eingestellt, dass ihr nur wenig Zeit mit dem Star zur Verfügung stand. Doch Meryl Streep entschied anders. Sie wollte sich ungestört unterhalten. Über ein Thema, das beide Frauen persönlich anging. Das Älterwerden. Den Schrecken davor. Die Furcht, seine Ausstrahlung zu verlieren und nicht mehr gefragt zu sein. Als Meryl Streep über ihre Ängste sprach, darüber, was es für eine Frau bedeutet, in Hollywood Falten zu kriegen, war sie 36 Jahre alt. Wibke Bruhns, die deutsche Reporterin, zehn Jahre älter.[1]

Eigentlich waren die beiden mit diesem Problem relativ spät dran. Wer heutzutage mit Frauen spricht, wird feststellen, wie deutlich sich die Zeithorizonte verschoben haben. Die Angst vor den Jahren setzt inzwischen unglaublich früh ein. Da kämpfen bereits 18-Jährige tapfer gegen imaginäre Runzeln. 25-Jährige geraten in Panik, wenn sie nicht mehr als Jugendliche durchgehen. Der 30. Geburtstag wird als deutliches Zeichen für Schluss mit lustig wahrgenommen. Und wenn erst die 40 drohen und sich irgendwann auch noch die Wechseljahre heranpirschen …

Hier geht es um Frauen, um ihre Erfahrungen mit dem Älterwerden. Kaum eine, die das Thema nicht kümmert. Und oft ist es weit mehr als nur Thema: eine Schmerzzone. Ein wundes Gebiet, das auf Berührung empfindlich reagiert. Frauen leiden daran, älter zu werden. Viel zu viele, viel zu oft. Nicht einfach an der fortschreitenden Zeit, nicht schlicht unter den Jahren. Wer könnte diesem Schicksal entgehen? Was Frauen fürchten, ist die gesellschaftliche Abseitsfalle, in die sie gedrängt werden. Und diese Bedrohung ist nicht etwa nur eine persönliche, sondern auch eine soziale Erfahrung. Und damit politisch.

Selbstverständlich gibt es Frauen, die den zweiten Lebensabschnitt entspannt und selbstsicher angehen. Die sich auf jeden Geburtstag freuen und gelassen alles abprallen lassen, was das Älterwerden an Hinterhältigkeit in petto hält. Doch Souveränität im Privaten ändert nichts daran, dass in der Gesellschaft kollektive Muster der Kränkung und Abwertung warten. Und sind es tatsächlich so viele Frauen, die völlig frei sind von Unbehagen, wenn sie sich im Blick der anderen spiegeln?

Denn bei Frauen wird unendlich viel an ihre Lebensjahre gekettet: Ihre Sichtbarkeit in der Öffentlichkeit, ihre erotische Anziehungskraft, ihr Wert auf dem Liebesmarkt, der Erfolg in der Arbeitswelt – um nur einige Felder zu nennen. Als wäre die Identität einer Frau ausschließlich von ihrem Alter abhängig. Als erschöpfe sich der Kern des weiblichen Selbst in den Jahren.

Ist das ein Gesetz der Natur? Mitnichten. Es scheint nur so. Denn schließlich erleben Männer es anders. Trotz Jugendwahn und Körperkult – Männer dürfen älter werden und das auch zeigen. Ihr Alter gehört ihnen. Sie brauchen sich nicht um Jugendlichkeit zu bemühen, damit sie als erotisches Wesen beachtet werden. Sie können sich trauen, all ihre Falten zu präsentieren, denn die machen sie angeblich sexy. Sie gelten auch in späten Jahren noch als durchaus viril. Beruflich, privat, sexuell.

So wurde Hartmut Mehdorn, nachdem er bereits einige Unternehmen erfolgreich heruntergemanagt hatte, noch mit über 70 Jahren zum Chef der Berliner Flughafengesellschaft berufen. Als aber Renate Künast sich als Spitzenkandidatin für die Bundestagswahl 2013 bewarb, lästerten Journalisten, sie sei doch wohl nicht mehr ganz frisch. Ob die Partei denn nichts Jüngeres habe? Da war die Grünen-Politikerin gerade mal 57 Jahre geworden.

Auch wenn es um ihr Liebesleben geht, genießen Männer eine erstaunliche Großzügigkeit. Unverhohlen dürfen sie Jagd auf eine weitaus jüngere Partnerin machen. Eine schöne Trophäe! Sich mit einer jungen Frau zu paaren wird noch immer als Konstante im männlichen Beuteschema betrachtet. Weswegen der 75-jährige Udo Jürgens, Lustgreis unter den Schlagersängern, nonchalant damit angibt, dass seine Geliebten »natürlich nicht« in seinem Alter sind[2]; dabei hat er den größten Teil seiner weiblichen Fans genau in der Generation, die er erotisch verachtet. Und wenn Klaus Maria Brandauer, der bekannteste österreichische Schauspieler, mit 70 Jahren noch einmal Vater wird – so zumindest wird in der Presse berichtet – erntet er nicht etwa öffentlich Spott, sondern unser Nachbarland schwärmt. »Im Alter von 70 Jahren wird ihm seine Frau Natalie ein Kind schenken«, kitscht das Online-Magazin *Heute.at* herum. Um dann allen Ernstes hinzuzufügen: »Brandauer heiratete seine Natalie 2007. Er brachte Sohn Christian mit in die Ehe.« Der Sohn, den der Schauspieler damals *mitbrachte*, war bereits Mitte 40, zwölf Jahre älter als Brandauers zweite Ehefrau zur Zeit der Hochzeit.[3]

Nun sind das Prominente, für die ja angeblich andere Regeln gelten. Doch auch für den Alltagsmann stehen weibliche Liebesobjekte in vielen Altersgruppen bereit – während sich die Alltagsfrau nur nach Gleichaltrigen oder Älteren sehnen darf. Die Beziehung zwischen einem jungen Mann und einer älteren Frau gilt noch immer als ziemlich fragwürdig. So ein Liebespaar wird leicht zum Gespött – der weibliche und männliche Part auf je unterschiedliche Weise.

Vielleicht ist es etwas anderes, wenn man Demi Moore heißt. Doch selbst der Hollywoodstar musste es sich gefallen lassen, dass der Altersunterschied zu seinem 16 Jahre jüngeren Lover ständig öffentlich thematisiert wurde. Und als die Ehe nach acht Jahren kaputtging, waren die Kommentare erwartbar boshaft. Denken wir also wirklich, die kulturellen Vorurteile gegen das weibliche Altern hätten sich im neuen Jahrtausend erledigt?

Männer verfallen angesichts ihrer fortschreitenden Jahre seltener in Panik und Depression. Ihre Sorge flackert auf, wenn sie körperlich nicht mehr so leistungsfähig sind, wie sie es wünschen. Oder wenn sie sich im Job überfordert fühlen. Das ist ein deutlich anderes Betroffenheitsmuster als bei Frauen.

Häufig sind Männer von dem Gefühl getragen, das Leben habe ihnen bis ins Alter noch viel zu bieten. Und während Frauen auf Schritt und Tritt – durch Werbung, Zeitschriften und mediale Laufstege – dem Wettbewerb ausgesetzt sind, schaffen es Männer, den öffentlichen Raum von Bildern junger, perfekt gebauter Artgenossen weitgehend frei zu halten. Warum sollten sie sich mit der eigenen Unzulänglichkeit konfrontieren? Da setzen sie doch lieber den weiblichen Körper dem gnadenlosen Wettbewerb aus.

Alle altern. Und doch verläuft der Prozess extrem doppelbödig. Älterwerden ist eben nicht gleich Älterwerden. Denn wie unsere Jahre zählen und was sie bedeuten, hängt davon ab, wer wir sind – Mann oder Frau. Es ist ein höllisches Spiel, das hier mit Frauen getrieben wird. Tückisch, gemein und hinterlistig. Ein doppelter Standard beherrscht unser Älterwerden!

Eigentlich ist der Spielablauf einfach und doch von einer brutalen Zwangsläufigkeit: Frauen werden über ihren Körper definiert. Ihr Körper ist ihr Kapital. Dieser Körper muss jung und fruchtbar sein, um dem Weiblichkeitsideal zu entsprechen. Doch es ist zuallererst der Körper, der sichtbar altert. Mit der Jugend und Fruchtbarkeit ihres Körpers verlieren Frauen somit das, was angeblich entscheidend für ihren Wert ist. Und für ihre Identität. So bleibt – folgt man diesem grausamen Muster – am Ende des Spiels die wert- und identitätslose Frau. Und irgendwann sieht sie sich insgeheim vielleicht selbst so.

Um es mit anderen Worten zu sagen: Wo Frauen als Ware betrachtet werden, unterliegen sie auch Warenstandards. Der Warencharakter wird ihnen allerdings nicht nur aufgezwungen, oft genug betrachten und inszenieren sie sich selbst entsprechend. Als Ware haben Frauen ein Haltbarkeitsdatum und wenn dieses abläuft – sprich ihre erotische Anziehungskraft auf Männer nachlässt –, verfällt ihr Wert als Konsumgut.

Wenn Frauen deswegen trauern, passiert es heimlich, still und leise. Denn dass sie sich wegen ihrer zunehmenden Jahre schlecht behandelt fühlen – überhaupt deswegen schlecht fühlen –, sprechen sie nur zögerlich an. Wie ein Tabu, das man besser nicht antastet. Als würden all die Ängste und Befürchtungen erst wahr werden, wenn man darüber redet. Als wäre Reden ein Eingeständnis in eigenes Versagen. Als würde sich gar nichts ändern lassen. Das hat mit Scham zu tun, aber auch mit Resignation.

In Großbritannien dagegen zogen in den vergangenen Jahren nicht wenige Menschen vor Gericht, weil sie sich wegen ihres Alters diskriminiert sahen. Im angelsächsischen Raum ist das öffentliche Interesse an diesem Thema groß, die gesellschaftliche Debatte wird breit geführt. Aber hierzulande?

Wie heißt es so schön? Männer reifen, Frauen verblühen. Der alte Spruch müsste in unseren hypermodernen Zeiten doch längst außer Kraft gesetzt sein. Doch die Doppelmoral vergangener Jahrhunderte entfaltet ihre Wirkung noch heute. Die Bewertung der Lebensjahre ist zutiefst gespalten. Und die Bruchlinie verläuft streng entlang der Geschlechtergrenze.

Männer können in der zweiten Lebensphase mit Wohlwollen, selbst mit Bewunderung rechnen. Frauen erwartet ein unerbittliches, teils vernichtendes Urteil. Die Effekte zeigen sich im gesellschaftlichen und privaten Raum.

»Für älter werdende Frauen ist die Unsichtbarkeit gleichzeitig ein Gefühl und eine Realität«, schreibt die australische Journalistin Liz Byrski, »und die Stille, die daraus folgt, wenn man nicht angesprochen wird, macht taub.«

Damit bringt Liz Byrski eine Erfahrung wohl stellvertretend für unendlich viele Frauen auf einen bitteren Punkt.

Immer noch fühlen sich Frauen erst dann ganz lebendig und existent, wenn sie von Männern wahrgenommen werden. Um dieses Ziel zu erreichen, stellen sie einiges an. Darauf wurden sie schließlich jahrtausendelang trainiert, diese Haltung legen sie auch heute nicht einfach ab. Dafür gibt es viele Erklärungen und einen handfesten Grund: Noch immer bestimmen vorrangig Männer die Regeln, nach denen die Partnersuche funktioniert. Wer als Frau nicht allein bleiben will, ist mit diesem Reglement konfrontiert – was mit zunehmendem Alter eher unlustig wird. Denn im männlichen Ranking des Begehrens bedeutet jedes weibliche Lebensjahr einen Punkt Abzug bei der B-Note.

Zweifellos gibt es auch Männer, denen dieser Steinzeitreflex peinlich ist. »Ich habe meine Frau aber nicht wegen einer Jüngeren verlassen!« Dies ist als spontane Rechtfertigung von männlicher Seite durchaus zu hören, wenn eine langjährige Beziehung zu Bruch gegangen ist. Dass es üblicherweise anders läuft, bekommen Frauen vor allem jenseits der 40 zu spüren. Bei Partnerbörsen im Internet wünscht sich jeder 50- eine 30-Jährige und jeder Greis eine Frau, die keinesfalls über 60 sein darf.

Wertung und Abwertung des Älterwerdens: eine der letzten, unaufgelösten Paradoxien zwischen Männern und Frauen. Man – vor allem aber frau! – wird nicht einfach alt, sondern alt *gemacht*.

Dabei wäre es allzu billig, von Männern als Bösewichte und Frauen als Opfern zu sprechen. Die Dinge liegen viel komplizierter. Es geht um ein barbarisches Missverhältnis, das sich in unsere Köpfe und Körper über einen enorm langen Zeitraum eingeschrieben hat. Sowohl in die männlichen als auch die weiblichen. Und keiner Seite ist es gegeben, sich ohne Mühe daraus zu befreien. Es geht um Machtverhältnisse, die in unserer männlich dominierten Gesellschaft noch immer akzeptiert werden. Von Männern *und* Frauen. Denn auch Frauen übernehmen die Gebrauchssicht auf alles Weibliche, bauen diese Sicht in ihr Selbstbild ein und machen sie zum Maßstab für andere Frauen.

Pierre Bourdieu, einer der renommiertesten französischen Soziologen, nennt diese vertrackte Wechselwirkung *symbolische Gewalt*. Er kommt zu dem Schluss, dass die Beherrschten – Frauen – einverstanden sind mit der herrschenden Ordnung, auch wenn ihnen das nicht bewusst ist. Männer und Frauen verfügen über ein System von Verhaltensweisen, einen Habitus, in das dieses Herrschaftsverhältnis eingeprägt ist und das ihr praktisches Handeln beeinflusst. So akzeptieren und reproduzieren Frauen die ungleichen Verhältnisse. Doch auch wenn sie nicht immer wissen, was sie da tun, sind sie nicht einfach nur fremdgesteuert. Der Habitus gibt zwar einen Rahmen vor, aber auch einen Raum der Möglichkeiten, um individuell zu handeln.[4]

Wenn es also darum geht, eine der letzten männlich-weiblichen Paradoxien aufzulösen, bedeutet das nicht nur, dass Frauen endlich die Opferrolle abwerfen – in die sie beim Älterwerden noch immer gedrängt werden –, sondern auch, dass sie Abschied nehmen müssen von einem Stück selbstverschuldeter Unmündigkeit.

Eine Beobachtung ist dabei wirklich frappierend. Schon lange hat sich in der öffentlichen Debatte die Auffassung durchgesetzt:

Das Geschlecht ist gesellschaftlich *gemacht*. Unser Verständnis von männlich und weiblich ist nicht einfach biologisch vorgegeben, es wird kulturell hergestellt. Diese Position wird inzwischen in der Wissenschaft, der Politik und den Institutionen vertreten. *Doing gender* heißt das in der Soziologensprache.

Im Prinzip unterliegt das Altern den gleichen Regeln – aber darüber spricht niemand. Außer Experten. Und die sind sich weitgehend einig: Auch Alter wird *gemacht*. Es ist eine kulturell definierte Größe. Das numerische Alter ist zwar von Bedeutung, aber vor allem gilt, wie die Lebensjahre gesellschaftlich zählen. Welcher soziale Stellenwert ihnen zukommt. Auch beim Altern haben wir es eben nicht mit unveränderlichen Merkmalen zu tun – der Prozess wird sozial gestaltet. Wissenschaftler reden von *doing aging*.[5]

Deshalb ist es nicht egal, wann und wo ein Mensch 40 Jahre alt wird. In China bedeutet es etwas anderes als in Russland. Im 18. Jahrhundert wurde ein 40-jähriger Mensch nicht so betrachtet wie heute. Und nie – zu keiner Zeit und an keinem Ort – war und ist es bedeutungslos, ob es sich dabei um einen Mann oder eine Frau handelt.

Älter zu werden ist nicht einfach ein Akt der Natur. Hier bietet sich eine gesellschaftliche Projektionsfläche, die sozial und kulturell sehr unterschiedlich bespielt werden kann. Das ist entscheidend, um zu verstehen, warum der Blick auf die zweite Lebensphase der Frau so anders ausfällt als der auf den Mann. Doch dieser Denkansatz ist in der breiteren Öffentlichkeit quasi unbekannt. Selbst in ansonsten gut informierten Kreisen hat bislang kaum jemand von *doing aging* gehört.

Dabei zeigt sich genau hier, in welche Richtung wir blicken müssen, um Älterwerden neu zu erfahren. Noch immer wirkt die Abwertung der weiblichen Jahre mit einer ungeheuren kulturhistorischen Wucht bis in das Seelenleben heutiger Frauen hinein. Doch wenn wir wissen, dass es dabei um eine kollektive Erfahrung geht, ändert das nicht völlig die Perspektive? Auf das persönliche Erleben, aber auch auf die Handlungsmöglichkeiten, die sich ergeben? Können wir dann nicht beginnen, ganz neu zu denken und uns zu wehren?

Klar ist: Was Älterwerden bedeutet, hängt an den gesellschaftlichen Bedingungen und an deren Veränderung. Deswegen ist der Blick auf die mittleren Lebensjahre einer Frau auch nicht mehr derselbe wie noch vor Jahrzehnten. Im Vergleich beispielsweise zu den Nachkriegsjahren erscheinen die derzeitigen Verhältnisse deutlich weniger harsch und verfestigt.

So ließ sich Konrad Adenauer 1949 – damals hatte er mehr als 70 Jahre auf dem Buckel – sehr selbstbewusst zum ersten Kanzler der Bundesrepublik wählen. Und noch als fast 90-Jähriger musste er regelrecht aus dem Amt getragen werden. Eine Frau hingegen galt damals mit 50 bereits als verbraucht – und fühlte sich häufig auch so. Ganz sicher darf man dabei die härteren Lebensumstände dieser Generation nicht vergessen. Doch darüber hinaus ließ die Gesellschaft den Frauen auch gar keine Chance, ein anderes Selbstbild zu entwickeln.

Inzwischen hat sich der Zeitpunkt, ab dem eine Frau als alt und vernutzt abgestempelt wird, zumindest nach hinten verschoben. Insoweit ist die Auseinandersetzung mit dem weiblichen Älterwerden bereits eine Erfolgsgeschichte.

Doch das reicht nicht. Nicht, um die üblen gesellschaftlichen Mechanismen auszuhebeln. Nicht, um Frauen von dem wahnsinnigen Druck zu befreien, den sie beim Älterwerden spüren. Und der schlägt sich negativ in ihrem Lebensgefühl nieder. Das konnten Glücksforscher bei US-amerikanischen Frauen wissenschaftlich untermauern. Sie haben herausgefunden, dass junge Frauen zwar zufriedener sind als Männer, sich mit steigendem Alter das Blatt aber drastisch wendet. Spätestens ab dem 48. Lebensjahr fühlen sich Männer durchweg glücklicher als Frauen – in allen Lebensbereichen. Währenddessen wird der weibliche Teil der Gesellschaft immer trauriger, je weiter die Zeit voranschreitet.[6]

Diese Phänomene sind sicher nicht in jedem sozialen Umfeld gleich oder in gleichem Maße zu beobachten. Es sind vor allem Frauen aus der Mittelschicht, die darunter leiden, gesellschaftlich alt gemacht zu werden. Weniger privilegierte sind stärker von anderen Sorgen absorbiert. Privilegiertere können vieles durch Luxus wettmachen. Und doch setzen sich Frauen aller sozialen Schichten mit dem Älterwerden auseinander, auch wenn sie unterschiedliche Mechanismen entwickeln, um damit umzugehen. Und immer sind sie anders betroffen als Männer ihrer Milieus. Darüber hinaus läuft im Kopfkino jeder Frau noch ein ganz persönlicher Film zu diesem Thema.

Denn die zweite Lebensphase ist allzu oft mit krisenhafter Erfahrung verknüpft. Oder der Angst davor – was es nur graduell besser macht. Ausgelöst wird die Misere durch ein brutales Maß an Fremdbestimmung, dem sich Frauen ausgesetzt sehen. Reflexartig wird auf ihrem Körper nach den Spuren der Jahre gefahndet. Sie werden taxiert, bewertet, in Konkurrenz gesetzt. Vom fremden Blick, den sie Stück für Stück zu ihrem eigenen machen. Die Urteile von außen nagen am weiblichen Selbstbild, zersetzen die Sicht auf das bisherige Leben und pflügen das Körpergefühl um. Der fremde Blick auf ihr Älterwerden macht Frauen so unfrei und abhängig, wie es in der westlichen weiblichen Welt ansonsten kaum noch zu beobachten ist. Wie Frauen es auf anderen Feldern kaum mehr zulassen, weil sie sich mit Erfolg wehren.

Was haben Frauen nicht alles erreicht, seitdem sie sich aufmachten, die Welt zu erobern. Haben sie die Erde nicht bereits mehrfach umrundet – während Männer noch immer abwartend an der Haltestelle stehen? Wie viele Rechte haben sich Frauen ertrotzt, wie weitflächig ihre Teilhabe erkämpft. Der Prozess ist mühsam und geht entnervend langsam voran; selbstverständlich sind Frauen auf dem Weg zur Selbstbestimmung längst noch nicht angekommen. Doch zumindest ihren Anspruch auf Augenhöhe haben sie in fast allen Lebenswelten angemeldet. Es gibt hierzulande nur noch wenige Bereiche, die nicht vom emanzipatorischen Virus angesteckt und aufgemischt wurden. Wenn auch leider bisher noch immer nicht mit vollem Erfolg.

In Sachen Bildung und Ausbildung macht dem weiblichen Teil der Gesellschaft niemand mehr etwas vor. Die Wirtschaft sieht sich zunehmend unter Zugzwang, weil Frauen gleiche Löhne und Aufstiegschancen fordern. Die Familien- und Frauenpolitik ist zwar durch parteipolitisches Kalkül schrecklich verkommen, doch kein Politiker würde es heute mehr wagen, dieses Feld als *Gedöns* abzutun. Sogar die Dauerdebatte um den alltäglichen Sexismus hat inzwischen wieder das Zeug zum Aufregerthema. Gerade bei jungen Frauen. In derartigen gesellschaftlichen Aushandlungsprozessen wird das männlich-weibliche Territorium neu abgesteckt.

Im privaten Bereich ist die männliche Vorrangstellung ebenso angefressen, der alte Dominanzstiefel passt nicht mehr. Denn selbst wenn Frauen sich noch allzu häufig in traditionelle Rollen einfügen, selbst wenn sie noch immer den größten Teil der Kinder- und Hausarbeit freiwillig auf sich nehmen und dabei ihre eigene Lebensplanung vernachlässigen – so wissen sie doch, dass es auch anders geht, dass ihnen Spielräume zur Verfügung stehen, die sie nutzen können.

Doch das Älterwerden scheint von all diesen Gefechten seltsam unberührt. Hier werden nach wie vor Weiblichkeitsbilder gehandelt, die tief aus dem Urschlamm einer alten Ordnung zu stammen scheinen. Und doch werden sie von Frauen erduldet und hingenommen. Bereits in der Antike war die alternde Frau ein grausliges Weib, das symbolisch die Last des kreatürlichen Verfalls zu tragen hatte. Im Mittelalter übernahmen die Hexen diesen undankbaren Job. Und heute? Für was müssen Frauen heute herhalten? Ist es die kollektive Abwehr der Endlichkeitsdrohung, die sie zu spüren bekommen?

Jedenfalls ist die zweite Lebensphase für Frauen ein unsicheres Gelände. Hier lässt sich gefährlich schnell die Orientierung verlieren. Und kein Gerüst aus alltagstauglicher Leitkultur steht bereit, um Halt zu geben. Kein Wegweiser mit vielfältigen weiblichen Vorbildern zeigt, wo es langgehen könnte. Frauen haben erfolgreich um eigene Lebensentwürfe gekämpft – doch als sie es mit den Tücken des Älterwerdens aufnehmen sollten, waren sie scheinbar bereits ermattet. Denn hier ertragen sie noch immer die Abwertung und Demütigung eines doppelten Standards. Das würden sie sich anderenorts nicht mehr gefallen lassen.

So ist diese Zone bislang vor Aufruhr sicher – eine abgedunkelte Kammer im weiblichen Haus, oft genug gefüllt mit Zweifeln, Ängsten und stiller Trauer. Selten mit Souveränität, Optimismus – und Widerstand. Mit längst überfälligem Widerstand gegen die herrschende Praxis, die den Wert und Stellenwert einer Frau an ihr Alter kettet.

Bereits vor einem halben Jahrhundert hat die Philosophin Simone de Beauvoir beschrieben, wie Frauen mit zunehmendem Alter die Außenperspektive auf ihre Person übernehmen und sich fremde Zuschreibungen zu eigen machen.[7] Im Alltag funktioniert das manchmal ganz banal. Das lässt sich an einer Scharade demonstrieren, die Frauen gern miteinander aufführen. Dabei geht es um Ziege und Kuh.

Ziege und Kuh sind ja eher harmlose und nützliche Tiere. Doch irgendwann kam jemand auf die Idee, aus dem Erscheinungsbild der Fellträgerinnen weibliche Typen zu stilisieren. Dabei steht der Typ Kuh für Frauen, die sich mit zunehmenden Jahren gehen lassen, breit und gleichgültig werden und den Kampf gegen die Zeit aufgegeben haben. Die Ziege hingegen ist angespannt, zickig und überenergetisch. Dieser Typ quält seinem Körper nicht nur die Pfunde, sondern auch sportliche Leistungen ab, was man ihm deutlich ansieht.

Wie viele Frauen jenseits der 30 gibt es in diesem Land? Und alle werden in genau diese zwei Typen unterteilt. Zwei Tierbilder stehen bereit, um das Älterwerden von Millionen Frauen zu illustrieren. Zufällig ist keines davon lustig oder gar schmeichelhaft. Gibt es Entsprechendes für Männer? Werden auch die in zwei Schablonen gepresst? Kleiner Scherz! Und wie reagieren dann Frauen auf dieses Angebot? In trauter weiblicher Runde schauen sie sich tief in die Augen und haben einen Riesenspaß daran, sich gegenseitig diese reizenden Etiketten aufzudrücken: Lass mich mal schauen, bist du Ziege oder Kuh? Das ist doch lachhaft – wenn es nicht eigentlich so zum Heulen wäre.

Wenn Frauen sich fremde Zuschreibungen zu eigen machen, werden sie sich selbst fremd und entwickeln ein gespaltenes Alltagsbewusstsein. Einerseits beschäftigen sie sich ständig mit dem Älterwerden, andererseits verdrängen sie es erfolgreich.

Sie verdrängen es aus Angst vor dem gesellschaftlichen Abseits. Doch geraten sie gerade dadurch tatsächlich häufig ins Abseits: Weil sie sich wenig um ihre langfristige Lebensplanung kümmern, zu selten Alternativen für die Zeit nach der Familienphase entwickeln. Weil sie unterschätzen, wie wichtig und stabilisierend der Beruf ist, wenn sich die Lebensumstände verändern – und dass man ihn deshalb in jüngeren Jahren nicht vernachlässigen darf. Denn schließlich geht es auch um die ökonomische Absicherung des weiteren Lebens. Finanzexpertinnen, die sich auf die Beratung von Frauen spezialisiert haben, sind immer wieder erschrocken, wie wenig Gedanken sich ihre Klientel um die materielle Lebensqualität in der Zukunft macht.

Umso mehr Energie verwenden Frauen auf die Beobachtung ihres Körpers. »Wegen Falten verzweifeln? Das ist doch lächerlich!«[8] So souverän reagiert die Schauspielerin Corinna Harfouch auf ihre Jahre. Doch da ist sie – zumal in ihrer Branche – ziemlich die Ausnahme. Im Show- und Medienbusiness wird es für selbstverständlich gehalten und gehässig-genüsslich kolportiert, dass *alle* Vorzeigefrauen spätestens ab 40 *was haben machen lassen*. Mal bisschen mehr, mal weniger. Denn die Not ist groß und die Konkurrenz mörderisch. Und welche Schauspielerin will schon mit 40 arbeitslos werden, um erst als Miss Marple mit 70 wieder gefragt zu sein?

Es gibt in Film und Fernsehen noch immer wenige Frauen, die auch jenseits der 50 und 60 als weiblich und erotisch inszeniert werden. Und je ausgefeilter die Aufnahmetechnik in diesem Bereich wird, desto gemeiner für Frauenhaut. Das bekommen die Darstellerinnen zu spüren. »Jetzt müssen wir wieder die Schabrackenfolie vorsetzen« ist ein superfieser, aber üblicher Kommentar von Kameramännern, wenn sie Frauen jenseits der 40 filmen sollen. Dann benutzen sie – wenn sie nett sind – einen Aufsatz, der nicht ganz so roh jede Gesichtslinie dokumentiert.

Einen derartigen Kommentar will sich keine Schauspielerin, keine Moderatorin oder sonstige Fernsehfrau zweimal antun. Lieber hört sie ab einem gewissen Alter auf, vor der Kamera zu erscheinen. Oder sie lässt eben »was machen«. Vielleicht aber pfeift sie auch drauf, was andere tun und denken – wie Corinna Harfouch. Wenn sie es denn persönlich aushält. Und ökonomisch.

Doch auch jenseits der öffentlichen Bühne arbeiten unendlich viele Frauen daran, die Indizien eines gelebten Lebens verschwinden zu lassen. »Nach der Kindheit wird das Geburtsjahr einer Frau zu ihrer Geheimsache, ihrem privaten Eigentum. Dieses Geheimnis hat etwas Schmutziges.« So beschrieb es die amerikanische Essayistin Susan Sontag in den Siebzigerjahren.[9] Auch wenn die Boulevardpresse manisch das Alter jeder Person in Klammern hinter dem Namen vermerkt – hat sich an dieser Geheimniskrämerei wirklich so viel geändert?

Auch heute ernährt sich eine komplette Industrie davon, das Geheimnis der Jahre bewahren zu helfen. Mit dem Verfallsdatum des weiblichen Körpers zu drohen ist eine wunderbare Geschäftsidee – die den Kosmetikkonzernen allein in Deutschland einen jährlichen Umsatz von mehreren Milliarden Euro sichert.

Zudem ist die veränderte Einstellung zu Schönheitsoperationen und sonstigen Jungmachern im Stadtbild überall sichtbar.

Praxen, in denen Botox oder Hyaluron to go angeboten werden, erfreuen sich einer wachsenden Kundschaft. Dabei verdammt die deutsche Öffentlichkeit, anders als beispielsweise die amerikanische, gern jeden Eingriff in die Natur. Auch Medien beurteilen Schönheits-OPs überwiegend kritisch – um dann aber deren Effekt zu beklatschen, solange nicht zu offensichtlich ist, wie er zustande kam. Hauptsache, gut gelungen.

Frauen sind zu sehr vielem bereit, um äußerlich einem Ideal von Jugendlichkeit zu entsprechen. Warum nehmen sie diese schmerzhaften und teils gefährlichen Prozeduren auf sich? Vor allem im Intimbereich sind die Eingriffe rasant gestiegen. Gewünscht werden Klitoriskürzungen und operativ designte Schamlippen, die denen eines vorpubertären Mädchens gleichen. Liefern sich Frauen hier einem gesellschaftlichen Wahnbild aus? Oder eignen sie sich ihren Körper auf diese Weise erst wirklich an? Sind sie fremdgesteuert? Selbstbestimmt?

So oder so. Die Möglichkeiten der modernen Medizin erhöhen ganz sicher die Wahlmöglichkeit. Aber auch den Stress, dem Frauen im zweiten Lebensabschnitt ausgesetzt sind. Symptome ähnlicher Art sind auf männlicher Seite ganz sicher nicht an der Tagesordnung. Selbst wenn auch Männer zunehmend unter Körper-Beobachtung stehen, schaffen es die meisten noch immer prächtig, ihre äußere Erscheinung als gottgegeben hinzunehmen, und die Zweifel und Verzweiflung auf die Frauen abzuwälzen. Mit Erfolg. Welche Frau sieht es schon so ironisch wie die Krimiautorin Agatha Christie: »Heirate doch einen Archäologen. Je älter du wirst, desto interessanter findet er dich!«

In der Männerwelt scheinen sich hauptsächlich Schwule von Falten stressen zu lassen. Da kommt mancher Wahnsinn offenbar noch ausgeprägter daher als in der heterosexuellen Frauenwelt. »Älterwerden ist für uns Schwule das Schlimmste, irgendwie ein Tabu«, erzählt der 44-jährige Fotograf David D. »Alle lassen sich liften, straffen und tun so, als sei es ganz furchtbar, dass man nicht mehr 20 ist.«[10] Lesbische Frauen, so scheint's, haben

da andere Präferenzen. Sie unterwerfen sich und ihre Liebesobjekte den Mechanismen aus Selbstzweifeln und Anpassung offenbar weniger.

Wechseljahre. Kaum etwas steht Frauen in ihrer zweiten Lebensphase stärker bevor. Wechseljahre klingt eigentlich ziemlich neu-
tral. Fälschlicherweise. Denn meist ist diese Zwischenzeit von
Anspannung und Unsicherheit begleitet. »In unserer Gesellschaft haben Menstruation sowie Wechseljahre ein eher negati-
ves Image und sind zudem von Tabus umgeben«, schreibt das
Wissenschaftsduo Sabine Hamm und Ursula Meiners.[11]

Viele Frauen erleben diese Phase nicht als Übergang, sondern
als Umbruch. Das liegt zwar durchaus auch an den unangeneh-
men körperlichen Begleiterscheinungen, die mit der Menopause
einhergehen können. Darüberhinaus tut die Ungewissheit, ob
Hormontherapien sinnvoll, unsinnig oder gar gefährlich sind ein
Übriges. Doch entscheidender ist es für viele Frauen, dass sie ihre
Fruchtbarkeit verlieren. Dass ihnen dieser Teil des weiblichen
Seins genommen wird – auch wenn sie keine Kinder mehr haben
wollen. So viel hängt für manche an diesem Verlust, dass sie sich
durch die Menopause vollends ihrer Weiblichkeit beraubt fühlen; und sich selbst nicht mehr als sexuelles Wesen wahrnehmen.
Als Frauen in einer Studie zu den Wechseljahren befragt wurden,
sagten knapp zwei Drittel von ihnen: Ohne Blutung ist eine Frau
keine richtige Frau mehr.[12]

Sind das alles Biologistinnen? Wohl kaum. Wo über Jahrtausende weibliche Identität und Gebärfähigkeit in eins gesetzt wurden, geht gefühlt die eine sehr schnell mit der anderen verloren.
So haben es Frauen verinnerlicht. Und es fällt verdammt schwer,
sich aus diesen kulturellen Mustern zu befreien. Denn das gesellschaftliche Umfeld bestärkt das Verlustgefühl und spricht der
älter werdenden Frau weit mehr ab als ihre Regelblutung. Ihr
Recht auf Liebe, auf Erotik, auf Sex. Und Frauen nehmen diesen
Verstümmelungsversuch noch immer irgendwie hin. »Im Reich

der Liebe wird Endlichkeit für Frauen durch den Schwangerschaftshorizont markiert«, schreibt die israelische Soziologin Eva Illouz über die moderne Mittelschichtfrau.[13]

Apropos Fruchtbarkeit – eine interessante These vertreten die Evolutionsforscher von der kanadischen McMaster University: Männer sind schuld an den Wechseljahren! In der Natur sind fast alle weiblichen Tiere fruchtbar bis zum Tode; wieso ist es dann bei Frauen anders? Mit den bisherigen Erklärungsmustern für die Menopause wollten sich die Wissenschaftler nicht zufriedengeben. Sie stellten eine neue Theorie auf und die lautet so:

Irgendwann haben Männer eine Vorliebe für jüngere Partnerinnen entwickelt. Dadurch wurde es – streng entwicklungsbiologisch betrachtet – ziemlich unsinnig, dass Frauen bis ins hohe Alter hinein fruchtbar blieben. In ihren späteren Jahren wurden sie ja nicht mehr geschwängert, dafür stand die jüngere Generation zur Verfügung. So gingen Frauen der lebenslangen Gebärfähigkeit im Laufe der Evolution verlustig, weil diese nicht mehr abgefragt wurde. Lebenslange weibliche Fruchtbarkeit wurde schlicht unnütz.[14]

Das ist zweifellos eine rebellische These. Doch der Ausgangspunkt der Überlegung ist anregend: Wie stark beeinflussen die sozialen Verhältnisse unsere biologische Beschaffenheit? Selbst den Teil unserer Natur, den wir für gottgegeben halten? Wenn Frauen im Laufe der Evolution stets jüngere Partner bevorzugt hätten, wären ältere Männer heute wahrscheinlich zeugungsunfähig, vermuten die kanadischen Wissenschaftler. Und spekulieren, dass die Menopause – wenn sie sich denn evolutionär entwickelt hat – auch evolutionär wieder verschwinden kann. Dann blieben Frauen wie Männer fruchtbar bis an ihr Lebensende.

Doch wollen wir Frauen es davon abhängig machen, ob wir uns zu jeder Lebenszeit weiblich fühlen dürfen? Erotisch anziehend und sexuell attraktiv? Wir sind doch den hässlichen Aussichten, die die Gesellschaft für uns mit den Jahren bereithält, nicht einfach nur ausgeliefert. Wir brauchen die Defizitrechnung, die für uns aufgemacht wird, nicht unterschreiben. Schließlich können wir unsere eigene Rechnung aufmachen. Wir müssen raus aus den Mustern, die uns aufgedrückt wurden, die wir aber auch in uns reingefressen haben. Es geht um unsere Selbstachtung und das Vertrauen in unser Ich. Wir müssen uns endlich wehren!

Empört Euch!, das würde der alte Widerstandskämpfer Stéphane Hessel zu Recht von uns fordern. Wollen wir nicht andere Verhältnisse, sodass sich Frauen *und* Männer in einem neuen, fairen Licht betrachten können? In jedem Alter, zu jeder Zeit!

Profitieren würden wir alle. Denn beim Kampf gegen äußere Altersspuren zum Beispiel geht der Trend dahin, dass Männer demnächst einem ähnlichen Druck ausgesetzt werden wie Frauen. Wem wäre denn damit geholfen? Niemandem. Außer der Schönheitsindustrie. Ein Gegenentwurf zur Abwertung des Älterwerdens sieht jedenfalls anders aus. Für den brauchen wir Mut, eine Portion Frechheit und die Lust, neue Räume und Möglichkeiten auszuloten.

Das führt zurück zu Meryl Streep. Inzwischen wissen wir, dass sie mit 36 Jahren überhaupt keinen Grund für ihre Schreckensfantasien hatte. Dass sie als Schauspielerin mit zunehmendem Alter immer populärer und erfolgreicher wurde. Sie ist – knapp 30 Jahre nach ihrem Gespräch mit Wibke Bruhns – nach wie vor in wunderbaren Filmen zu sehen. Vielseitig, erotisch und ungemein lebendig. Ein weiblicher Hollywoodstar, der es geschafft hat, die Jugendverordnung unserer Hypermoderne zu demontieren und eigene Bilder dagegenzusetzen. Bilder, die vor den weiblichen Selbstzweifeln und Ängsten bestehen. Das kann uns doch allen gelingen!

Warum lassen wir Frauen uns alt machen?

Scheusal und Schlampe

Über Bilder und warum sie hartnäckig
überleben

*»Die Welt stand dir offen, Robin. Die Königin des Kinos mit 24. Alle gro-
ßen Studios kamen angekrochen. Und du hast alle offenen Türen zuge-
schlagen und alle Träume sind geplatzt.*

*Wir wollen dich scannen, Robin. Alles, deinen Körper, dein Gesicht, deine
Gefühle, dein Lachen, deine Tränen. Wir wollen dich sampeln, konservie-
ren, wir wollen es besitzen, dieses Ding namens Robin Wright.*

Ich will, dass du jung bleibst, Robin. Für immer!«[1]

*Hollywood ist gnadenlos. Und die Schauspielerin Robin Wright bereits
in den Vierzigern. Ihre große Karriere hat sie ihrem kranken Sohn zu-
liebe aufgegeben. Doch jetzt werden auch die kleinen Rollen spärlicher,
Robin steht vor dem finanziellen Ruin. Da macht ihr ein Studioboss ein
befremdliches Angebot: Er will einen vollständigen Scan ihres Körpers
und Geistes erstellen und eine digitale Kopie anfertigen lassen. Jetzt
sei sie ja gerade noch jung genug dafür, wird ihr unmissverständlich
klargemacht. Die virtuelle Robin soll 20 Jahre lang unbegrenzt in ani-
mierten Filmen eingesetzt werden und dabei niemals altern. Die reale
Robin bekommt eine astronomische Summe und darf zwei Jahrzehnte
keine Bühne und kein Filmset betreten. Die Schauspielerin willigt ein.
Die echte Robin verschwindet in der Anonymität. Ihr Abbild, die durch
Imagination und Technik neu erschaffene, alterslose Frau, wird zur Film-
göttin.*

The Congress heißt der Film des Regisseurs Ari Folman, der im Herbst 2013 anlief. Ein innovatives Stück Kino, das mit einer Mischung aus computeranimierten und herkömmlichen Filmszenen arbeitet und die manipulative Kraft der digitalen Welt in Szene setzt. Aber noch mehr als das. *The Congress* erzählt, wie sich die Gesellschaft das weibliche Bild aneignet, es nach Geschmack benutzt und modelliert. Jung muss es sein oder wenigstens so, dass man es noch als jung verkaufen kann. Robin soll in dem Zustand eingefroren werden, der heutzutage bei einer Frau gerade noch als akzeptabel gilt. Eine gut 40-Jährige ist zwar nicht mehr frisch, aber frisch genug, um nicht komplett unmöglich zu sein. Noch vor zwei Jahrzehnten hätte Robin höchstens 30 sein dürfen.

Wie die Studiobosse in *The Congress* hat die männliche Welt es stets als ihr gutes Recht betrachtet, dem weiblichen Körper einen Wert zuzumessen und ihn danach zu beurteilen. Dieser Wert hing immer vom Alter ab. Die Muster, die über Jahrtausende dabei angewandt wurden, und die Stereotype, die sich daraus formten, sind fest in unserem kollektiven Gedächtnis verankert.

Dafür finden sich in allen Epochen und allen Bereichen unserer Kulturgeschichte unendlich viele Belege – von der Literatur über bildende Kunst und Malerei bis zum Film. Gerade in den Künsten werden kulturelle Modelle und Idealtypen in besonderer Weise verdichtet.[2] Dabei zeigt sich an der Figur Robin, wie kontinuierlich die Bilder wirken und wie aktuell sie noch immer sind; von der Antike haben sie sich bis in unser digitales Zeitalter hinübergerettet. Und Robin hat ja fast noch Glück; ihr wird *nur* dadurch Gewalt angetan, dass ihre Jugend erhalten bleibt und sie nicht mehr altern darf. Schauen wir uns dagegen die künstlerischen Darstellungen älterer Frauen über die Zeitläufte hinweg an, so ist dieses Bild häufig geprägt von Abscheu, kreativer Bösartigkeit und atemberaubender Niedertracht.[3]

Böse, blöde, unbrauchbar werden Frauen beim Älterwerden gemacht. Früher wurden sie verbrannt, erhängt, ertränkt, erschlagen, gefoltert, mussten sich zu Tode tanzen oder wurden leblos geprügelt. So brutal drückt es die österreichische Autorin Elisabeth Hellmich aus. Und was sie beschreibt, passierte ja nicht nur in Märchen. Aggression und Abwertung bestimmen häufig die Bilder älterer Frauen in der Öffentlichkeit bis heute.[4]

Dabei führen viele Weiblichkeitsmotive seit Jahrhunderten ein Leben als Wiedergänger: Sie sind einfach nicht totzukriegen. Schon deshalb bietet es sich an, die Bilder und Motive hier und da aufzustöbern und einigen ihrer Spuren durch die Jahrtausende zu folgen.

Schauen wir zunächst mal ins ausgehende Mittelalter, auf einen der berühmtesten Künstler dieser Epoche: Albrecht Dürer, Maler und Grafiker. Wer kennt nicht sein allerliebstes Feldhasen-Aquarell? Im Jahr 1507 schuf Dürer ein weniger putziges Werk. Er wollte den Geiz personifizieren und malte ihn in Gestalt einer Frau.[5] Ihr Oberkörper hebt sich scharf von einem dunklen Hintergrund ab, aus schmalen, verschlagenen Augen blickt sie den Betrachter an. Harte Linien und Runzeln überziehen ihr Gesicht, das Haar ist strähnig, der Mund samt klaffender Zahnlücke zu einem kriecherischen Lächeln verzogen. Die rechte Brust der Frau ist nackt und hängt schwer und faltig über ein Tuch, das ihren Bauch und die linke Schulter bedeckt. Die Hände der Frau umschließen einen offenen Geldsack, aus dem hell die Goldtaler blinken.

Es ist ein abstoßendes Bild. In vielerlei Hinsicht. Erste Botschaft: Wenn eine Frau vermögend ist – was in Dürers Zeiten zwar nicht an der Tagesordnung, aber durchaus möglich war –, dann ist sie auch geizig. Zweite Botschaft: Das Weib ist verdorben, denn wer habsüchtig ist, begeht eine der sieben Todsünden. Doch dann ist da noch die dritte Botschaft: »In diesem Bildnis«, urteilt die Kunsthistorikerin Andrea von Hülsen-Esch, »wurde eindeutig das Frauenporträt negativ moralisierend mit dem Alter verknüpft.«[6] Schlichter gesagt: Dürer verunglimpft die alternde Frau.

Ein Zeugnis unter vielen für die tendenziöse Perspektive im ausgehenden Mittelalter, die einen scheelen Blick auf das Weibliche warf. Damals begannen zeitgenössische Künstler, den Verfallsprozess durch das Altern zunehmend realistisch darzustellen. Bei Frauen. Und häufig betont unappetitlich. Die Künstler – alles Männer – hatten offenbar sehr viel weniger Lust, sich selbst und ihresgleichen genauer zu betrachten, als Studien des Niedergangs am weiblichen Körper zu betreiben.

Sehr anschaulich zeigt sich das an einer Holzskulptur aus dem 15. Jahrhundert, die alle drei Lebensalter symbolisieren soll.[7] Rücken an Rücken stehen da ein Knabe, ein junges Mädchen und eine alte Frau. Ausgemergelt ist der Körper der Frau, die Haut schlaff, die Brüste wie ausgetrocknete Zitzen.

Das Altern ist eine Frau. Und die wird als krasser Gegensatz zu dem jungen, wohlgerundeten Mädchen inszeniert. Während der Knabe konkurrenzlos in seiner Jugend verharrt.

Bleiben wir weiter im Mittelalter. Es gibt einen Familienstatus, der damals ausgesprochen verdächtig erschien: der Witwenstand. Die Witwe fiel aus dem Rahmen, denn sie war eine freie Frau, meist in den mittleren oder späteren Lebensjahren. Sie lebte unabhängig, ohne männliche Aufsicht, hatte aber sexuelle Erfahrung. Das machte sie in einer patriarchalischen Gesellschaft zwangsläufig zum Ärgernis, zur Projektionsfläche für das Böse. Die Witwe war eine Gefährdung der öffentlichen Ordnung und der Moral. Kupplerin! Geile Alte! Die Fantasien, die sich an ihr austobten, entzündeten sich an der vormundschaftslosen Sexualität und an den Lebensjahren der Frauen. Da war der Weg zur Hexe nicht mehr weit – was sich auch in der Kunst niederschlug.

Ob Witwe oder Hexe – damals wurde ein verderbter weiblicher Charakter gern mit den Zeichen des Alterns verquickt. Wie in einem Aktbild von 1518, das ganz einfach *Hexe* heißt.[8] Es ist die Federzeichnung einer Frau in aufreizender, fast jugendlicher

Pose. Doch ihre Züge sind verheert und ihr Körper ist verwüstet. Das Haar, lang und wie vom Wind verweht, erinnert scheußlich an die sich windenden Schlangen auf dem Haupt der Medusa.

Ganz anders kamen die Männerbildnisse dieser Zeit daher. Bei denen gaben sich die Künstler alle Mühe, die Porträtierten mit den besten Manneseigenschaften auszustatten. Selbst wenn die dargestellten Herren in fortgeschrittenem Alter waren, strahlten sie voller Kraft, Würde und Macht.

Das Altern ist eine Frau – deshalb müssen Männer die Jahre wenig fürchten. Das wird nirgendwo deutlicher als im legendären Planschbild von Lucas Cranach dem Älteren. 1546 malte der Künstler den *Jungbrunnen*. Darauf sieht man vom Leben gezeichnete Frauen, die auf der einen Seite in ein Bad steigen und es auf der anderen Seite jung und munter wieder verlassen. Die alten Männer auf dem Gemälde aber brauchen offenbar keine Zufuhr von Frischzellen, sie gehen nicht baden. Sie bleiben körperlich unverändert und dürfen dann trotzdem die jungen, dem Bade entstiegenen Frauen genießen.[9]

Das ist zweifellos eine mehr als denunziatorische Sicht auf das weibliche Älterwerden – was der Popularität des Bildes bis in die heutige Zeit jedoch keinen Abbruch tut.

Interessant ist, dass bereits im Mittelalter und in der Renaissance versucht wurde, das Machtgefälle zwischen den Geschlechtern wissenschaftlich zu begründen. Dafür musste dann die Medizin herhalten. Angelehnt an die altgriechische Temperamentenlehre galten Männer damals als heiß und trocken, Frauen als kalt und feucht.[10] Damit war das weibliche Schicksal besiegelt. Denn nach aristotelischer Vorstellung verloren Frauen im Laufe der Jahre stetig an Feuchtigkeit und damit ihren Lebenssaft. Weswegen sie angeblich nicht nur schneller als Männer alterten, sondern sich dabei auch stärker veränderten. Da braucht man doch nur in die Natur zu schauen: Jeder Baum braucht schließlich Saft, um nicht zu verdorren.

Die Menopause lieferte den Anhängern dieser Theorie den

schlagenden Beweis. Warum hörten Frauen auf zu bluten? Weil sie von innen austrockneten! Klar, dass sie dann zum welken Weib schrumpelten. Und nicht nur das. Sobald der Blutfluss versiegte, wurden ja auch die Gifte nicht mehr ausgeschwemmt, die sich im Körper ansammeln. Ergebnis: Frauen bekamen im Laufe der Zeit nicht nur ein Runzelgesicht, sondern verwandelten sich auch noch in alte Giftspritzen.[11]

Das ist zweifellos eine bemerkenswerte Theorie. Doch die Frage bleibt: Warum ist der alte Kram überhaupt noch erwähnenswert? Was sollen wir heute mit feucht-kalten Weibern anfangen, die angeblich von innen vertrocknen? Seit dem Mittelalter hat doch kein Mensch mehr so was im Kopf.

Ach wirklich? Wäre es so, hätten Frauen schon lange ein paar Probleme weniger. Eher gilt: Das finstere Mittelalter ist nah. Sehr viel näher zumindest, als wir so glauben – zum Beispiel in der US-Fernsehserie *Sex and the City*, die in den USA und weltweit sehr erfolgreich lief. Tatsächlich hatte die Serie so viele Fans, dass man nach dem Ende der sechsten Staffel noch zwei Spielfilme nachschob, die 2008 und 2010 in die Kinos kamen.

Sex and the City ist eine Serie über vier Freundinnen in New York, die den lieben langen Tag nichts anderes zu tun haben, als ihre erotischen Affären ironisch zu kommentieren und zu shoppen. Eine der Hauptfiguren ist die PR-Beraterin Samantha. In einer Szene bekommt Samantha einen Ratgeber über die Wechseljahre in die Finger. Und was fragt sie dann tatsächlich ihre Freundinnen: »Warum sagen die nicht deutlich, was das hier wirklich ist? Etwas für Frauen, die zu vertrocknen anfangen!«[12]

Die vertrocknende Frau hat es also problemlos von der mittelalterlichen Medizin bis ins hippe New York geschafft. Und sie geistert nicht nur im Unterhaltungsfilm, sondern auch in berühmter Literatur herum. Machen wir dazu einen Sprung in die 1950er Jahre. Zu Thomas Mann, einem der bedeutendsten deutschen Erzähler, der hochverehrt im Schriftstellerhimmel thront.

Die Betrogene heißt eine seiner Novellen. Darin geht es um das Lieben und Leiden der 50-jährigen Rosalie von Tümmler. Thomas Mann lässt seine Rosalie ausrufen:

>»Wenn es uns nicht mehr geht nach der Weiber Weise, dann sind wir eben kein Weib mehr, sondern nur noch die vertrocknete Hülle von einem solchen, verbraucht, untauglich, ausgeschieden aus der Natur.« [Rosalie beklagt sich bitter, dass Männer noch fünfzigjährig den Schwerenöter geben können]. »Aber uns Frauen sind alles in allem fünfunddreißig gesetzt für unser Blut- und Weibesleben, für unser Vollmenschentum, und wenn wir fünfzig sind, da sind wir ausgedient, da erlischt unsere Fähigkeit zu gebären, und vor der Natur sind wir bloß noch Gerümpel.«[13]

Blut- und Weibesleben, Vollmenschentum – was für Begriffe! Das saftige, dralle Leben. Doch laut Thomas Mann ist bei der Frau nach gut drei Jahrzehnten ja bereits Schluss damit. Übrig bleibt weiblicher Trockenmüll. Rosalie von Tümmler ist nur Körper, auf die Natur zurückgeworfen. Sie sieht sich als Resterampe, menschlich nicht mehr vollwertig. Auch hier: Das Altern ist eine Frau.

Was will uns der Autor mit dieser Figur sagen? Geht es ihm um die künstlerische Verarbeitung weiblicher Selbsterniedrigung? Oder ist hier die literarisch verbrämte Perspektive des Frauenverachters am Werk? So oder so ist kaum zu glauben, dass Rosalies Bekenntnis in der Mitte des 20. Jahrhunderts verfasst wurde. *Die Betrogene* gehört zu Thomas Manns spätem Werk. Als er sich so aufgeblähte Phrasen wie Blut- und Weibesleben einfallen lässt, wird anderswo bereits Rock 'n' Roll getanzt.

Doch wir wissen ja – Thomas Mann konnte auch anders. In der Novelle *Tod in Venedig* zum Beispiel lässt er seinen Helden, den alternden Gustav Aschenbach, zwar sterben, aber dessen Kunst triumphiert und überdauert. Der Mann ist eben mehr als nur Blut, Fleisch und Knochen. Als aber Rosalie zugrunde geht –

nicht zufällig an einer Frauenkrankheit –, triumphiert nichts außer der Kreatürlichkeit.[14] Rosalie stirbt. Punkt.

Von Thomas Mann zu einem Ausflug in die Antike. Dorthin, wo der Quellcode für weite Teile unserer kulturellen Software zu finden ist. Selbstverständlich auch zu dem Thema: Wie lässt sich die älter werdende Frau gekonnt verhöhnen? Besonders hervor tat sich dabei der römische Dichter und Philosoph Horaz. Er schrieb ein Gedicht, in dem eine offenbar ältere, reiche Frau von ihrem Bettgenossen verspottet wird. Sie hatte ihrem Liebhaber vorgeworfen, ein sexueller Versager zu sein. Der rächt sich, indem er sie als grottenhässliches Weibsstück beschimpft.

> Du fragst mich noch, von langen Jahren morsch und faul,
> Warum ich kalt und fühllos sei?
> So frag doch deine schwarzen Zähne, deine Stirn
> Von grauem Alter längst durchfurcht,
> Ja, frage dein Gesäß, das mit dürren Backen sich
> gleich einer magern Kuh befühlt!
> Gewiß, dein Busen reizt mich, deine welke Brust,
> Dem Euter einer Stute gleich,
> Der schlaffe Bauch, der dürre Schenkel, der so stolz
> Auf dickgeschwollner Wade thront![15]

Perfide gereimt. Leider ist nicht überliefert, wie der Dichter selbst aussah, als er diese entzückenden Verse schmiedete.

Mit seiner Schmähschrift gegen die ältere Frau bedient Horaz ein Motivgeflecht, das sich *Vetula-Topos* nennt. *Vetula* = die Alte, die Vettel, die unwürdige Greisin. Ein Bild, das zwar im Laufe unserer Kulturgeschichte in unendlich vielen Variationen auftaucht, sich aber dennoch in einem Satz zusammenfassen lässt: Das Altern ist eine Frau.[16]

Jede Menge Fantasie wurde im Lauf der Jahrtausende in die Ausgestaltung dieser fiesen Fiktion gesteckt. Für die männliche

Seite gibt es nichts Ähnliches. Selbst die Figur des lüsternen Grei-
ses kommt angesichts der geballten Abscheulichkeit einer Vetula
lächerlich harmlos daher.

Und wie klingt das Vetula-Motiv zweitausend Jahre nach Horaz?

Du bist so komisch anzuseh'n,
denkst Du vielleicht, das find' ich schön? …
Mit Deiner schlampigen Figur,
gehst Du mir gegen die Natur …
Ja, früher warst Du lieb und schön,
Du läßt Dich geh'n, Du läßt Dich geh'n.

Du bildest Dir doch wohl nicht ein,
Du könntest reizvoll für mich sein.
Mit Deinen unbedeckten Knien,
wenn Deine Strümpfe Wasser zieh'n.
Du läufst im Morgenrock herum,
ziehst Dich zum Essen nicht mal um …
Und schiefe Hacken obendrein,
wie fiel ich nur auf so was rein …

Bei Tag und Nacht denk' ich daran,
ob das nicht anders werden kann?
Du bist doch schließlich meine Frau,
doch werd' ich nicht mehr aus Dir schlau.
Zeig mir doch, daß Du mich noch liebst,
wenn Du Dir etwas Mühe gibst.
Mit einem kleinen Lächeln nur,
und tu auch was für die Figur!
Dann hätt' ich wieder neuen Mut
und alles würde wieder gut.

So singt der französische Chansonnier Charles Aznavour in den 1960er Jahren. Hat er bei Horaz abgekupfert?

Aznavours aggressiv-melancholische Zeilen werden in den damaligen Schlagerparaden zum Hit. Als Lamento eines Mannes, der die älter gewordene Frau anklagt. Die wird gerügt, zur Räson gerufen, sie genügt den männlichen Ansprüchen nicht mehr. Die Frau soll gefälligst anarbeiten gegen die Zeit, schön sein wie ehedem, dann will ihr Mann sie auch wieder lieben. Der Ankläger selbst ist mit den Jahren offenbar nicht älter geworden, zumindest findet er es nicht weiter erwähnenswert.

Aznavour ist das Spiel mit dem Horaz'schen Motiv durchaus gelungen. Auch hier zeigt sich, wie hartnäckig uralte Bilder überleben. Bis in unsere Zeit hinterlassen sie ihre Spuren. Eine weitere Kostprobe gefällig?

2012 kommt ein Buch heraus, das nicht nur für Kinofans amüsant ist: *Alte Frauen in schlechten Filmen*.[17] Darin beschreibt der Filmkritiker und Kabarettist Christoph Dompke unrühmliche Auftritte unzähliger Diven. Zum Beispiel Veronica Lake, die einen Film-Hitler mit Maden bewirft. Oder Joan Crawford, die alkoholisiert mit einer verrutschen Perücke kämpft.

»Sie waren alt und brauchten das Geld« heißt das Hauptkapitel des Buches. Merkwürdig nur: Die Frauen, die Christoph Dompke beschreibt, mögen sich zwar alle lächerlich gemacht haben – doch viele waren dabei keineswegs alt.

Auf der Peinlichkeitsliste des Autors steht zum Beispiel Elizabeth Taylor und ihr Film *Rivalin* von 1973.[18] Sehr passend – denn darin geht es um den Kampf einer Frau gegen das Älterwerden. Liz Taylor spielt eine Amerikanerin, die Angst hat, von ihrem Gatten wegen einer Jüngeren verlassen zu werden. Sie fährt in die Dolomiten, unterzieht sich einer Schönheits-OP, lässt sich von einem jüngeren Mann verführen etc. Liz Taylor ist 1932 geboren. Als sie *Rivalin* drehte, war sie gerade mal 40. Eine alte Frau?

Audrey Hepburn. Die Schauspielerin wurde 1929 geboren. Glaubt man Christoph Dompke, ist ihr schlechtester Film *Blutspur*. In diesem Streifen trat Audrey Hepburn mit 50 Jahren auf.[19] Eine alte Frau?

Oder Charlotte Rampling. Gekonnt macht sich der Autor über deren Rolle in *Basic Instinct 2* lustig. Über ihren »Look«, ihren ewig schlechtgelaunten Gesichtsausdruck.[20] Das kann er ja gerne tun. Nur – Charlotte Rampling war Ende 50, als sie den Film drehte. Genauso alt wie beispielsweise Cary Grant in *Charade*. Der durfte in diesem Alter noch selbstverständlich den Liebhaber einer um 25 Jahre jüngeren Audrey Hepburn spielen. Doch wenn Charlotte Rampling es ihm nachtut, ist sie – eine alte Frau?

Was ist denn dann Marlene Dietrich? Die Diva hat es ebenfalls auf Dompkes Peinlichkeitsliste geschafft, und zwar mit einem ihrer letzten Auftritte: *Schöner Gigolo, armer Gigolo* von 1978.[21] Damals war die Dietrich bereits 77 Jahre alt.

Demnach sind also alle Frauen zwischen 40 und 77 irgendwie alt. 37 Lebensjahre Differenz – egal! Das vereinfacht die Sache natürlich ungemein.

Ganz nebenbei: Wir reden hier nicht mehr über die Weltsicht eines Thomas Mann, der noch im 19. Jahrhundert zur Welt kam. Der Autor Christoph Dompke wurde 1965 geboren, er war Mitte 40, als er sein Buch schrieb. Ein alter Mann?

Was für Vorstellungen spuken da bis heute herum? Und warum haben bei diesem höllischen Gesellschaftsspiel um das Älterwerden ausgerechnet Frauen die schlechten Karten?

Ein schlichtes, aber gängiges Deutungsmuster geht so: Alle Menschen fürchten den Tod. Der Alterungsprozess ist eine ständige Erinnerung an das unangenehme Ende, das auf uns wartet. »Alter und Tod entzünden unweigerlich Gefühle der Angst. Diese Angst aber ist ein Instrument unserer Fantasie. Sie entstand in der Evolution als Voraussetzung, überleben zu können«, schreibt der Soziologe Thomas Druyen. »Die klassische Angst vor dem Alter ist eine schwerwiegende Verlustangst.«[22]

Altern ist mit unwillkommenen Gefühlen besetzt, deshalb wird verdrängt und verschoben, was an das Lebensende gemahnt. Die Frau bietet sich als Objekt dieser Projektion an, denn angeblich ist sie der Natur – das heißt auch den biologischen Prozessen – sehr viel näher als der Mann. Sie ist Lebensspenderin und Lebenszerstörerin zugleich. In den Worten eines Schriftstellers wie Thomas Mann klingt das dann so: »Wenn der Tod immer dasselbe ist, so bedeutet er doch nicht immer dasselbe, er hat ungleiches metaphysisches Gewicht. Schon die Frau stirbt ideell leichter als der Mann, denn sie ist mehr Natur als er und weniger Individuum.«[23]

Die Frau als ein Wesen, das sich nie richtig aus dem Urschlamm des Kreatürlichen erhoben hat. Das ist zwar unendlich krude gedacht, doch dieser Quatsch klingt bis heute – zum Beispiel in der typisch deutschen Auseinandersetzung um die Rolle der Mutter – in öffentlichen Debatten noch immer nach. Dabei geht es auch um ein Machtspiel: Denn wer wie Frauen gesellschaftlich in der schwächeren Position ist, kann sich nicht gegen derartige Zuschreibungen wehren oder Gegenmodelle entwerfen. Die Frau trägt stellvertretend die Last des Lebensprozesses und wird als Projektionsfläche für den körperlichen Verfall missbraucht. In dieser Rolle zieht sie Angst, Abwehr und Abscheu auf sich. So der eine Erklärungsansatz.

Ein anderes Deutungsmuster beruft sich auf Sigmund Freud – den ersten Entdeckungsreisenden in die verborgenen Reviere unserer Gefühlslandschaft. Freud hat zwar nicht die Seele erfunden, aber immerhin unser modernes, radikal subjektives Menschenbild voller Konflikte und Triebe.

Sigmund Freud sei letztlich dafür verantwortlich, dass ältere Frauen gesellschaftlich abgewertet werden, heißt es. Durch seine intensive Beschäftigung mit der Kindheit habe er quasi die Jugend entdeckt und damit den Jugendwahn begründet. Die Ächtung des weiblichen Älterwerdens sei im Grunde ein Ausdruck dieser kulturellen Werteverschiebung – Spätfolgen der Freudschen Theorie.[24]

Nette These. Um die zu untermauern, ließen sich in Freuds Arbeit und Biografie sogar Indizien finden. So konzentrierte sich der Arzt bei seinen Analysen auf junge weibliche Patientinnen. Frauen ab 40 hielt Freud für nicht mehr therapiefähig. Die seien erstarrt und unfähig, sich zu verändern, behauptete er. Da sei einfach nichts mehr zu machen.

Diese kaltblütige Abqualifizierung der Frau in mittleren Jahren übertrug der Analytiker immerhin auch auf sein eigenes alterndes Ich – so viel sei zu seiner Ehrenrettung gesagt. In einem Brief bekennt Freud, dass das sexuelle Leben für ihn ein Ende habe, weil er zu alt dafür sei. Als er dies schrieb, hatte er zwar bereits seine männliche Pflicht getan und sechs Kinder gezeugt – trotzdem war er erst Anfang 50.

Doch Freuds persönliche Deformationen mal beiseitegelassen – ist der Verweis auf die Psychoanalyse wirklich ein schlüssiges Erklärungsmodell für die Abwertung der älter werdenden Frau? Denn das Theater ging ja schon mindestens zweitausend Jahre früher los, unendlich lange bevor die Tiefenpsychologie ihren mit einem Unbewussten ausgestatteten Menschen kreierte.

Wahrscheinlich lässt sich sowieso nicht zufriedenstellend klären, wann und wo die negativen Bilder ihren genauen Ursprung nahmen. Doch egal, woher die Vorurteile kommen, egal, was sie hervorgerufen hat – sie leisten nach wie vor ihre zerstörerische Arbeit.

Über die Jahrtausende hinweg wurde der Alterungsprozess moralisch abgewertet und schlug sich in einer sozialen Praxis nieder, die sich gegen die älter werdende Frau verschworen hat. Die dazugehörigen kulturellen Modelle behindern bis in unsere Zeit einen selbstbestimmten weiblichen Lebensentwurf. Sie stehen Frauen bei ihrer Existenzgestaltung im Wege und lassen selbst junge Frauen nicht unbeeinflusst – in dem, was sie von der Zukunft erwarten und was sie sich zutrauen. Diese negativen Bilder dominieren noch immer unsere Wahrnehmung, obwohl doch das Leben für Frauen inzwischen so entschieden vielfältiger geworden ist.

»Das Seltsame ist ja schon, dass sich so wenig an diesem Punkt geändert hat«, wundert sich die in Berlin lebende Psychoanalytikerin Eva Jaeggi, die seit vielen Jahren mit dem Thema beschäftigt ist.[25] »Da haben Frauen so viel größere gesellschaftliche Bedeutung erlangt, haben eine qualifiziertere Ausbildung und bessere Positionen als früher. Und trotzdem werden sie von den Vorurteilen eingeholt, sobald sie die 30 überschritten haben. Und dann fangen sie an, darunter zu leiden.«[26]

Einmal in jeder Legislaturperiode gibt die Bundesregierung einen Altenbericht heraus, der die Lage der älteren Generation in Deutschland beleuchtet. Der Altenbericht dient als Grundlage für politische Entscheidungen, der jüngste ist 2010 erschienen. Dieser sechste Bericht knüpft ausdrücklich an der Frage an, welche gesellschaftlichen Altersvorurteile herrschen, und beschreibt deren destruktive Wirkung. »Wir müssen feststellen, dass in der Wahrnehmung des Alters weiterhin vor allem traditionelle und eher negative Vorstellungen dominieren«[27], heißt es da. Und auch wenn sich der Altenbericht vorrangig auf den dritten Lebensabschnitt bezieht[28], lassen sich doch viele Erkenntnisse auch auf das mittlere Alter übertragen – vor allem, wenn es um Frauen geht.

»Altersbilder sind nicht lediglich unbedeutende Begleiterscheinungen eines gesellschaftlichen Umgangs mit Alter, sie schaffen vielmehr eine Realität«, schreiben die Verfasser des Berichts. Wie wir die Lebensjahre begreifen und wie wir mit ihnen umgehen, orientiert sich an dieser durch Bilder geschaffenen Realität. Und auch die Spielräume, die wir zum Erleben und Verhalten haben, sind von ihnen bestimmt.[29]

Wie negativ die traditionellen Bilder und Vorstellungen wirken, erfahren Frauen an unterschiedlichen Orten der westlichen Welt sehr ähnlich. Das fängt häufig schon bei den Bezeichnungen an, die ihnen im mittleren Alter öffentlich aufgedrückt werden. Plötzlich ist nämlich nicht mehr von Frauen, sondern oft nur noch von Müttern und Großmüttern die Rede – von dieser entsexualisierten Form der weiblichen Existenz, die sich in der Fürsorgefunktion erschöpft. Als britische Frauen jenseits der 50 zu diesem Thema befragt wurden, sagten über zwei Drittel von ihnen: Außerhalb der Familie wollten sie nicht als Mütter bezeichnet werden. Durch das Etikett *Mum* fühlten sie sich ihrer Identität beraubt.[30]

Ähnlich problematisch findet es eine US-amerikanische Kolumnistin, wenn Frauen im mittleren Alter in diese Schublade gestopft werden. In einem ihrer Texte für die *Richmond News* erzählt die Journalistin – Anfang 50, graue Haare – von einem Spaziergang im Park. An diesem Tag trägt sie rote Hosen und hört plötzlich: »Hey Granny, I like your red pants!« Ein Student, der mit seinen Freunden im Park sitzt, ruft ihr das zweifelhafte Kompliment zu. Sie faucht zurück: »Nenn mich nicht Oma – es sei denn, ich bin deine Oma!« Für ihre zwei Enkelkinder sei sie die Granny, für niemanden sonst. Von anderen Oma genannt zu werden – eine Beleidigung.[31]

Genauso sieht es die österreichische Autorin Elfriede Hammerl. Sie ärgert sich, dass eine Frau über 50 weder Kinder noch Enkel haben muss, um zur Oma zu werden. Selbst für Gutmeinende. »Oma, das klingt halt nach dünnem Haar, gichtigen Fingern und schlecht sitzenden Dritten«, schreibt Elfriede Hammerl. »Oma ja, wenn Oma zutrifft. Ansonsten striktes Nein. Verweigerung. Nur nicht einreißen lassen. Wer sich nicht rechtzeitig wehrt, wird eines Tages auch auf der Straße, in Geschäften und bei der Fußpflege die Oma sein. Na, Oma, wie geht's uns denn heute?«[32]

Dabei gehörte die Großmutter ja einst zu den positiven Frauenbildern. Eigentlich wurde diese Rolle erst im 19. Jahrhun-

dert erfunden – als damals neues Bild der alten Frau. Grauhaa-
rig, rosig, menschenfreundlich und fürsorglich schaukelte sie ihre
Enkel auf den Knien. Das ging so lange gut, bis Frauen sich nicht
mehr auf ihre mütterliche Seite und die Familienpflege reduzieren lassen wollten. Mit dem Aufstieg des neuen Frauenbildes trat
die Großmutter alten Stils ihren Abstieg an.[33]

Bleiben wir noch einen Moment bei unseren Vorfahrinnen, den
heutigen Großmüttern, deren Müttern, Groß- und Urgroßmüt-
tern. Machten sich die Frauen früherer Generationen überhaupt
Gedanken über ihr Älterwerden? Wie ging es ihnen in den mittleren Lebensjahren?

Dazu liefert das Tagebucharchiv in Emmendingen, das private
Lebensgeschichten aus dem deutschsprachigen Raum bewahrt,
einige Hinweise. Seit 1998 sammelt der Verein eingesandte Tage-
bücher, Lebenserinnerungen und persönliche Briefwechsel. Die
Dokumente stammen nicht von Personen des öffentlichen Lebens, sondern von Alltagsmenschen, die mal handschriftlich, mal
mit der Maschine getippt zu Papier brachten, was ihre private
Welt bewegte. Die Form, in der die Aufzeichnungen vorliegen,
ist sehr unterschiedlich; das Spektrum reicht von der nüchternen Schilderung bis zum emotionalen Ausbruch, je nach Temperament, schreiberischem Vermögen und Seelenlage der Verfasser
und Verfasserinnen.

Dabei ist auffällig: Wenn das Archiv seine Schätze zum Stichwort »Älterwerden« durchforstet, finden sich unter den Zeugnissen von Frauen erstaunlich wenige Treffer. Obwohl das Mate-
rial in Emmendingen bis zur Wende vom 18. ins 19. Jahrhundert
zurückreicht.

Das ist äußerst bedauerlich, weil Darstellungen aus einer anderen Zeit enorm wichtig sind, um zu verstehen, wie es Frauen
früherer Generationen und verschiedener sozialer Schichten mit
dem Älterwerden erging und wo die Differenzen zu heutigen Erfahrungen liegen. Dafür spielen Selbstzeugnisse eine sehr große

Rolle. Das Problem aber ist, dass ausführliche Schilderungen meist nur von gebildeten oder sogar berühmten Frauen vorliegen.[34]

Nicht nur die Dokumentation, bereits die Aufmerksamkeit für das Thema hängt offenbar mit den sozialen Milieus zusammen.[35] Die historischen Aufzeichnungen aus Emmendingen stammen vielfach von Menschen aus eher einfachen Verhältnissen. Und deren Perspektive auf das Älterwerden schlägt sich wenig in den schriftlichen Zeugnissen nieder. Haben Frauen sich damals tatsächlich kaum mit dem Thema beschäftigt?

»Die schwerste Zeit als alleinstehende, verlassene Frau ohne Halt und ohne Mittel lag vor mir. Als mich mein lieber, guter Alter am 1. März 1904 so plötzlich verlassen hatte, brach alles über mir zusammen. Wie ich mich damals bis zum Frühjahr durchgequält habe, ich weiß es heute nicht mehr.«[36]

Rose Fechtner, geborene Retzlaff, ist 46 Jahre alt, als sie ihren Mann verliert. Die wenigen Zeilen, die sie hier über die erste Zeit als Witwe und ihre Zukunftsängste schreibt, sind mit das Intimste, was sie über ihren Seelenzustand als alleinstehende Frau mittleren Alters verrät.

Rose kam 1858 auf die Welt und erlebte noch das Ende des Zweiten Weltkrieges. Als Kind eines Lehrers besuchte sie die Höhere Töchterschule, war jahrelang Hausfrau und suchte sich dann eine Stelle als Hausdame, nachdem ihr Mann gestorben war. Von ihren zehn Kindern blieben ihr nur drei, alle andern töteten Krankheit und Krieg. Wie schwer die Verhältnisse waren, wie grausam das Schicksal – alle Lebensstationen beschreibt Rose ausführlich und durchaus gefühlsbetont. Doch jenseits der chronologischen Abläufe – nichts als Ergebenheit. »So hat uns das Leben viel gegeben und auch viel genommen und die Jahre sind dahingegangen ...«[37]

Frauen früherer Generationen äußerten sich in schriftlichen Zeugnissen zu vielen Themen. Familie und Kinder, Gesundheit und Geldsorgen, viel Arbeit, wenig Hilfe, besondere Ereignisse, politisches Geschehen. Reflexionen über das Älterwerden gibt es zwar durchaus, aber sporadisch und häufig erst in der späten Lebensphase, angesichts von Krankheit und Tod.

Maria P. könnte Roses Enkelin sein. Sie ist 1925 geboren, war Putzmacherin, Friseurin, führte einen kleinen Lebensmittelladen und arbeitete als Kaltmamsell. Aktiv ist sie auch in dem Altersheim, in dem sie heute lebt. Ab wann galt in ihrer Jugend eine Frau als alt?

»Alt war eine Frau schon sehr früh. Meine Großeltern lebten in Schlesien, ich habe sie in den Ferien oft besucht. Meine Oma war damals höchstens Mitte 40 und galt schon als uralt. Sie und mein Opa waren ja durch die Landwirtschaft sehr früh abgearbeitet. Aber das heißt nicht, dass über das Altern gesprochen wurde. Auch nicht bei meinen Eltern.«[38]

Im 19. und auch noch im 20. Jahrhundert war die Existenz der Frau aus kleinen Verhältnissen geprägt vom Gebären und Muttersein, von Alltagsarbeit und familiärer Sorge. In ihren mittleren Jahren war sie extrem belastet, ständig auf Trab. Und dann plötzlich – alt. Fast ohne Übergang. So zumindest erscheint es in den dokumentierten Lebensgeschichten. Alles, was heute an Frauenängsten um die zweite Lebensphase kreist – samt drohendem Attraktivitätsverlust und Problemen der Wechseljahre –, kommt kaum zur Sprache.

Weil die weibliche Rolle zu wenig Spielraum ließ, darüber überhaupt nachzudenken? Weil Frauen von anderen existentiellen Sorgen geplagt waren und ihr Älterwerden hinnahmen wie das Wetter? Weil sie das Leben als vorgegeben von Gott, der Natur und der Geschlechterordnung betrachteten?

Vielleicht war die eine oder andere Frau aber auch nicht bedrückt, sondern regelrecht froh, ihre jungen Jahre und die Phase der Fruchtbarkeit hinter sich zu lassen. So war sie wieder stärker Herrin des eigenen Körpers, musste sich nicht mehr mit Schwangerschaften und Kindbett rumplagen. Wie hieß es in einem französischen Sprichwort: *Femme grosse a un pied dans la fosse* – Die schwangere Frau steht mit einem Bein im Grab. Mit dem Klimakterium war die gefährlichste Zeit im damaligen Frauenleben überstanden.

Fragen wir zu diesem Thema mal eine Frau, die Anfang des 20. Jahrhunderts geboren wurde – aber heute noch Auskunft geben kann. Anna S. ist 101 Jahre alt, hat zwei Weltkriege, den Mauerbau und den Mauerfall überlebt und erinnert sich sehr genau, wie es in ihrer Jugend in Berlin zuging. War Älterwerden für Frauen damals ein Thema?

»Nein, überhaupt nicht. Darüber wurde bei uns zu Hause nicht gesprochen, das wurde so hingenommen. Die Mutter war eben die Mutter, und wenn die Großmutter noch lebte, war sie so Mitte 50 und schon lange eine Matrone. In der Generation meiner Großmutter – das waren die Frauen, die um 1860 geboren wurde – galt ja eine 30-Jährige schon als alt.«

Die Eltern von Anna S. besaßen einen kleinen Laden, sie war eine gute Schülerin und wollte Buchhändlerin werden. Doch dann kam die Inflation und die Wirtschaftskrise, sie arbeitete als Hausmädchen, heiratete und bekam drei Kinder.

»Frauen sind durch die vielen Schwangerschaften oft sehr früh aus dem Leim gegangen, mit Glück hatten sie wenigstens schöne Haare. Wenn so eine Mutter acht Kinder geboren hatte, war das eine körperliche Höchstleistung. Wie sagte meine Tante immer: ›Wenn du eine Frau bist, über 30 und nicht mehr so aussiehst, dass die Männer gucken, dann hast du nichts mehr zu melden.‹‹«[39]

Klare Worte. Weibliches Älterwerden war kein Thema, aber irgendwie doch. Wahrscheinlich kann man getrost davon ausgehen, dass sich die Frauen – die einfachen und die bessergestellten – auch damals fragten, wie es ihnen wohl mit zunehmenden Jahren ergehen würde. Zweifellos waren sie sich bewusst, wie abhängig sie vom männlichen Blick und Wohlwollen waren. Und diese Botschaft vermittelten sie auch der jüngeren Frauengeneration.

Noch in der Mitte des vergangenen Jahrhunderts, um 1950 herum, war eine unverheiratete 25-Jährige fast schon eine alte Schachtel, und ihre 50-jährige Mutter galt als verbraucht. Kein Wunder, dass damals die älteren Frauen häufig frustriert in die Welt schauten. Die Fünfzigerjahre waren eine weibliche Hölle der besonderen Art. Rollengefängnis mit Seidenkopftuch und Petticoat. Was von der Frau dieser Zeit erwartet wurde, hat ein Werbespruch des Lebensmittelherstellers Dr. Oetker grandios auf den Punkt gebracht: »Es gibt nur zwei Fragen im Leben einer Frau: Was zieh ich an und was koch ich meinem Mann?« Andere Probleme hatte frau gefälligst nicht zu haben. Diese Zeitgeistzelle hinterließ ihre Gitter im Kopf jeder Frau.

Ein bedrückendes Beispiel liefert die Malerin Marie-Louise von Motesiczky. Die Künstlerin floh während der Nazizeit aus Wien nach London und schuf dort im Lauf ihres Lebens eine Reihe beeindruckender Selbstporträts. 1959 – da war sie 53 Jahre alt – malte sie sich in einem schwarzen Kleid mit goldenen Tupfen. Mit ihrem ordentlich aufgesteckten Haar, dem gesenkten Blick und den verschlossenen Lippen strahlt sie zugleich Sittsamkeit und Resignation aus.[40] Eine mittelalte Frau der Fünfzigerjahre pur – als Klischee und Abziehbild. Was Marie-Louise von Motesiczky hier schuf, ist ein Selbstporträt, ein Weiblichkeitsmuster und ein Spiegel der Zeit.

Als unabhängige junge Frau war die Künstlerin in ihr Erwachsenenleben gestartet, die Emigration, aber auch die Weiblichkeitsfallen hatten sie gezähmt und abgerichtet. Auch das offenbart ihr Ausdruck in dem Gemälde.

20 Jahre war Marie-Louise von Motesiczky die Geliebte des Schriftstellers Elias Canetti – der sich in seinem Werk als übler Frauenverächter geriert. 20 Jahre unterstützte sie den Autor finanziell, obwohl er sie ständig betrog. Und als Canettis Ehefrau starb, blieb Marie-Louise seine Geliebte auf Abruf. Er dachte gar nicht daran, sie zu heiraten. »Ganz ohne C. Welt ohne Sinn – mit C. endlose Quälerei«, schrieb die Malerin in einem Brief.[41] Diese Bitterkeit ist greifbar in ihrem Selbstporträt. Immerhin rächte sie sich irgendwann und porträtierte den Nobelpreisträger Canetti als Ratte.

Wahrscheinlich muss man nicht in die Fünfzigerjahre zurückgehen, um eine Frau mit ähnlichen Erfahrungen zu finden. Doch im Gegensatz zu damals würde es heute niemand mehr wagen, resignative Ergebenheit und Frustration als weibliche Pflichtübung zu rechtfertigen. Die Revolte der 68er, die Frauen- und Umweltbewegung, der medizinische und technologische Fortschritt haben die Gesellschaft gründlich durchgeschüttelt und vieles umgekrempelt.

Doch bis zum Umbruch der Verhältnisse in den Sechzigerjahren wurde die Abwertung der älter werdenden Frau weder öffentlich angesprochen noch problematisiert. Erst langsam, zögerlich drang das Thema in den letzten Jahrzehnten ins allgemeine Bewusstsein.[42] Durch das veränderte weibliche Selbstverständnis und die enorm gewachsene Sensibilität für den kleinen Unterschied sind Frauen zunehmend weniger bereit, Stigmatisierungen einfach hinzunehmen. Je stärker ihr Anspruch auf Selbstbestimmung wächst, desto mehr hadern sie mit dem Schicksal, das ihnen in der zweiten Lebensphase zugedacht ist. Allerdings ist die Revolte dagegen bisher ausgeblieben.

Das weitverbreitete Leiden am Älterwerden ist demnach ein

Ausdruck des erstarkten weiblichen Selbstwertgefühls in der späten Moderne und der Gegenwart. Hätten Frauen nicht den Anspruch entwickelt, alte Rollenkorsetts zu sprengen, würde ihnen die gesellschaftliche Demütigung in den mittleren Jahren wohl weniger zu schaffen machen. Eine Demütigung, die auch im 21. Jahrhundert kollektiv erfahren – und vielfach immer noch erduldet wird. Denn nach wie vor: Das Altern ist eine Frau.

Damit sind wir wieder im Hier und Heute. Und bei drei Frauen, die bei einem Glas Wein zusammensitzen und sich übers Älterwerden unterhalten. Über *ihr* Älterwerden. Die drei leben in einer deutschen Großstadt und sind seit einigen Jahren befreundet. Klaudine ist 45 Jahre und Grafikdesignerin. Paula, 51, Journalistin. Und Sophia ist Musikerin und ebenfalls 51. Alle drei haben Kinder. Klaudine und Paula sind verheiratet. Sophia hat nach dem frühen Tod ihres Mannes lange mit ihren zwei Kindern alleine gelebt, inzwischen hat sie wieder einen Lebensgefährten.

Klaudine: Für mich ist Älterwerden ein Fluch. (Klaudine lacht) Die immerwährende Angst, dass man irgendwann dasteht und nicht mehr gebraucht wird, nicht mehr attraktiv ist, nicht mehr richtig vorkommt…

Sophia: Ich kann mir vorstellen, dass es eine ganze Menge Frauen gibt, die sich so ähnlich fühlen und das eins zu eins unterschreiben würden. Aber für mich würde ich es nicht so sagen.

Klaudine: Es ist das Gefühl, dass das Leben an einem vorbeigezogen ist und man was verpasst hat. Ja, verpasst hat! Mit Mitte 20 hatte ich deswegen meine ersten Panikattacken.

Paula: So früh? Warst du damit alleine, oder ging es deinen Freundinnen damals ähnlich? Wie haben die denn reagiert?

Klaudine: Sehr gut, vielleicht, weil sie es auch von sich kannten. Ich bin ja nicht Amok gelaufen. Ich dachte nur: Ich steh in der Blüte meiner Jahre, es muss doch irgendwie lustig weitergehen – und das tat es eben erst mal nicht.

Paula: Für mich war 30 kein Problem, 40 kein Problem. Seit ich 50 bin, ist es merkwürdig. Ich fühle mich deutlich jünger, als ich bin, und werde auch häufig jünger geschätzt. Wenn ich mich aber in einer Gruppe von 30-, 40-Jährigen befinde und gefragt werde: Wie alt bist du denn? – Dann schlucke ich doch, bevor ich sage: 51.

Sophia: Machst du dich dann jünger?

Paula: Nein, das nicht. Am liebsten sage ich gar nichts. Denn wenn ich mit meinem Alter rausrücke, gucken die mich anders an und ordnen mich anders ein. Eine 51-jährige Frau ist einfach eine andere Schublade – das sehe ich ja genauso.

Klaudine: Welche Schublade denn?

Paula: Sobald das Alter ausgesprochen wird, verändert sich etwas. Du wirst irgendwo eingeordnet, auch wenn du da nicht hingeordnet werden willst. Im Blick auf das Alter finde ich es schwer, mit den Schubladen zu leben.

Sophia: Das scheint uns ja alle umzutreiben. Aber wenn ich mich permanent damit beschäftige, werde ich wahnsinnig.

Paula: Überall, wo mehrere Frauen zusammen sind, ist das ein großes Thema – auch für alle meine Freundinnen. Loslassen tut es uns eben nicht. Mit 50 ist das für mich definitiv anders, als es mit 40 war. 50 ist eine andere Zahl! Sie klingt anders und ist anders abgelegt. Ich glaube, wir haben dabei auch unsere Mütter im Kopf, die mit 50 schon sehr, sehr alt waren.

Sophia: An ihrem 50. Geburtstag hat eine Freundin zu mir gesagt, sie wäre eigentlich nie 49 gewesen. Denn als sie 49 wurde, hat sie nur noch gedacht: Nächstes Jahr werde ich 50! Das fand sie so furchtbar, dass sie bereits ein Jahr vorher mit einem total negativen Gefühl gelebt hat. Sie ist jetzt quasi zum zweiten Mal 50 geworden.

Klaudine: Mit 50 hast du definitiv die Hälfte hinter dir. (Lacht)[43]

Jüngst hat sich das Institut für Demoskopie Allensbach mit der Frage beschäftigt, welche Bilder vom Älterwerden heute in der Gesellschaft vorherrschen. Und einiges, was die Forscher in ihrer repräsentativen Untersuchung herausgefunden haben, ist bemerkenswert. So wollten sie von den Befragten wissen, ob die sich »eher jünger oder eher älter fühlen«, als sie nach Lebensjahren faktisch sind. Das Ergebnis:

Bereits bei den 16-Jährigen haben 18 Prozent das Gefühl, eigentlich jünger zu sein. Dieser Prozentsatz steigt mit dem Lebensalter kontinuierlich an. Bei den über 30-Jährigen sind es fast die Hälfte, bei den über 45-Jährigen mehr als die Hälfte, und von den über 60-Jährigen fühlen sich 58 Prozent jünger, als auf dem Papier steht.

So wie beispielsweise die 34-jährige Anna-Maria aus Berlin. Sie ist freiberufliche Marketingberaterin und arbeitet auch als Personal Trainerin in einem Fitnessstudio. Als Mittdreißigerin begreift Anna-Maria sich keineswegs. »Klar fühle ich mich jünger. Ich habe ganz andere Bilder im Kopf von Frauen, die 34 sind. Ich sehe nicht so aus, und ich fühle mich auch nicht so. In der letzten Zeit hatte ich auch jüngere Partner, vielleicht grade weil ich mich der älteren Klientel nicht so zugehörig fühle.«[44]

Hier offenbart sich die ganz alltägliche Schizophrenie: Für Anna-Maria sind Leute ihres Alters bereits »älteres Klientel«. Aber nur die anderen. Sie selbst wäre wahrscheinlich empört, wenn man sie als »älter« bezeichnen würde.

Die Allensbach-Studie betont, dass viele Befragte sich nicht nur als »etwas jünger«, sondern als »viel jünger« empfinden. Durchschnittlich ist das gefühlte Alter um acht bis zehn Jahre niedriger als das biologische.[45]

Wie stark sich diese Erfahrung auf das Lebensgefühl auswirken kann, schreibt Marion L. in ihrem Tagebuch. Es ist eines der privaten Lebenszeugnisse, die im Archiv von Emmendingen aufbewahrt werden. 2007 hatte Marion L. notiert:

> »Ich habe einen großen Alterungssprung gemacht! Hasse es zuzugeben! Ich werde alt! Ich weiß, ich weiß: Jahresmäßig gesehen bin ich schon seit bald zwei Jahrzehnten alt. Aber nicht in meinem Befinden, meiner Beweglichkeit, meiner Schnelligkeit. Und auch nicht in meiner Wirkung auf Menschen!«[46]

Marion L. ist in Berlin geboren und lebt heute in Zürich. Sie war Schauspielerin und Tänzerin, hatte Engagements an schweizerischen und deutschen Theatern. Als sie ihrem Tagebuch gesteht, dass sie sich unendlich jünger fühlt, als ihre Jahre es vorsehen, ist sie 75.

Im Klartext – viele Menschen pfeifen auf die Jahre, die ihnen der chronologische Lebenslauf vorgibt. Hierzulande ist fast die Hälfte der Bevölkerung so frei, sich auf der Altersskala woanders anzusiedeln. So wie es ihrem Lebensgefühl entspricht.

Das bedeutet aber auch: Sie alle haben irgendwelche Klischees im Kopf hinsichtlich der Frage, welcher Habitus zu einem bestimmten Alter gehört. Es sind diese Klischees, die zur Abgrenzung reizen, weil sich viele Menschen darin nicht mehr wiederfinden. Die Bilder, die eine 34-jährige Anna-Maria von einer Person ihres Jahrgangs im Kopf hat, entsprechen nicht ihrem Selbstbild. Das Fremdbild ist von Tradition und jahrhundertealten Lebensrhythmen bestimmt. Das Selbstbild folgt dem Motto: Du bist so alt, wie du dich fühlst.

Du bist so alt, wie du dich fühlst? Das klingt doch klasse.

Selbstbestimmt, souverän. Und im Grunde genommen hat sich die Gesellschaft ja auch deutlich verjüngt – obwohl der demografische Faktor eigentlich das Gegenteil sagt. Der gesamtgesellschaftliche Alterungsprozess wird gern für apokalyptische Visionen von der vergreisenden Republik herangezogen. Und tatsächlich werden die Babyboomer (zwischen 1955 und 1965 Geborene) im Jahr 2025 in Deutschland die Mehrheit der Bevölkerung stellen. Dann sind sie 70- bis 80-Jährige.

Doch diese Menschen werden nicht mehr die gleichen sein wie die heute 70-Jährigen. Und auch die jetzige Generation 70-Jähriger lässt sich nicht mehr so einfach in Schablonen von früher pressen. In westlichen Gesellschaften altern Menschen heute eben langsamer und anders. Der Zug, der die jetzt 30-, 40-, 50-Jährigen durchs Leben fährt, ist nicht mehr die Bahn, in der ihre Eltern und Großeltern saßen. Und das hat keineswegs nur mit dem Jugendlichkeitsdiktat zu tun.

Wir alle haben in den vergangenen Jahrzehnten eine regelrechte Verjüngungskur durchlaufen. Wir sind gesünder und gesundheitsbewusster als unsere Vorfahren. Das trägt zu einem gemilderten Alterungsprozess bei – führt aber auch zu einem anderen Gefühl für die Jahre.

»Wenn sich Menschen in der zweiten Lebenshälfte jünger fühlen, als sie tatsächlich sind, dann versuchen sie auf diese Weise auch, sich von dem negativen kulturellen Altersbild abzugrenzen«, analysiert die Sozialwissenschaftlerin Herrad Schenk. »Es ist ein Selbstschutz, der der Erhaltung des eigenen Selbstwertgefühls dient.«[47]

Sich jünger fühlen, um gängige Vorurteile auszutricksen? Keine dumme Idee. Wäre das nicht eine Methode, die man Frauen empfehlen sollte, damit sie der Stigmatisierung in der Mitte des Lebens entkommen können? Manchmal scheint das Kunststück doch zu gelingen. Wenn heute eine 50-Jährige neben ihrer halb so alten Tochter über die Straße läuft, beide vielleicht noch in Jeans und T-Shirt, sind sie häufig auf den ersten Blick kaum zu unterscheiden.

Doch insgesamt ist es ein unendlicher Kraftakt, die übermächtigen Vorurteile und Zuschreibungen abzuwehren, mit denen Frauen in der zweiten Lebensphase so ausdauernd konfrontiert werden. Sich jünger fühlen ist da leicht gesagt und vielleicht auch nicht schwer getan. Es hilft nur nicht viel, wenn die Gesellschaft dabei nicht mitzieht.

Denn die soziale Praxis und die Bilder, die in einem unendlichen Strom reproduziert werden, hinken dem verjüngten Lebensgefühl enorm hinterher. »Diese Bilder, das ist das Entscheidende, sind nicht einfach Klischees, welche man ohne großen Aufwand ins Reich der Irrelevanz verbannen könnte«, schreibt der Journalist Claudius Seidl in seinem Essay *Warum wir nicht mehr älter werden*. Diese Bilder »beherrschen immer noch die Köpfe all jener, die in unserer Gesellschaft die Uhren stellen und die Baupläne fürs Leben entwerfen.«

Der Feuilletonist kritisiert die Politik, die Wirtschaft und die Institutionen, weil sie noch immer steinzeitliche Lebensfahrpläne für hypermoderne Zeitgenossen vorgeben und ignorieren, dass längst eine »Revolution der Lebensläufe« stattgefunden hat. »Wir müssen die Steinzeitbilder in unseren Köpfen zerstören«, fordert der Autor. Für den einzelnen Menschen sei das eine seelische Notwendigkeit.[48]

Da hat Claudius Seidl zweifellos recht. Und doppelt recht, wenn es um Frauen geht. Sie trifft das vorzeitliche Denken auf besondere Art. Denn immerhin halten die steinzeitlichen Lebensfahrpläne für Männer ja bekanntlich eine Menge Goodies bereit, während sie Frauen oft hart überrollen.

Zweifellos würde die Revolution der Lebensläufe die Chance bieten, mit dem alten Kram aufzuräumen und auch das weibliche Älterwerden anders zu betrachten. Stattdessen kommen die angejahrten Stereotype heutzutage wie nach einer Botox-Behandlung daher: Das Altern ist eine Frau mit verjüngtem Gesicht. Die Wirkung der Bilder hat sich in unserer Zeit nicht grundlegend verändert – sie setzt nur um einiges später ein.

»Heute gilt die 40-jährige Frau nicht mehr automatisch als alt. Die Grenze hat sich eindeutig nach hinten verschoben«, stellt die Psychoanalytikerin Eva Jaeggi fest. »Trotzdem befürchtet auch die 40-Jährige, dass ihr Altwerden längst begonnen hat. Selbst wenn sie hervorragend aussieht und zweifellos sexy ist.«[49]

Weil sich die Grenze verschoben hat, durfte Halle Berry im Dauerbrenner unter den Agentenfilmen zwar noch mit 36 Jahren das Bond-Girl spielen – während ihre Kolleginnen in früheren Zeiten mindestens zehn Jahre jünger sein mussten. Doch lässt sich deshalb schon ein Bond-Girl vorstellen, dass so alt ist wie der Meister persönlich? Roger Moore arbeitete als James Bond ja noch mit knapp 60 Jahren im Dienste Ihrer Majestät.

Die Schwelle zum Altern ist auf der Lebensskala ein Stück nach hinten gerückt. Frauen wird heutzutage eine längere Gnadenfrist eingeräumt, bevor sie die traditionelle Vorurteilskeule trifft. Doch gefällt werden die Urteile trotzdem. Und sie haben uns weiter im Griff.

Dabei finden Frauen in den mittleren Lebensjahren das dazu passende, negative Selbstbild nicht etwa zwangsläufig in ihrem Kopf, ihrem Körper oder gar im Herzen. Sie sehen es im Spiegel. Wenn sie sich mit dem Blick der anderen betrachten.

Da stehen wir also, wir Frauen in den mittleren Jahren. Umzingelt von Bildern, die versuchen, uns klein und hässlich zu machen. Sich mit ihnen zu konfrontieren ist nicht schön. Aber notwendig. Womit haben wir es hier zu tun? Zweifellos mit einem Gesellschaftsspiel, das seit Jahrtausenden aufgeführt wird und uns bis heute dieselbe armselige Rolle zuweist. Wie im Kasperletheater, wo stets das Krokodil, der Teufel und die Oma auftreten, sollen wir die immer gleiche Besetzung und das sattsam bekannte Szenario hinnehmen.

Warum eigentlich? Da haben wir doch auch noch ein Wort

mitzureden. Wir brauchen uns nur mal selbst anzuschauen. Noch nie waren Frauen jenseits der 40, 50, 60 so selbstbewusst, so attraktiv, so voller Energie und Lebensdrang. Klein und hässlich? Welche Rolle wir annehmen und welche nicht, mit welchen Bildern wir uns identifizieren oder nicht – das ist doch auch unser Ding.

Wenn es uns gelingt, genau hinzuschauen, erkennen wir zweifellos: Die historischen Bilder, mit denen wir konfrontiert sind, entfalten zwar bis heute eine ungeheure Wirkungskraft – doch sie sind das eigentliche Kasperletheater. Man nennt es auch interessengeleitete Kommunikation. Hier werden Zwecke verfolgt, um uns ins Abseits zu drängen. Dabei geht es letztlich gar nicht um unsere Altersspuren oder Lebensjahre, sondern um ein System, das Ungleichheit und Ungleichwertigkeit zwischen Männern und Frauen aufrechterhalten soll. Es geht auch nicht um uns als einzelne Frauen. Was wir privat erleben, erleben wir deshalb, weil wir Teil einer gesellschaftlichen Gruppe sind.

Das macht es für uns nicht einfacher, die Bilder auszuhalten, aber einfacher, dagegenzuhalten und ihnen so einen Teil ihrer Macht zu nehmen. Mut müssen wir dazu schon aufbringen. Aber dann können wir auch in den Spiegel schauen und uns mit einem entspannteren Blick betrachten. So werden die Blicke der anderen gleich viel lächerlicher.

Knittergesicht und Cabrio

Über das Unsichtbarwerden und andere Gemeinheiten

Bea, du hast so was Strahlendes! Das haben die Freunde ihr früher gesagt. Unsere Bea, immer so schön, so klug und wahnsinnig begehrenswert! Stimmt, denkt Beatrice, so war ich. Früher.

Beatrice liebte es, wenn sie einen Raum betrat und alle Blicke ihr folgten. Sie war attraktiv und wusste es. Und doch spielte sie das Spiel um Anerkennung immer wieder neu, nichts war spannender. Zwei Dinge waren ihr wichtig: die Arbeit und Männer. Ihre Agentur hatte sie alleine aufgebaut und zu einer gefragten Adresse gemacht. Und an Liebhabern gab es keinen Mangel. Ihr Mann Wolf hatte nichts gegen ihre Affären, sagte er. Er selbst hielt es kein bisschen anders. Einmal als er verreist war, rief sie ihn in seinem Hotelzimmer an und bekam eine junge Frau an den Apparat. Der Wolf? Ich kann ihn ja mal holen, sagte die. Als gäbe es keine Ehefrau am anderen Ende der Leitung. Damals wurde es Bea das erste Mal zu viel.

Begonnen hatte es, als sie 40 wurde. Sie glaubte weiß Gott nicht an Zahlenmagie, und doch spürte sie ein diffuses Unbehagen vor diesem Geburtstag. Dann merkte sie, dass sich etwas veränderte, schleichend. Dass sich die Männer ihr gegenüber anders verhielten. Dass sie nicht mehr so einfach zu haben waren. Oder bildete sie sich das nur ein? Sie hatte die Sache mit dem Unsichtbarwerden immer für ein Aschenputtel-Syndrom gehalten. Für die Tirade von Frauen, die nicht zur Prinzessin geboren waren und an einer Mangelkrankheit litten: Ihnen fehlte schlicht Aufmerksamkeit! Zu dieser Sorte gehörte Bea wahrlich nicht.

Und dann war Wolf plötzlich weg. Packte die wichtigsten Sachen, zog zu seiner 15 Jahre jüngeren Freundin und machte mit ihr auf Familie. Er legte tatsächlich einen kompletten Neustart hin. Mit über 50 – er war älter als Bea – zeugte er zwei Kinder mit seiner Neuen. Bea hasste ihn dafür. Sie wusste nicht, ob sie ihn hätte wiederhaben wollen, aber dieses Vatergetue war ihr unerträglich.

Es ist so ein verdammtes Klischee, dachte sie. So billig, abgedroschen und gewöhnlich! Bea wusste nicht, ob sie über die Spießigkeit der Situation lachen oder heulen sollte. Schließlich hatte sie sich eingebildet, die Beziehung zwischen Wolf und ihr wäre etwas Besonderes, weder hausbacken noch trivial. Und nun fragte selbst ihre Friseurin nicht etwa: »Ist sie jünger?« Denn das setzte sie offenbar stillschweigend voraus. Sie wollte eigentlich nur noch wissen: »Wie viele Jahre jünger ist sie denn?«

Solange sie sich erinnern konnte, hatte sich Bea in ihrer Haut wohl und sexy gefühlt. Darin bestätigt zu werden, nahm sie so selbstverständlich hin wie die morgendliche Tasse Kaffee, die ihr Wolf ans Bett brachte. Jetzt fing sie an, Situationen zu meiden, in denen sie sich der Konkurrenz jüngerer Frauen aussetzen musste. Denn dann kam es jedes Mal wieder hoch: dass sie gegen eine von ihnen verloren hatte, dass sie ausgetauscht worden war.

Sie stand vor dem Spiegel und fand ihre Figur eigentlich noch immer tipptopp. Aber ihr Gesicht zeigte, dass sie älter wurde, und der Kummer hinterließ seine eigenen Spuren. Das Gefühl, etwas gehe unwiederbringlich verloren, jeden Tag ein bisschen mehr, machte sie dumpf. Nie hatte sie sich ihrem Körper derart ausgeliefert gefühlt. War sie nicht klug, erfolgreich, an vielem interessiert? Warum kümmerten sie dann diese verfluchten Falten, diese hässlichen kleinen Linien um ihre Lippen? Selbst wenn sie sich entspannt glaubte, wusste sie, dass ihr Mund schmaler, härter wirkte als früher.

Gezielt beobachtete sie ihre Umgebung. Wo sie früher achselzuckend gestattet hatte, dass sich alle um sie bemühten, begann nun das Lauern. Spiele ich noch eine Rolle? Schaut mir noch einer hinterher? Werde ich aufmerksam behandelt? Und immer wieder fand sie die Bestätigung, dass sich etwas veränderte. In ihrer Agentur hatte sie nun ständig mit genervten Klienten zu tun. Da war der motzende Taxifahrer, der ihren Koffer auf den Bürgersteig knallte. Und die Freundin, die sie mit Männern unter ihrem Niveau verkuppeln wollte. Selbst ihr Bäcker schien nicht mehr ganz so beflissen, wenn sie wie üblich zauderte, ob es denn Körner- oder Mohnbrötchen sein sollten.

Irgendwie taten solche Erfahrungen weh. Wer bin ich eigentlich, verdammt noch mal? Dann redete Bea sich wieder ein, dass es egal sei. War es ihr aber nicht. Intuitiv ging sie Männern immer häufiger aus dem Weg. Die Vorstellung, das erotische Spiel wiederaufzunehmen, das sie früher aus dem Effeff beherrscht hatte, machte sie krank. Eine Abweisung würde sie nicht ertragen.

Ihre Geschäfte liefen nicht mehr so gut, die Zeiten waren halt schlecht. Irgendwie war ihr aber auch etwas von der besonderen Autorität verloren gegangen, die ihr viele Wege geebnet hatte. Ihr Charme, den sie jederzeit hatte anknipsen können, war immer ein Teil des Erfolgsrezepts gewesen. Jetzt war das Strahlen weg, das spürte sie, wie sollte sie auch nicht? Wieder etwas, das verschwindet, dachte sie.

Sie litt. Und verlor zunehmend die Lust, sich wegen anderer Menschen anzustrengen. Begann ihr Make-up und ihre Garderobe zu vernachlässigen. Das ewige Gefallenmüssen war doch der reine Stress. Und dann fing sie an, alles in sich reinzustopfen, was ihr unter die Finger kam. War eh egal. Sie fraß unentwegt, langsam wurde sie dick und dicker. Wenn ich schon nichts mehr reißen kann, weiß ich jetzt wenigstens, warum, dachte sie. Oder wollte sie zerstören, was von der alten Bea noch übrig war?

Da stand sie nun – hatte den Mann verloren, den Liebhabertraum ausgeträumt, ihr Selbstbewusstsein aufgegeben und ihre Schönheit hinter Fettpolstern verborgen. Es kam ihr vor, als würde das alte Märchen rückwärts erzählt: Die Prinzessin wird Aschenputtel, und wenn sie nicht gestorben ist … Bea schämte sich. Fühlte sich grauenhaft alt – und war gerade mal Ende 40.[1]

Beatrice' Erfahrungen sind persönlich *und* exemplarisch. Eine Frauenbiografie, real erlebt und erlitten, die dennoch in ein Muster passt: Ältere Frau wird zugunsten einer jüngeren abgewickelt. Und weil das Muster bekannt ist, lässt sich mühelos vorstellen, welch wohlmeinende Ratschläge Bea in dieser Situation wohl bekommen hat.

Die Mutter: Beatrice, du kannst dich nicht einfach so hängen lassen. Das tut dir nicht gut! Du musst mal raus, an was anderes denken. Wie geht's denn Wolf?

Die Freundin: Du siehst immer noch toll aus, Bea. Vergiss diesen Mistkerl! Komm, wir treffen uns morgen, Peter ist auch da, du kennst doch Peter, vielleicht wäre der ja...

Die Fitnesstrainerin: Ich habe da eine ganz neue Diät, die sich hervorragend in Ihr Leben einpasst. Ein wirklich cleveres 14-Tage-Programm, ganz gesund und so köstlich!

Die Frauenzeitschrift: Verändern Sie Ihr Leben! Immer der falsche Mann – was tun?

Vielleicht hat Beatrice es ja mit dem einen oder anderen Ratschlag versucht, als sie mit ihrer Situation schwer zurechtkam. Ganz sicher entwickelte sie persönliche Strategien, um ihr Leid zu bewältigen. Doch jenseits des individuellen Krisenmanagements lässt sich an ihrer Geschichte vieles beobachten, das weit über das Private hinausgeht. Das Teil einer sozialen Praxis ist, wie sie Frauen heute erfahren. Wenn du älter wirst, kann es mit deiner weiblichen Macht und deinem sozialen Status schnell vorbei sein! Dieses Urteil trifft Frauen im Privaten so häufig, dass das kollektive Muster dahinter viel zu selten in Frage steht. Doch hier wird das Private politisch.

In ihren ersten Lebensabschnitt als erwachsene Frau startete Beatrice unter ähnlichen Vorzeichen wie ihr Mann. Beide hatten ihren Beruf, ihre finanzielle Eigenständigkeit und außer der Zweisamkeit noch ein paar andere Bedürfnisse. Die Freiheit, die sie und ihr Mann sich ließen, war gegenseitig. Die Gefahr, sich möglicherweise zu verletzen, auch. Es war, im Guten wie im Schlechten, eine Liebe auf Augenhöhe. Und ebenbürtig fühlte sich Beatrice auch gegenüber ihren sonstigen Bettgefährten – war eine Frage des Stolzes.

Doch in der zweiten Lebensphase begannen sich die Gewichte zu verschieben, die Waage kippte. Beas Welt schien sich mehr und mehr zu verengen und ihre Entwicklungsmöglichkeiten schienen zu schrumpfen. Die Welt ihres Mannes hingegen blieb – von den Jahren scheinbar unbeeindruckt – so weiträumig wie zuvor. Diese Welt bot ihm die Möglichkeit, sich völlig neu zu orientieren, samt junger Partnerin und der Entscheidung für Kinder.

Plötzlich als Verlassene dazustehen versetzte Beas Selbstbild und Stolz einen entscheidenden Schlag. Sie wurde schwach und anfällig, die Angst, die hinzukam, tat ein Übriges. Gefühlt und real. Anerkennung, die man ihr entgegengebracht hatte, Aufmerksamkeit und Wertschätzung, die sie gewohnt war – mit allem schien es weniger zu werden. Das Ganze verlief eher unterschwellig, kaum merklich, zunächst nur als Ahnung, dann spürte sie die Folgen. Und je weniger ihr Ich von außen gestärkt wurde, desto mehr litt ihr Selbstbewusstsein.

Die Sollbruchstelle zwischen Bea und ihrem Mann riss auf mit dem zweiten Lebensabschnitt. Irgendwann erlebte sie jedes weitere Jahr als Bedrohung, ihr Mann hingegen blieb cool. Er wusste ja, für ihn und seinesgleichen war trotz der Jahre noch sehr vieles drin. Älterwerden ist zwar ein höllisches Spiel – aber in voller Härte trifft es nur Frauen. Ihnen wird die Verliererrolle bei diesem Gesellschaftsdrama zugewiesen. Für sie zeigt sich der Lebensprozess doppelbödig, widersprüchlich und sozial sehr viel problematischer als für Männer.

Älterwerden wird nach zweierlei Maß gemessen – abhängig vom berühmten kleinen Unterschied. Beim Umgang mit dem Lebensverlauf zeigen sich hässliche Widersprüche, zugekleistert von Tradition und gesellschaftlicher Doppelmoral. Denn es ist eben nicht egal, um wessen Leben es geht, es ist eben nicht dasselbe, ob Männer oder Frauen altern. Auch das neue weibliche Selbstverständnis, das seit Ende der Sechzigerjahre gewachsen ist, hat bis heute nichts grundlegend an der Vorurteilsstruktur geändert, die einen entscheidenden Unterschied zwischen den männlichen und den weiblichen Jahren macht.

Das ist besonders bitter, wenn man sich ins Gedächtnis ruft, was die großartige amerikanische Essayistin Susan Sontag bereits 1972 in *The Double Standard of Aging* beschrieben hat.[2] Sie empört sich über die unterschiedlichen gesellschaftlichen Maßstäbe, die an Männer und Frauen beim Älterwerden angelegt werden: »Männer dürfen ungestraft älter werden, Frauen nicht.«[3] Die gesellschaftliche Doppelmoral – der *doppelte Standard*, wie Susan Sontag es nennt – werte den Mann auf und zerstöre die Frau. »Es sind vor allem die Frauen, die dem Älterwerden mit Widerwillen und sogar Scham entgegensehen.«[4] Doch statt sich zu wehren, unterstützen Frauen ihre eigene Abwertung. Sie machen sich zu Komplizinnen des Systems, sagt Susan Sontag.

Damit hat die Autorin ein großes Thema aufgegriffen und bereits sehr früh, kurz nach Beginn der 2. Frauenbewegung, in die Öffentlichkeit gebracht. Und wenn auch die 1970er Jahre lang vorbei sind und sich gesellschaftlich vieles verändert hat, gilt die Analyse von Susan Sontag im Grundsatz noch heute. Diese Erkenntnis ist zwar eher deprimierend als erfreulich, macht es aber umso lohnender, sich näher mit *The Double Standard of Aging* zu beschäftigen.

Darin unterscheidet Susan Sontag zwischen Alter und Älterwerden. Der biologische Alterungsprozess sei universell, die Angst vor Alter und Tod eine Konstante der menschlichen Existenz. Wer gehe schon begeistert seinem Untergang entgegen? Das Alter sei für alle – unabhängig ob Mann oder Frau – eine schmerzhafte Erfahrung und qualvolle Prüfung. Deshalb sei es nur allzu verständlich, wenn der alte Mensch seiner körperlichen und geistigen Kraft nachtrauere.

Das Älterwerden hingegen ist für Susan Sontag eine »soziale Pathologie« und ein »moralisches Übel«[5], unter dem Frauen viel mehr leiden als Männer. Älterwerden ist ein weibliches Phänomen, denn sobald Frauen nicht mehr jung sind, gelten sie als alt. Mit zunehmenden Jahren wird ihnen immer mehr von ihrer Persönlichkeit abgesprochen, sie werden zum Mängelexemplar – während den männlichen Wesen vergönnt ist hinzuzugewinnen. Männer *erreichen* ein Alter, Frauen werden einfach alt. Dieses gesellschaftliche Muster hindert Frauen daran, ihre eigenen Bilder vom Älterwerden zu entwerfen. Susan Sontag nennt das: sich selbst kulturell zu imaginieren.[6]

Eindringlich beschreibt die Essayistin die sozialen Mechanismen, denen Frauen ausgesetzt sind und die sie allzu oft überwältigen: das Wettrennen gegen die Zeit, das sie bereits in jungen Jahren beginnen. Die krisenhafte Erfahrung des Älterwerdens, die sich fast über das ganze weibliche Leben erstreckt. Die sexuelle Abqualifizierung und das Unsichtbarwerden, das sie erleiden. Der psychische Druck, der sie demoralisiert und ihr Selbstvertrauen zerstört. Die Begrenzung auf den Körper, die zur Körperfixierung und zum permanenten öffentlichen Schauspiel führt. »Es gibt nur eine Norm für weibliche Schönheit, die erlaubt ist: die des Mädchens. Männer haben den großen Vorteil, dass unsere Kultur ihnen zwei Normen von Schönheit zubilligt: die des Jungen und die des Mannes«, schreibt Susan Sontag.[7]

Welchen gesellschaftlichen Stellenwert Frauen genießen – oder eben nicht genießen! –, lässt sich nirgendwo deutlicher demonstrieren als am Älterwerden, meint die Autorin. All die Pein, die Konfusion und die schlechten Erfahrungen, denen Frauen ausgesetzt sind, sprächen eine deutliche Sprache.

Gleichzeitig stellt Susan Sontag fest: Frauen sind ein Teil des Problems, denn sie machen mit. Sie teilen die negativen Urteile über ihresgleichen, verdammen sich selbst und nehmen ihren Mangel an Selbstrespekt als gegeben hin. Das müsse sich ändern:

»Frauen müssen sich bewusst machen, dass es dieser doppelte Standard beim Älterwerden ist, an dem sie so furchtbar leiden.«[8]

Susan Sontag hat also bereits in den 1970er Jahren die Lage erkannt, wie sie sich – nur wenig verändert – bis heute präsentiert. Sie verschweigt, wie gesagt, auch nicht die Verantwortung, die Frauen dafür tragen, dass die Verhältnisse bisher blieben, wie sie sind. Und gleichzeitig betont die Autorin: Das lässt sich ändern! Wenn Frauen den doppelten Standard durchschauen, wenn sie sich den gängigen Vorurteilen widersetzen und ihre eigenen kulturellen Bilder entwerfen.

In ihrem Meisteressay thematisiert Susan Sontag auch die auseinanderdriftenden Chancen von Männern und Frauen bei der Partnerwahl. Womit wir wieder bei Bea und Wolf wären.

Mann verlässt Frau wegen einer Jüngeren. Was sich zwischen Bea und ihrem Mann abgespielt hat, gehört zu den Klassikern aus der Beziehungskiste. Denn bekanntlich wählen Männer ja als Erstfrau eine fast Gleichaltrige, als Zweitfrau eine zehn Jahre und als Drittfrau eine 20 Jahre jüngere Partnerin.

Hier verhält Wolf sich standardgemäß. Wie viele andere Männer vor ihm hat er die »Gegenseitigkeitsregel« gebrochen – wozu allerdings auch Frauen problemlos in der Lage sind. Mit diesem schönen Begriff beschreibt die französische Philosophin Elisabeth Badinter, wie eine Ehe idealerweise aussehen sollte: als ein Vertrag der Gegenseitigkeit und der Solidarität. Gleichheit in der Verschiedenheit.[9] Doch bekanntlich wird dieses Ideal selten erreicht.

Die New Yorker Schriftstellerin Siri Hustvedt erzählt von einer dieser typischen Bea-Wolf-Alltagstragödien in einem ebenso schlichten wie wunderbaren Roman: *Der Sommer ohne Männer*.[10]

Mia wird von Boris nach 30 Ehejahren verlassen. Er brauche eine »Pause«, sagt er. Mia stellt fest:

»Die Pause war eine Französin mit schlaffem, aber glänzendem braunem Haar. Sie hatte einen Busen, der echt, nicht künstlich war, eine schmale Rechteckbrille und einen exzellenten Verstand. Natürlich war sie jung, 20 Jahre jünger als ich, und ich vermute, dass Boris schon länger scharf auf seine Kollegin gewesen war, ehe er sich auf ihre signifikanten Bereiche stürzte. Boris, dem die schneeweißen Locken in die Stirn fallen, während er neben den Käfigen mit den genmanipulierten Ratten nach der Pause grapscht.«

Mia dreht durch, landet in einer Klinik und beschließt dann, ihren Sommer ohne Männer zu verbringen. In dieser Auszeit analysiert sie klarsichtig die Verhältnisse:

»Die Banalität der Geschichte – die Tatsache, dass sie jeden Tag ad nauseam von Männern wiederholt wird, die plötzlich oder allmählich entdecken, dass, was IST, nicht SEIN MUSS, und dann handeln, um sich von den alternden Frauen zu befreien, die sie und ihre Kinder jahrelang versorgt haben – dämpft nicht das Elend, die Eifersucht und die Demütigung, die die Verlassenen überkommt.«[11]

Der untreue Ehemann kommt in Siri Hustvedts Erzählung nur en passant vor. Eine breitere Würdigung dieses männlichen Typus liefert ihr Schriftstellerkollege John Irving in seinem Roman *Witwe für ein Jahr*. Darin wird der Vater der Heldin als ein bezaubernder Kinderversteher beschrieben, doch gleichzeitig geht er notorisch fremd und lebt seinen ungezügelten Appetit auf jüngere Frauen aus:

»Die traurige Wahrheit ist, dass sich Ted Cole chronisch von jüngeren Frauen angezogen fühlte. Marion war erst 17 und bereits mit Thomas schwanger gewesen, als Ted sie heiratete. Er selbst war damals 23. Und als Marion älter wurde, auch wenn sie immer sechs Jahre jünger bleiben würde als Ted, war das Problem, dass sein Interesse an jüngeren Frauen vorhielt.«[12]

Und mit dieser Vorliebe wären die Romanfiguren Boris und Ted ja auch im richtigen Leben zu Hause. Angeblich ist die Lust auf junge Frauen ähnlich unausrottbar in die männliche DNA eingebrannt wie Schmieröl in den Kopf von Autojunkies. Alles Triebe!

Er hat also bereits eine Familie gegründet mit seiner ersten Frau, die – selbstverständlich – ein bisschen jünger ist als er, fühlt sich beruflich, familiär, sexuell gesättigt, wenn auch nicht zufrieden, ist inzwischen über 40, über 50 oder älter, und plötzlich warten da die junge, frische, unverbrauchte Kollegin, die Nachbarin oder die Freundin der Tochter darauf, dass er sich kümmert. Schließlich ist er kaum älter geworden, nur erfahrener. Reifer! Warum sollte er sich da keine zweite Jugend gönnen, liegt doch in den männlichen Genen.

Sicher, für die Abgelegten – die Ex, die Kinder – bringt es ein paar emotionale Probleme mit sich. Vielleicht bricht für sie eine Welt zusammen. Aber soll er gegen seine Natur ankämpfen? Klar, dass er es tun muss, er braucht das einfach! In seinem männlichen Umfeld wird er für diesen Coup ganz sicher beneidet, und selbst Frauen sind fasziniert von seiner Virilität. Was für Triebe!

Wie kommt es dann bloß, dass Evolutionsforscher nicht unbedingt von der Triebtheorie überzeugt sind? Dass die Wissenschaft das Ding mit den jungen Frauen nicht einfach auf biologische Grundstrukturen zurückführt? Was Männer ja gerne behaupten und Frauen immer wieder verständnisvoll anführen.

Evolutionsforscher von der kanadischen McMaster University, die sich intensiv mit der Entwicklung der weiblichen und männlichen Spezies beschäftigen, vermuten vielmehr, dass eine methusalemalte Prägung hinter dem männlichen Muster stecken könnte.[13] Dass es sich hier um ein sozial entwickeltes Verhalten handelt, das keineswegs ins männliche Gen eingraviert ist. Dass

Männer es sich irgendwann aufgrund ihrer Machtstellung aussuchen konnten, ob sie ältere oder jüngere Frauen schwängern wollten. Und weil sich die älteren um Aufzucht und Pflege kümmern sollten – also um die typischen weiblichen Care-Arbeiten –, wurden zunehmend die jüngeren zum Austragen der Kinder gewählt. Demnach ist die Moral von der Geschichte: Irgendwann haben ältere Männer Geschmack an jungen Frauen gefunden und es fortan als ihr verdammtes Recht angesehen, auch die zu vögeln.

Was könnte als Beleg dafür besser herhalten als der Casanova-Mythos, die Geschichte vom charmanten Ladykiller. Arthur Schnitzler, der großartige Erzähler, schrieb im Ersten Weltkrieg die Meisternovelle *Casanovas Heimfahrt*. Darin nimmt sich Schnitzler die literarische Freiheit, die Casanova-Legende einem bitteren Ende zuzuführen und den alternden Verführer scheitern zu lassen.

In *Casanovas Heimfahrt* trifft der Frauenjäger, verbraucht und gesundheitlich angeschlagen, seine ehemalige Geliebte Amalia wieder. Sie ist jünger als er, doch als sie sich erneut in ihn verliebt, will er von ihr nichts mehr wissen. Sie ist ihm zu alt. Stattdessen versucht Casanova, ihre knapp 20-jährige Nichte zu verführen. Amalia resigniert: »Amalia schien nichts zu bemerken; sie war blaß, blickte trüb und sah aus wie eine Frau, die entschlossen ist, alt zu werden, weil das Jungsein jeden Sinn für sie verloren hat.«[14] Doch Casanova bricht Amalias Herz ganz umsonst, denn ihre Nichte lehnt ihn ab. Sex mit der jungen Frau kann sich der alte Kerl noch tückisch erschleichen. Doch als sie erkennt, wer sich in ihr Bett gestohlen hat, reagiert sie dermaßen angewidert, dass die wahnhafte Jugendlichkeit des ewigen Verführers zerbröselt wie morsche Knochen.

Selbstüberschätzung eines alten Mannes. Die Sache wäre lächerlich, wenn sie nicht so traurig daherkäme. Auch im wirklichen Leben entbehren derartige Verhaltensweisen nicht einer gewissen Komik. Davon kann die Fernsehjournalistin Lisa Ortgies berichten.

Sie beschreibt, wie sie im Zuge einer Recherche bei einem Senioren-Partnertreff landet und plötzlich selbst zum Objekt der Begierde wird. »Es muss am Outfit liegen. Anders konnte ich mir nicht erklären, was da gerade passiert war: Vor den Augen meines Kamerateams, das den Dreh wegen Lachkrämpfen unterbrechen musste, war ich in das Beuteschema eines verwitweten, pensionierten Mittelständlers gerutscht. Und in eine Eitelkeitskrise. Das war ein halbes Jahr vor meinem 40. Geburtstag.«[15]

Beuteschema hin, Eitelkeit her – was ist gegen die Konstellation älterer Mann – jüngere Frau eigentlich einzuwenden? Auf diese Frage gibt es nur eine Antwort: nichts, was mit dem Altersunterschied zu tun hat. Schließlich wäre es ausgesprochen erfreulich, wenn Männer und Frauen ihre Partnerwahl ganz unabhängig und frei von äußerlichen Faktoren treffen könnten. Das Problem ist nur: Hier geht es um eine Einbahnstraße, die fast ausschließlich von Männern befahren wird.

»Eigentlich müsste es doch genau umgekehrt sein«, sinniert Adelheid Kuhlmey. Die Wissenschaftlerin leitet das Institut für medizinische Soziologie an der Berliner Charité und beschäftigt sich seit Jahrzehnten mit Alternsfragen. »Da Frauen ja im Durchschnitt sechs Jahre länger leben als Männer, müssten doch sie die jüngeren Partner haben.« Adelheid Kuhlmey führt die bestehenden Verhältnisse auf medizinhistorische Ursachen zurück, die heute zwar nicht mehr gelten – aber wirken. »Früher starben sehr viele Frauen im Kindbett. Und wenn dann die Männer mit kleinen Kindern ohne deren Mutter dastanden, heirateten sie eine junge Frau. Auch, um mit ihr vielleicht noch einmal Kinder zu zeugen. Es hatte sozial also mal eine Funktion ...«[16]

Doch wenn das alles nur alter Ballast ist – warum läuft es dann tatsächlich inzwischen nicht auch umgekehrt? Haben Frauen etwa keine Lust auf jüngere Männer?

Werfen wir einen Blick auf die bestehenden Verhältnisse, Prominente dienen dabei wie stets als Leuchttürme zur Orientierung. Schauspieler, Wirtschaftsbosse, Politiker. Als der Medienmogul Rupert Murdoch seine dritte Frau heiratete, war er knapp 70, sie 37 Jahre jünger. Auch der über 80-jährige Milliardär George Soros ist offenbar nur an Frauen interessiert, die halb so alt sind wie er. Ex-Bundeskanzler Kohls zweite Frau ist 34 Jahre jünger, die des SPD-Politikers Franz Müntefering sogar 40.

Selbst der trutschige Fritz Wepper, der ewige Harry-fahr-den-Wagen-vor-Kommissar-Gehilfe, hat mit seinen über 70 Jahren neben seiner gleichaltrigen Frau eine halb so alte Freundin. Und mit der zeugte er, wie in Homestorys ausgiebig berichtet wurde, schnell noch ein Kind. Dabei scheint dem Schauspieler der Humor allerdings gründlich vergangen zu sein. Als der Komiker Atze Schröder sich bei seinem Bühnenprogramm gnadenlos über Fritz Wepper hermachte und ihn als »abstoßenden, gehbehinderten, impotenten alten Lustgreis« verhöhnte, »mit dritten Zähnen, die er zum Küssen rausnimmt«, fand der Geschmähte das gar nicht komisch. Fritz Wepper ging vor Gericht und stellte in einer eidesstattlichen Versicherung klar: »Ich habe keine herausnehmbaren dritten Zähne, sondern ein normales Gebiss!«[17]

Berühmte Frauen finden ebenfalls Gefallen an jüngeren Geliebten. Da ist Madonna mit ihren Toy Boys. Die Modequeen Vivienne Westwood hat einen 25 Jahre jüngeren Lover, und Popsängerin Nena ist 13 Jahre älter als ihr derzeitiger Freund. Tina Turners langjähriger Lebensgefährte und Ehepartner ist 16 Jahre jünger als sie. Doch während Männer mit einer jüngeren Frau selbst als verjüngt gelten – außer vielleicht Fritz Wepper – bleibt Tina Turner für die Boulevardpresse trotzdem die »Soul-Oma«.

Auf den Alltagsmann und die Alltagsfrau strahlen diese illustren Beispiele allerdings sehr unterschiedlich ab. Für den Mann von nebenan ist ein derartiges Beziehungsmodell eine reale Option. Die Frau von nebenan liest darüber meistens nur in den Klatschmagazinen. Um die 340 000 Paare gibt es in Deutschland,

bei denen der Mann über 15 Jahre älter ist als die Frau. Umgekehrt – mit der Frau als entsprechend älterem Part – sind es nur
35 000 Paare. Um es noch deutlicher zu sagen: 2011 war bei nur
einem von 10 000 Ehepaaren der Mann um die 40 und die Frau
um die 60 Jahre.[18]

Wer diese Verteilung völlig in Ordnung findet, weist gern
darauf hin, dass ein älterer Mann, der noch ein paar Kinder zeugen will, dies ja nur mit einer jüngeren Partnerin tun könne.
Komisch nur, dass die entsprechenden Männer das gar nicht
so gerne bestätigen. Zumal nicht solche, die schon einmal eine
Familie gegründet haben.

Denn nicht wenige Männer geben nach einigem Herum-
drucksen zu, dass sie zwar scharf auf die neue Beziehung waren,
aber nicht unbedingt auf weiteren Nachwuchs. Sie seien damit
eigentlich nur dem Wunsch ihrer Zweitfrau gefolgt. Ein Wunsch,
der wohl nicht zuletzt deshalb entsteht, weil die neue Frau den
bereits einmal untreu gewordenen Mann stärker binden will. Und
dann spielt die etwas peinliche Vorstellung, dass der Vater noch
einmal Papa wird, wo er doch vielleicht schon Opa ist, offenbar
keine Rolle.

»Wenn eine 60-jährige Amerikanerin es wagt, in ihrem Alter
das erste Kind zu bekommen, ist es ein Skandal, der durch die
Gazetten der halben Welt geht«, ärgert sich die Medizinsoziologin Adelheid Kuhlmey. »Aber beim 70-jährigen Mann gilt das als
selbstverständlich. Als hätten nicht beide inzwischen eine sehr
viel höhere Lebenserwartung als früher. Wir schleppen die angeblich größere Attraktivität von älteren Männern immer noch aus
der Historie mit. Unser Kopf hinkt unserer biologischen Realität
einfach hinterher.«[19]

Was treibt Männer in Beziehungen zu jüngeren Frauen? Und
was treibt die jüngeren Frauen? Die Klischees sind schnell he-
runtergebetet: Sie sucht einen Vaterersatz, Status, Geborgenheit,
Sicherheit und materielle Versorgung. Er sucht den Mutterersatz,

Verjüngung, Bewunderung, etwas zum Vorzeigen und einen Pflegedienst für das Alter. Mutterersatz? Klingt paradox, da es ja gerade um junge Frauen geht. Aber, so die Deutung von Tiefenpsychologen: Häufig wählen ältere Männer junge Partnerinnen, um sich überlegen zu fühlen und weil sie von weiblicher Seite selbstlose – sprich mütterliche – Hingabe erwarten. Bei einer gleichaltrigen Frau können sie auf so viel Ergebenheit offenbar weniger hoffen.

»Ein allzu großer Altersunterschied macht in einer Liebesbeziehung keinen richtigen Spaß!«, ist sich Christina Thürmer-Rohr sicher. Sie gehört zur Generation der 68er, hat als Psychologin und Sozialwissenschaftlerin über viele Jahre an der Technischen Universität Berlin gelehrt und ihren Arbeitsschwerpunkt auf feministische Forschung gelegt. Für sie ist die Sache mit dem Altersunterschied ein eher schwieriges Kapitel. »Die Interessen und Kräfte zwischen Jungen und Älteren sind nun mal ziemlich verschieden. Wer jung ist, muss ständig Rücksicht nehmen, und wer alt ist, muss sich anstrengen, um mitzuhalten, und versucht, sich anzupassen. Da tun mir ja fast schon die alten Männer mit den jungen Frauen leid.«[20]

Sollten die sich tatsächlich überfordert fühlen, würden sie das wohl kaum zugeben. Wenn der besagte Durchschnittsmann von seiner Runderneuerung durch die junge Partnerin schwärmt, hört sich das beispielsweise so an: »Ich bin wieder der, der ich von Natur aus bin: offen, frisch, interessiert, neugierig und ehrgeizig.« Das erzählt ein Betriebswirt mit Ende 40 über seine neue Beziehung. Seine 20 Jahre jüngere Zweitfrau sei wirklich das komplette Gegenteil seiner ersten: »Sie wollte neue Dinge erleben und nicht nur zu Hause rumglucken.« Zehn Jahre fand dieser Mann es zwar ziemlich bequem, dass seine damalige Angetraute sich als Mutter und Hausfrau verstand und die Kinder großzog. Doch nun hat er erkannt: »Windeln wechseln vernebelt die Sicht!«, und kauft sich lieber ein Cabrio, in das garantiert kein Kindersitz passt.[21]

Klingt das nicht agil? An wem, außer der älter gewordenen Frau, soll es denn liegen, wenn ein Mann nicht mehr fit und taufrisch ist, wie es eigentlich seiner Natur entspricht?

Dazu haben die betrogenen Ehefrauen solcher mehr oder weniger betuchten Durchschnittsmänner durchaus ihre eigenen Theorien. Und dann werden sie auch mal drastisch, zumal wenn sie sich nicht mit einem Cabrio davonmachen können. Manchmal hat eine solche Frau auch schlicht das Bedürfnis, sich mit bitterbösen Fantasien zu trösten.

So wie die Sprechstundenhilfe in einer Berliner Arztpraxis. Sie ist eine resolute Erscheinung um die 50 und befindet sich offenbar in der Trennungsphase von ihrem Mann, mit dem sie über 20 Jahre verheiratet war. Diese Frau leidet. Das würde sie einer Patientin, die im Wartezimmer sitzt, zwar nie erzählen. Aber gegenüber ihrer Kollegin macht sie aus ihrem Herzen keine Mördergrube.

In einem Moment, als sich die Sprechstundenhilfe von Patienten ungehört glaubt, lässt sich vom Empfangspult ihre Stimme vernehmen: »Pass uff, jetze, wo er mit der 30-Jährigen wech iss, wird er's bestimmt nich mehr lange machen, wirst sehen. Der jloobt, er wäre wieda zwanzich, dabei isser nur völlig besoffen von die Hormone. Und irjendwann wird er's zu dolle treiben – und paff, weg isser. Dann macht sein Herz einfach nich mehr mit, wo er doch schon so jeschnauft hat wegen seine Herzrhythmusstörungen.«

Wäre es denn denkbar, dass sich solch gebeutelte Frauen statt mit frommen Wünschen mit jüngeren Männern trösten? Ein kleines Gedankenspiel: Bundeskanzlerin Angela Merkel ist mit dem fünf Jahre älteren Chemieprofessor Joachim Sauer verheiratet. Würde sie in der Öffentlichkeit weiterhin ernst genommen, wenn sie plötzlich mit einem 20 Jahre jüngeren Mann daherkäme?

Wahrscheinlich sollte Angela Merkel das nicht testen, solange sie als Spitzenpolitikerin gut im Geschäft ist. Mit einiger

Sicherheit würde sie als kompromittiert gelten, auf jeden Fall nicht mehr als respektabel. Käme nicht schnell der Verdacht auf, die Hormone wären mit ihr durchgegangen und sie stünde unter einem unangemessenen Einfluss? Ihrem Vorgänger Gerhard Schröder hat es hingegen nicht geschadet, dass er sich ein viertes Mal und dann mit einer 19 Jahre jüngeren Frau verheiratet hat.

Für Frauen ist es noch immer ein großes Risiko, sich mit einem wesentlich jüngeren Mann einzulassen. Denn gesellschaftlich wird sehr viel dafür getan, dass solche Beziehungen unter keinem guten Stern stehen. Selbst Menschen, die sich als aufgeschlossen begreifen, fallen auf die Vorurteilsmuster herein.

»Ich bin ja selber so konditioniert, dass ich es ungewöhnlich finde, eine deutlich ältere Frau mit einem jüngeren Mann zu sehen«, gesteht die aus der ZDF-heute-Show bekannte Schauspielerin und Kabarettistin Christine Prayon. »Meine instinktive Reaktion: Na, ob das wohl gut geht? Wenn ich mich dabei ertappe und meinen Verstand einschalte, denke ich – super, finde ich gut!«[22]

Umwerfend melancholisch wird das Thema des Altersunterschieds in *Lieben Sie Brahms?* durchgespielt. Der Roman der französischen Autorin Françoise Sagan wurde unmittelbar nach seinem Erscheinen Anfang der Sechzigerjahre verfilmt – mit einer hinreißend-betrübten Ingrid Bergman in der Hauptrolle. Sie spielt die 40-jährige Paula, die sich, von ihrem Lebenspartner Roger ständig betrogen, auf den 25-jährigen Philip einlässt. Philip ist sehr verliebt und hingebungsvoll, doch Paula hält es nicht aus: weder das gesellschaftliche Getuschel noch Philips Jugendlichkeit. Diese Liebe ist gegen die Konvention, Paula kann sie nicht genießen. Sie flüchtet zurück zu Roger, der ihr das Blaue vom Himmel verspricht – um sie sofort wieder mit seinen jungen Geliebten zu hintergehen. Zurück bleibt eine traurige, resignierte, sich alt und ungeliebt fühlende Frau.

Lieben Sie Brahms? ist unter verschiedenen Gesichtspunkten interessant. Es geht um das Scheitern einer Liebe an der Konvention, um männlich-erotisches Dominanzgehabe, aber eben auch um den weiblichen Anteil an der Misere. Paula wird mitnichten nur um ihr Glück betrogen, sie strickt selbst beharrlich an ihrem Unglück mit. Und wie vielen Paulas des 21. Jahrhunderts ergeht es wohl ähnlich?

Die – nicht zufällig – berühmtere Gegenfigur zu Paula ist Mrs Robinson aus dem Film *Die Reifeprüfung*. Tabuthema auch hier: das Verhältnis einer älteren Frau zu einem jüngeren Mann. Doch Mrs Robinson, die den College-Absolventen Benjamin verführt, ist eine egoistische, frustrierte Frau, der es nur um Sex geht; nach dem Bruch mit ihrem jungen Bettgefährten versucht sie alles, um die Liebe zwischen ihm und ihrer Tochter zu verhindern.

Die Reifeprüfung kam Ende der Sechzigerjahre in die Kinos und wurde, unterstützt durch die Musik von Simon and Garfunkel, zum Welterfolg und Filmklassiker. Hier wird das Motiv der bösen älteren Frau, die sich an jungenhafter Unschuld vergreift und aus Eifersucht sogar gegen die eigene Tochter intrigiert, sattsam aufgeblättert. Ergebnis: Jung wird gegen alt ausgespielt – alt scheitert – jung gewinnt und dann kommt der Schlussdialog. Mutter: »Es ist zu spät!« Tochter: »Nicht für mich!«

Ein bezeichnendes und angesichts des Themas entlarvendes Detail ist das Alter der Schauspieler in der *Reifeprüfung*. Als Dustin Hoffman, der mit diesem Film zum Star avancierte, den 21-jährigen Ben spielte, war er bereits 30 Jahre alt. Anne Bancroft, die hier die wesentlich ältere Mrs Robinson verkörperte und in der Rolle ja bereits eine erwachsene Tochter hatte, war im wirklichen Leben nur sechs Jahre älter als Dustin Hoffman.

Egal, ob sanft und ergeben wie Paula oder aggressiv und gemein wie Mrs Robinson – die Botschaft beider Filme ist eindeutig: Ältere Frau – jüngerer Mann, diese Konstellation geht nicht gut. Und bis heute stehen Frauen unter diesem Verdikt. Der Druck der Konvention lastet schwer auf ihnen.

Das bekommt die Frau, die sich einen jüngeren Liebhaber

nimmt, deutlich zu spüren. Sie droht sich der Lächerlichkeit preiszugeben – selbst wenn sie ein Star ist und Madonna heißt. Denn so eine Frau versucht, ein absurdes, in den Augen der Gesellschaft fast widernatürliches Begehren auszuleben. Das wird ihr übel genommen. Unkenrufe wie: »Das hält eh nicht lange« oder »Der sucht sich sowieso bald 'ne Jüngere« sind da noch die harmlose Variante. Beschimpfungen wie: egoistisch, selbstbezogen, exhibitionistisch bis hin zu altersstarrsinnig werden ihr wahrscheinlich nicht ins Gesicht gesagt – aber durchaus gedacht.

»In meinem Freundeskreis und überall dort, wo ich sonst so hinkomme, gibt es eine derartige Konstellation überhaupt nicht«, erzählt die 25-jährige Geschichtsstudentin Julia aus Berlin. Aber über die Reaktion, die eine Beziehung zwischen einer älteren Frau und einem jüngeren Mann auslösen würde, ist sie sich ziemlich sicher. »Meine Freunde würden Witze reißen und dumme Sprüche klopfen. Dem Mann würden sie das Klischee vom Toy Boy anhängen und der Frau besonders ausgefallene sexuelle Praktiken andichten oder dass sie in Geld schwimmt und sich den jungen Mann kauft. Und meine Freundinnen würden sich generell abfällig über das Alter der Frau äußern.«[23]

Für die 20-jährige Mathematikstudentin Annett ist eine solche Paarbeziehung grundsätzlich merkwürdig. »Mir kommt das so vor, als würde die Frau nicht akzeptieren, dass sie älter wird, und sich deshalb einen jüngeren Mann suchen. Selbst wenn es Liebe ist – was ich akzeptieren kann –, bleibt dieses komische Gefühl bei mir. Sie könnte ja schließlich seine Mutter sein.«[24]

Eine Kontaktanzeige wie die folgende, veröffentlicht in einem seriösen Blatt wie dem *Zeit Magazin*, ist deshalb nicht zufällig die große Ausnahme bei den Partnerbörsen: »Junger Mann sucht ältere Sie (ca. 46–62) für eine intensive und leidenschaftliche diskr. Bez. Es sucht Dich ein 35-jähriger Single, 182, dkl.blondes Haar. Raum Hamburg.«[25]

Der leidet doch wohl unterm Ödipuskomplex! Niemand mit gesunder Männlichkeit will eine Frau, die seine Mutter sein könnte, oder? Will sich wahrscheinlich nur aushalten lassen, der Kerl. Männlein! Motherfucker! – Dürfen es noch ein paar wüste Fantasien mehr sein?

Hört man sich allerdings den Hamburger Paartherapeuten Elmar Basse an, scheitern derartige Beziehungen nur an den Frauen selbst. Im größten deutschen Boulevardmedium, das ihn als Experten befragte, verkündete Elmar Basse: »Ältere Frauen fühlen sich anfangs sehr geschmeichelt, sexy und jung, wenn sie von einem Jüngeren attraktiv gefunden werden – nach einer Zeit kehrt sich dieses Gefühl aber um. Sie beginnen, sich im Vergleich zu ihm alt und unattraktiv vorzukommen, das Selbstwertgefühl sinkt, sie werden eifersüchtig auf Frauen seines Alters. Die Beziehung zerbricht schließlich an der Psyche der Frau.«[26]

Und warum fühlen sich die Frauen plötzlich alt und unattraktiv? Hängt das nur an ihrer persönlichen Einstellung? Spielt da vielleicht nicht auch ein klitzekleines bisschen die Reaktion des Umfelds hinein? Oder will uns dieser Therapeut zu verstehen geben, dass Frauen, die ihre Sehnsucht nach jüngeren Männern ausleben und damit gesellschaftlich aus der Norm fallen, psychisch sowieso schon angeschlagen sein müssen?

Ulrike war 53, geschieden und leitete eine Grundschule in einer Kleinstadt, als sie ihren 35-jährigen Freund kennenlernte. Er kam als Lehrer an die nebenan gelegene Musikschule. »Bei mir war es Liebe auf den ersten Blick. Nach meiner Trennung habe ich ein Jahr alleine gelebt und wäre gar nicht auf die Idee gekommen, mich nach jüngeren Männern umzusehen. Alle Frauen, die ich kenne, sind mit älteren zusammen. Jüngere, das war fast ein Tabu, auf jeden Fall komisch. Über Madonna – die ist ja ungefähr in meinem Alter – haben meine Freundinnen und ich immer gelästert, weil deren Geliebte jünger und jünger wurden.«

Inzwischen lebt Ulrike seit zwei Jahren mit ihrem wesentlich jüngeren Freund zusammen. Was hat sie zu Beginn der Beziehung am meisten belastet? »Es meiner Familie zu erzählen, ihn meinen Freundinnen vorzustellen, der Moment, wo ich es nicht mehr vor dem Kollegium verheimlichen konnte. Aber auch Hand in Hand über die Straße zu laufen, schließlich ist unsere Stadt nicht sehr groß. Oder vor einer Verkäuferin zu stehen und deren Blick zu sehen, wenn die feststellt, dass wir ein Paar sind – und nicht vielleicht Mutter und Sohn.«[27] Diese Probleme klingen nicht gerade hausgemacht oder nach den Schwierigkeiten einer psychisch labilen Person, oder?

Meist sind es selbstbewusste, eigenständige Frauen, die sich jüngere Männer suchen. Die Gründe sind vielfältig, an einigen Punkten deckt sich ihre Motivationslage durchaus mit denen von Männern. Zum Beispiel, dass sie auf ein neues Leben hoffen und auf eine großartige Verjüngungskur. Oder dass sie auf Toy Boys zum Vorzeigen stehen. Das alles gibt es, doch an einem Punkt ist die Ausgangssituation zwischen Männern und Frauen völlig unterschiedlich: Männer mit jüngeren Frauen gehören zum Alltag. Frauen mit jüngeren Männern sind noch immer der Sonderfall.

In beiden Konstellationen scheinen Frauen das größere Risiko zu tragen. Ältere Männer mit jüngeren Frauen haben statistisch gesehen ein paar Jahre länger zu leben als mit gleichaltrigen Partnerinnen. Doch an den Frauen rächt sich das Arrangement: Mit einem älteren Mann an ihrer Seite sterben sie früher, als wenn sie einen im eigenen Alter hätten. Warum das so ist, konnte wissenschaftlich bisher nicht geklärt werden.

Aber auch Frauen mit einem wesentlich jüngeren Partner haben weniger Lebenszeit als die mit einem gleichaltrigen. Dafür nun gibt es durchaus Erklärungen. Altersforscher führen die erhöhte Sterblichkeit auf den Stress zurück, dem sich Frauen in ihrem sozialen Umfeld ausgesetzt fühlen, wenn sie mit einem jüngeren Mann zusammen sind.[28]

Frauen lassen sich auf eine derart unkonventionelle Beziehung ein, wenn sie ein unkonventionelles Paarmodell suchen. Viele sind mit dem traditionellen Rollenmuster auf die Schnauze gefallen und wollen nun etwas anderes. Oder sie haben jahrelang um ihre Eigenständigkeit kämpfen müssen und haben es satt, sich für ihren Anspruch zu rechtfertigen. Dann passen die jüngeren Männer oft besser zu ihnen. Denn im Gegensatz zum Klischee fühlen sich jüngere Männer meist nicht etwa vom mütterlichen Typ unter den älteren Frauen angezogen, sondern von denen, die souverän ihr eigenes Ding machen.[29]

Gibt es einen weiblichen Trend zum jüngeren Mann? Das zumindest behaupten einschlägige Zeitschriften.[30] Ermutigt durch die Beispiele von Prominenten käme diese Form der Beziehung bei Frauen zunehmend in Mode, heißt es. Ach, wirklich? Das wäre ja mal eine erfreuliche Entwicklung. Und ein riesiger Schritt in die Zukunft. Denn durch die größere Auswahl an möglichen Partnern würde sich das Erpressungspotential in der Liebe gegenüber der älter werdenden Frau drastisch verringern.

Doch leider ist dieser angebliche Trend noch immer ein Hirngespinst. Eine solche Entwicklung heraufzubeschwören gibt zwar eine Schlagzeile her, aber keine neuen Verhältnisse. Das beweisen die Verkünder der Trends – die bunten Blätter und Frauenmagazine – meist selbst und mit großem Vergnügen. Indem sie nämlich genauso inbrünstig das Gegenteil behaupten. Immer wieder führt die Journaille prominente Frauen vor, deren Beziehung zu einem jüngeren Mann ein sehr kurzes Verfallsdatum hatte. Und selbstverständlich wird dann spekuliert, dass der Altersunterschied wohl der Liebeskiller gewesen sei.

Einen Trend zu verkünden, ihn aber gleichzeitig ad absurdum zu führen und in die Tonne zu treten – so funktioniert unsere Medienwelt. Beim Boulevard, aber nicht nur dort. Und es ist ja nicht so, dass diese Abschreckungspädagogik ihre Wirkung verfehlt. Sie prägt das Denken in unserer Gesellschaft mit, die Standards und Werturteile.

Diese Abschreckungspädagogik schlägt sich auch im sozialen Miteinander nieder. Denn selbst wenn Frauen aufgeschlossener für ein Beziehungsabenteuer mit einem jüngeren Partner geworden sein sollten – wo sind die Männer dazu? Eben. Kaum in Sicht. Zudem ist weder im Alltag noch auf den Standesämtern auszumachen, dass Frauen scharenweise in den Armen jüngerer Liebhaber landen. Noch nicht jedenfalls. Und das wird auch nicht passieren, wenn sich nicht zwei Dinge grundlegend ändern: der herabwürdigende Blick auf die älter werdende Frau und das männliche Abonnement auf Jüngere bei der Partnerwahl.

Liebe kennt keine Grenzen? Auch keine Altersgrenzen? Das ist Kitsch. Und es bleibt Kitsch, selbst wenn dieser Schmonzes tausendfach wiederholt wird. Das ließe sich vielleicht noch aushalten, wenn damit die Verhältnisse nicht ständig verschleiert würden. Denn die in der alterslosen Liebe beschworene Freiheit gilt im Grunde nur für die Hälfte der Menschheit.

Was zeigt: Hier geht es um Politik. Solange nur Männer ungeachtet des Alters die Liebeswahl haben, können sie einen unschätzbaren Vorteil nutzen: Wer die größere Auswahl hat, hat auch die größere soziale Macht.

In ihrem hochinteressanten Buch über die Liebe erklärt die Soziologin Eva Illouz, wie Wahlfreiheit und männliche Dominanz zusammenhängen: »Unter den Bedingungen der Moderne verfügen Männer über eine weitaus größere sexuelle und emotionale Auswahl als Frauen, und es ist dieses Ungleichgewicht, das zu ihrer emotionalen Vorherrschaft führt.« Frauen können Angebot und Nachfrage auf dem Liebesmarkt kaum steuern, weil Männer die »Bedingungen des sexuellen Tauschs« diktieren. »Der leichtere sexuelle Zugang zu einer größeren Zahl von Frauen« mache es möglich, »dass Männer aus einem wesentlich größeren Angebot auswählen können als Frauen«.[31]

Dass dies immer noch verstärkt gilt, beobachtet auch Gertrud Backes mit Erstaunen. Sie ist eine der renommiertesten Altersforscherinnen dieser Republik, und seit ihrer Studienzeit beschäftigt sie die Frage, welche Unterschiede es zwischen Männern und Frauen beim Älterwerden gibt. »An vielen anderen Stellen sind die traditionellen Rollen für Frauen inzwischen aufgebrochen. Aber bezogen aufs Älterwerden lässt sich die Ungleichheit einfach nicht verleugnen.« Bereits Frauen in mittleren Jahren stehe die Umwelt fast feindlich gegenüber, und das verstärke sich bis ins hohe Alter. »Es geht um Vorurteile, Abwertung und was sich daraus an sozialer und politischer Praxis ergibt.«

Dass sich in den vergangenen Jahrzehnten daran so wenig geändert hat, führt die Alternsforscherin auf eine ausgeprägte Verhaltensstarre in der Gesellschaft zurück: »Da sind handfeste Interessen im Spiel. Letztlich geht es zwischen Männern und Frauen um die Verteilung von Macht, Einfluss, Positionen und Geld – auch beim Umgang mit dem Älterwerden. Und da sich an der männlichen Interessenlage nichts grundsätzlich geändert hat…«[32]

Bei Frauen wird der Lebensverlauf jenseits der 30 und 40 zum Minusgeschäft. Am einfachsten zusammengefasst als ein *nicht mehr*: nicht mehr jung, nicht mehr erotisch, nicht mehr faltenfrei, nicht mehr attraktiv, nicht mehr gebärfähig, nicht mehr… Die älter werdende Frau ist ein Defizitmodell. Nach dem Motto: Früher war alles besser. Es ist diese Konzentration auf den Mangel, der Frauen unglücklich macht. Alles wird weniger! Das sollen sie glauben – und tun es allzu häufig auch.

»Wenn ich mich unter Freundinnen und Kolleginnen so umhöre, sprechen die meisten vom Älterwerden als einem Problem, von etwas, das ihnen zu schaffen macht«, erzählt Luzia Braun, die über viele Jahre das Kulturmagazin *aspekte* moderierte und als Filmemacherin und stellvertretende Redaktionsleiterin beim ZDF arbeitet. »Dieser Prozess wird nicht nur als Veränderung, sondern als Einschränkung, als Verlust wahrgenommen. Und nur wenige empfinden ihn als eine Bereicherung.«[33]

So müssen Frauen nicht nur mit den Unabänderlichkeiten des biologischen Prozesses zurechtkommen, sondern auch noch mit all dem Mist, der gesellschaftlich am *nicht mehr* hängt. Oder um es so hart zu sagen wie Gertrud Backes: »Indem die älter werdende Frau reduziert wird, wird ihr Gewalt angetan!«[34]

Männern hingegen schadet das Älterwerden gesellschaftlich keineswegs. Nach gängiger Ansicht können ihnen die Jahre sogar sehr gut tun. Sie bedeuten ein Surplus: an Persönlichkeit, Ausstrahlung, Sicherheit und wenn's gut läuft, sogar an Geld und Macht.

Was Männer im Laufe der Zeit an Prestige dazugewinnen können, wird allgemein ihrer Natur zugeschrieben. Diesen Quatsch verkünden sogar Experten, die es aufgrund ihrer Profession eigentlich besser wissen müssten. Wie der bereits erwähnte Hamburger Paartherapeut Elmar Basse: »Aus evolutionsbiologischer Sicht ist das die schonungslose Wahrheit. Männliche Attraktivität hat etwas mit markanten Gesichtszügen zu tun, die das Leben mit sich bringt – Ecken und Kanten, Falten, graue Haare etc. Das steht für Reife und ›Im-Leben-Stehen‹.«[35]

Das alles soll evolutionsbiologisch vorgegeben sein? Seit wann gibt die Evolution ein Geschmacksurteil ab? Denn um nichts anderes handelt es sich hier schließlich. Um kollektiv geteilte Vorlieben und Abneigungen. Zum Beispiel wen Falten hässlich und wen sie attraktiv machen. Aber vielleicht steckt ja nicht nur Ignoranz, sondern ein Kalkül hinter dem Nonsens, den dieser Herr Basse verzapft und massenmedial verbreitet. Denn was er behauptet, ließe ja nur eine Schlussfolgerung zu: Was evolutionsbiologisch festgelegt ist, kann der Mensch schlicht nicht ändern. Das wäre dann leider Pech – für Frauen!

Allerdings bedeutet das nicht, dass Elmar Basse die gesellschaftlichen Vorurteile falsch beschrieben hat. Was wir bei Männern für attraktiv erklären, nimmt tatsächlich wenig Schaden durch Falten und andere Altersspuren. Männer gehen trotzdem als sexy durch. Schönstes Knittergesicht aus der Prominentenriege: George Clooney. Mit Anfang 30, als er den Kinderarzt in der Fernsehserie *Emergency Room* spielte, war der Schauspieler zweifellos ein ansehnlicher Kerl und bereits sehr bekannt. Zum »Sexiest Man Alive« wurde er mit 45 gekürt.

Männern bleibt die ständige Konfrontation mit dem Zahn der Zeit erspart. Weder im gesellschaftlichen noch im privaten Raum wird ihr Alter so penetrant in den Vordergrund gespielt wie das weibliche. Mit dem Effekt, dass die Herren sich an diesem Punkt weidlich entspannen können. Niemand zwingt sie, sich mit diesem Teil ihrer Natur ständig auseinanderzusetzen.

Und sie selbst zeigen gern eine atemberaubende Ignoranz gegenüber den organischen Prozessen im Allgemeinen und den Zeichen der Zeit im Besonderen. Das kennt der Internist Joachim Strienz in allen Ausprägungen. Er ist Männerarzt. Vor über zehn Jahren hatte er die Idee, sich auf männliche Vorsorgeuntersuchungen zu spezialisieren. Hintergrund: Noch immer ist die weibliche Lebenserwartung im Schnitt um sechs Jahre höher als die männliche.[36] Da müsste man doch sein Augenmerk mal auf Männer richten, dachte der Arzt.

»Sind Frauen gesünder? Werden sie medizinisch besser betreut? Oder kümmern sie sich mehr um ihren Körper?« Joachim Strienz ist überzeugt, dass viel an der Vorsorgeuntersuchung liegt, die für die meisten Frauen inzwischen selbstverständlich geworden ist. »Frauen achten mehr auf sich. Wenn sich bei Männern körperlich etwas verändert oder sie Beschwerden haben, denken sie: Es kommt von alleine und geht auch wieder.« Und weil das zuweilen ein großer Irrtum ist, startete der Arzt enthusiastisch seine Initiative. Dabei wollte er die Sache umfassend angehen: Bei ihm gehören eine Ernährungsberatung und ein Sportprogramm genauso in das Vorsorgepaket wie die üblichen medizinischen Untersuchungen, die der Früherkennung von Krankheiten dienen.

Joachim Strienz richtete eine eigene Männersprechstunde ein. Und was passierte? Nichts. Die anvisierten Patienten kommen einfach nicht. Jedenfalls nicht in die Männersprechstunde. Kaum ein männliches Wesen nimmt dieses besondere Angebot in Anspruch. »Da hätte ich wirklich viel mehr erwartet«, wundert sich der Arzt. Nachvollziehen kann er das mangelnde Interesse seiner Artgenossen bis heute nicht – aber erklären. »Ich will es ja manchmal selber nicht wahrhaben, aber es hängt tatsächlich an der männlichen Rolle. Und zwar bei Männern jeglichen Alters. Unser Geschlechterverhalten ist noch immer wie in der Steinzeit! Männer tun sich unendlich schwer, irgendeine Schwäche einzugestehen. Daran hat sich bis heute nichts geändert.«[37]

Die Praxiserfahrung des Arztes deckt sich mit wissenschaftlichen Untersuchungen. Der Gleichstellungsreport des Bundesfamilienministeriums spricht von »verlorenen Lebensjahren« bei Männern, weil sie »geschlechtsorientierten Rollenmustern« anhängen und sich deshalb zu wenig um Körper und Gesundheit kümmern.[38]

Besonders krass zeigt sich das bei Männern in mittleren Lebensjahren. Egal, mit welchen Symptomen sie bei Joachim Strienz auftauchen – nie und nimmer bringen sie ihre Probleme mit ihren fortschreitenden Lebensjahren in Zusammenhang. Nie sprechen sie über das Älterwerden. »Männer denken einfach nicht daran. Niemals! Für sie spielt das Altern einfach keine Rolle. Ich glaube nicht, dass sie es unerwähnt lassen, obwohl es sie beschäftigt. Nein, sie blenden das Älterwerden einfach aus! Diese Art von Verdrängung hat fast etwas Kindliches.« Und deshalb verkneift sich Joachim Strienz auch jeden Hinweis in diese Richtung. Das würden ihm die Patienten furchtbar übel nehmen und sofort dichtmachen, glaubt er.[39]

Großzügig überlassen Männer das Älterwerden den Frauen und sorgen seit Urzeiten dafür, dass ihr eigener Marktwert gefälligst nicht an so etwas Vergängliches wie einen anfälligen Organismus gekoppelt wird. »Viele Männer kranken an einem Unsterblichkeitswahn«, vermutet die feministische Wissenschaftlerin Christina Thürmer-Rohr. »Vor allem die Intellektuellen. Sie halten es für ein Unding, dass sie selbst, ihre Gedanken und Positionen einfach verschwinden könnten. Das wäre doch eine Zumutung, eine Beleidigung! Wegen dieser Vorstellung von Unsterblichkeit kommen sie gar nicht auf die Idee, dass die Vergänglichkeit auch sie betrifft und dass auch sie älter werden.«[40]

So gelingt es Männern nach wie vor prächtig, der Welt ihr eigenes Älterwerden als Erfolgsmodell, das der Frauen als Verfallsgeschichte unterzujubeln. Und sie vertreten noch immer den Standpunkt, dass ihr Körper eigentlich gar kein Wertmaßstab ist, sie aber dennoch was hermachen können.

»Ich glaube, dass es Gleichgültigkeit ist«, meint die ARD-Fernsehfrau Sonia Mikich, die sich seit ihren Anfängen als Journalistin mit Frauenthemen beschäftigt. »Männer sehen tatsächlich nicht, dass sie einen dicken Bauch haben und ihre Zehennägel ungepflegt sind. Und sie sehen es nicht aus einem ganz einfachen Grund: Weil es ihnen nicht abverlangt wird. Weil Frauen es ihnen nicht abverlangen.«[41]

Sicher spüren junge Männer inzwischen durchaus den Druck, etwas für ihre Erscheinung zu tun. Doch das betrifft nicht das Gros ihrer Artgenossen. Wer einmal durch deutsche Städte flaniert und einen weitverbreiteten männlichen Typus betrachtet, weiß, wovon die Rede ist. Da sitzt er im Café oder Restaurant, mittelalt, breitbeinig, raumgreifend. Hat viele Jahre weidlich über Hunger und Durst gegessen und getrunken und trägt das Ergebnis vor sich her wie eine Trophäe. Unerschütterlich, selbstzufrieden, großspurig. Selbst wenn sein Hemd überall spannt und seinen Kopf manches ziert, nur keine Haare. Aber er hat Chuzpe.

Die 25-jährige Julia regen solche Männer total auf. Um neben ihrem Studium Geld zu verdienen, kellnert sie und macht dabei ziemlich unappetitliche Erfahrungen. »Einer meiner Stammgäste ist völlig daneben. Mitte 30, klein, schlechte Zähne und eine Glatze. Aber er ist der Meinung, eine Freundin wie Cindy Crawford verdient zu haben, und gräbt auch nur Frauen in dieser Richtung an. Darunter gibt es für ihn nichts.«[42]

Wer auch immer er ist, er ist einfach wer. Glaubt er zumindest. Das strahlt er aus, das sagt sein Blick, wenn er die jungen Frauen begehrlich fixiert. Nichts zu sehen von dem typisch weiblichen Bemühen, sich in der Öffentlichkeit möglichst attraktiv zu präsentieren. Wo Frauen das Gefallenwollen von klein auf eingeimpft wurde, steht es auf der männlichen Prioritätenliste irgendwo zwischen Socken wechseln und Fußnägel schneiden. Läuft ja auch so. Oft genug.

»Als Frau muss ich mich legitimieren, wenn ich mich nicht kosmetisch zurechtmache. Als Mann muss ich mich nicht wegen meines Äußeren legitimieren – höchstens, wenn ich mich einige Zeit nicht gewaschen habe«, merkt Gertrud Backes ironisch an. Und die amerikanische Essayistin Susan Sontag wundert sich schon sehr darüber, dass ein Mann, selbst wenn er alt und hässlich ist, noch immer als gesellschaftlich akzeptabler Partner erscheint. Sogar für junge, attraktive Frauen.[43]

Deshalb sind es ja auch nicht Männer, die über die erotische Tarnkappe klagen. Die wird nur Frauen aufgesetzt. Ab einem bestimmten Alter werden Frauen im öffentlichen Raum kaum mehr wahrgenommen. Sie sind verschwunden, unsichtbar, weg, wie verdeckt von einem blinden Fleck.

Klaudine, Paula und Sophia, die drei Freundinnen, die beim Wein zusammensitzen und über das Älterwerden diskutieren, kommen dabei nicht zufällig auch auf dieses Thema zu sprechen.

Klaudine: Vor Kurzem habe ich ein Paar kennengelernt. Die Frau ist Anfang 50, der Mann Anfang 60. Er hat sich gerade zur Ruhe gesetzt. Und da erzählt mir seine Frau: »Das ist schon schwierig für mich in dieser Zeit.« Und ich hab natürlich gedacht, sie spielt auf ihre familiäre Situation an, den Ruhestand und so. Aber sie meinte was anderes. »Es geht einfach um mich«, sagte die Frau, »für mich ist es eine schwierige Lage, weil ich feststelle, dass andere Männer sich nicht mehr nach mir umdrehen.« Es hat sie in eine regelrechte Krise gestürzt, dass sie sich nicht mehr wahrgenommen fühlte wie früher, sondern plötzlich zum alten Eisen gehörte.

Paula: Es ist schön, ab und zu noch mal einen Flirt zu haben, aber die, die ich nicht habe, bedaure ich auch nicht. Ich rechne gar nicht damit, dass sich 30-, 35-jährige Kerle noch für mich interessieren. Ich gehöre nicht mehr in ihre Kategorie. Ich finde unsichtbar werden bei den jüngeren Männern daher nicht so schlimm.

Klaudine: Aber das Problem sind doch nicht die jüngeren Männer, es geht doch mit den gleichaltrigen los …

Sophia: Ich habe ja immer auf ältere Männer gestanden. Aber ich merke, dass sich das bei mir gerade verändert … Jetzt fangen auch jüngere Männer an mir zu gefallen. Sie dürfen gern gleichaltrig sein, aber jünger ist auch okay.

Paula: Für einen 25-, 35-Jährigen bin ich doch einfach der Outlaw. Das merkst du doch schon im Umfeld deiner Kinder, was der Altersunterschied ausmacht. Wenn die Freunde nach Haus bringen, so 14-, 15-, 16-Jährige, wie die einen schon angucken. In deren Augen bin ich wahrscheinlich uralt.

Sophia: Stellt euch vor: Einer meiner Klavierschüler erzählte mir von den Schwierigkeiten mit seiner Mutter. Er ist Mitte 20 und wohnt noch bei ihr. Und irgendwann sagte er zu mir: »Jetzt, wo meine Mutter ins Alter kommt, wird sie wirklich komisch.« Und als ich dann fragte: »Wie alt ist denn Ihre Mutter?« – wisst ihr, was er da antwortete? »Na ja, die ist jetzt auch schon 48.« 48! Ist das nicht frech? Der redete über seine Mutter, als wäre sie schon halb tot.

Klaudine: Es geht aber auch anders. Neulich waren meine Neffen zu Besuch, die sind Anfang 20. Sie hatten gerade die Mutter eines Freundes kennengelernt und erzählten, dass die ja wohl rattenscharf aussähe. Mir ist glatt der Kiefer runtergefallen. Als 20-Jährige haben die Augen für Frauen, die Mitte 40 sind, das fand ich echt … cool!

Sophia: Älterwerden bedeutet doch, dass bestimmte Dinge anders sind als früher. Wenn wir das akzeptieren, ist es okay.

Paula: Ich finde es überhaupt nicht okay! Mich ärgert das total. Wirklich! Weil die Männer uns gegenüber gesellschaftlich absolut im Vorteil sind.

Klaudine: Sie müssen sich nicht diesen Kopf machen und haben andere Chancen und Möglichkeiten ...

Paula: Angeblich werden sie beim Älterwerden sogar attraktiver. Und das Schlimme ist: Ich finde das selbst ja häufig auch.

Klaudine: Es ist so fies, wenn sich alte Männer junge Frauen schnappen. Denn bei uns wird es in sexueller Hinsicht doch immer besser, während bei Männern die Potenz nachlässt. Frauen werden potenter, je älter sie werden.

Sophia: Nur nützen tut es uns wenig ...

Klaudine: Genau darum geht es doch!

Sophia: Natürlich fand ich es früher blöd, wenn Bauarbeiter anfingen zu pfeifen und dumme Sprüche machten. Ich kann mich aber erinnern, dass ich irgendwann mal an einer Baustelle vorbeiging und dachte: Hey, warum pfeift keiner?

Paula: Ja, das kenne ich auch, finde es aber nicht so schlimm.

Klaudine: Trotzdem registrierst du doch, dass die nicht mehr dich angucken, sondern die 20-Jährige, die da hinten gerade ihr Rad abschließt. Die gucken der auf den Arsch. Sollen sie doch. Trotzdem verblüffend ... man merkt es halt ... und es ist bescheuerterweise kränkend.[44]

Weibliches Älterwerden bringt viele Facetten der Abwertung mit sich, kaum etwas davon ist Thema in der Öffentlichkeit. Ausnahme: der Verschwindefluch, mit dem Frauen belegt werden. Das Unsichtbarsein. Von dieser Verletzung erzählen Frauen immer wieder, selbst diejenigen, die sich sonst kaum Gedanken um ihre Jahre machen.

Eine britische Umfrage aus dem Sommer 2011 zeigt, wie unglaublich verbreitet diese Erfahrung ist und wie sensibel Frauen darauf reagieren. Für die Untersuchung wurden Frauen über 50 Jahre befragt. Acht von zehn sagten, sie hätten das Gefühl, für Männer unsichtbar zu sein. Sieben von zehn fühlten sich auch als Konsumentinnen übersehen, zum Beispiel von der Modeindustrie.[45]

Und wenn wir uns an die eingangs erzählte Geschichte von Bea erinnern – auch für sie hat die Verunsicherung begonnen, als sie sich nicht mehr wahrgenommen fühlte. Vielleicht, weil die Missachtung hier unmittelbar spürbar ist? Vielleicht, weil es dagegen kein Wehren gibt? Vielleicht, weil es besonders schmerzt?

Die Filmemacherin Luzia Braun:

»Vor Kurzem ging ich im Zug hinter einer jungen, auffallend schönen Frau zum Speisewagen. Weil ich direkt hinter ihr lief, konnte ich in die Augen ihrer Betrachter sehen. Das war sagenhaft! Ich hätte wirklich gerne eine Kamera dabeigehabt. Die Männer – es waren vorwiegend Männer – schauten gebannt auf diese Frau, und wenn man sie gefragt hätte: Wer ging denn hinter dieser jungen Frau?, hätten sie sicher gesagt: niemand! Obwohl ich direkt hinter ihr war. Die hatten für mich überhaupt keinen Blick. Es gab mich einfach nicht. Die Männer hatten nur Augen für diese junge Frau, und die ältere, die dahinter kam, übersahen sie einfach ...«[46]

Die Kabarettistin Christine Prayon:

>»Ich war mit meiner besten Freundin in Italien. Und dann merkten wir: Das kann ja wohl nicht wahr sein! Keiner pfeift, niemand ruft uns was hinterher. Was ist hier los? Das haben wir bei dieser Reise doch mitgebucht!«[47]

Die Schriftstellerin Maria Elisabeth Straub:

>»Die beiden Männer sprachen gezielt meine Tochter und ihre Freundin an, jeder wandte sich an eine... Alles hätte seine Ordnung gehabt, wenn ich nicht danebengestanden hätte, überflüssig, zu alt und zu uninteressant, als dass die beiden Typen auch nur einen Blick, geschweige denn ein Wort in meine Richtung gesandt hätten. In einer Menschenmenge nicht wahrgenommen zu werden, das kannte ich. Aber in einer Gruppe von nur fünf Personen so rigoros übergangen zu werden, als sei ich nie geboren worden, war die Krönung meiner Erfahrungen im unfreiwilligen Verschwinden.«[48]

Die Psychologin Eva Wlodarek:

>»Auf der Straße lassen Männer den Blick gleichgültig über uns hinweggleiten, drängeln uns womöglich beiseite: ›'tschuldigung, habe Sie gar nicht gesehen.‹ In einer Runde am Tisch werden meist nur die jungen Frauen angesprochen und interessiert ausgefragt, von uns will keiner etwas wissen. Flirten? Doch nicht mit der Alten.«[49]

Die Schauspielerin Maren Kroymann:

>»Wenn ich mit meiner Freundin wandern war – sie ist 15 Jahre jünger als ich – und uns kamen irgendwelche Männer entgegen, war es immer das gleiche Spiel. Die Männer streiften mich mit den Augen und blieben bei meiner Freundin hängen. Ganz egal, wie attraktiv die eine oder andere war. Sie streiften die Ältere und guckten auf die Jüngere. Und man sah, dass sie sich fragten: Taugt sie für meine erotischen Fantasien?«[50]

Die Autorin Konstanze Kleis:

»Eben waren sie noch da, jetzt sind sie weg: die Zeichen männlicher Anerkennung, die ich jahrelang auf der Straße einheimsen konnte… Stattdessen kämpfe ich nun im Zug mutterseelenallein mit einem schweren Koffer, während ich beobachten darf, wie ein paar Meter weiter gleich zwei Männer einer 20-Jährigen dabei helfen wollen, ihren Leichtgewichtrucksack auf die Gepäckablage zu hebeln.«[51]

Unsichtbarwerden als Inbegriff weiblicher Demütigung. Hier in Erzählungen von Frauen, die Öffentlichkeit gewohnt sind und deshalb verstärkt registrieren, ob sie wahrgenommen werden. Doch die gleichen Geschichten spielen sich täglich in Supermärkten, Elternversammlungen, Zahnarztpraxen und Autowerkstätten ab.

Wie sehr Frauen mit diesem Thema beschäftigt sind, stellt die Psychoanalytikerin Eva Jaeggi bei ihren Patientinnen fest: »Es ist besonders schmerzlich, wenn der Blick der anderen ausbleibt. Frauen empfinden es, als wären sie nicht mehr da, als würden sie zur erotischen Unperson. Und dann entsteht bei ihnen das Gefühl, es lohnt nicht, dass ich mich bemühe – was ja letztlich bedeutet: *Ich* lohne nicht.«[52]

Unsichtbarwerden macht hilflos. Was lässt sich denn im erlebten Moment dagegen tun? Hätte Christine Prayon den italienischen Machos »Hey, hier bin ich, pfeift gefälligst!« zurufen sollen? Hätte Konstanze Kleis die ungehobelten Kerle beschimpfen müssen: »Sie tragen meinen Koffer nur deswegen nicht, weil ich über 40 bin!« Und hätte Eva Wlodarek einen Flirt mit vorgehaltener Pistole erzwingen sollen?

Nicht wahrgenommen zu werden fällt in eine ähnliche Kategorie wie nicht geliebt werden: Beides lässt sich nicht einklagen. Höflichkeit, Rücksichtnahme, selbst Kommunikation kann jeder von seinem Gegenüber verlangen, das gehört zu den Spielregeln des sozialen Miteinander. Aber können wir einen Menschen zwingen, uns Beachtung als Frau zu schenken?

Sicher nicht. Ob sich Mann X von Frau Y angezogen fühlt, ist eine individuelle, spontane Reaktion, die sich dem Reglement entzieht. Das unmittelbare erotische Begehren lässt sich nicht diktieren. Aber: Die kollektiven Bilder, die dieses Begehren steuern und ausrichten, entstammen dem sozialen Raum. Und hier kann die Veränderung zweifellos ansetzen.

»Irgendwie, scheint es, hören Frauen auf, benennbare Individuen zu sein, sobald sie eine gewisse Altersschwelle überschreiten. Sie werden eine sprachlose, anonyme Masse«, schreibt die österreichische Zeitung *Der Standard* unter dem Titel *Die Unsichtbaren*. Das Blatt fragt: »Wie kommt das? Ist es Absicht? Eine Verschwörung? Ein Versehen?«[53]

Mitnichten ist es ein Versehen, viel eher eine Verschwörung. Denn wir sprechen hier von einer sozialen Übereinkunft. Die Bewertung und Deutung der älter werdenden Frau findet im gesellschaftlichen Kontext statt. Hier muss der klammheimliche Konsens gebrochen werden, der Frauen ab einem bestimmten Alter so gering schätzt, dass sie sich quasi in Luft auflösen.

Bisher gilt die allgemeine Missachtung ja unhinterfragt als o.k. So wie in Zeiten der Apartheid, wenn Schwarze im Raum zwar anwesend, aber nicht präsent waren und die Weißen deren Ausgrenzung für selbstverständlich hielten. Diese Missachtung darf nicht weiter geduldet werden. Schluss mit dem Tarnkappenspiel!

Die Zeitschrift *Brigitte woman* wendet sich explizit an Leserinnen über 40 und hat den Anspruch, diese Zielgruppe mit neuen Leitbildern zu versorgen. Klar, dass sie sich auch mit der erotischen Tarnkappe beschäftigt. Dieses Thema bearbeitet die Zeitschrift publizistisch sogar besonders geschickt. Auf der Titelseite prangt die Schlagzeile: *Unsichtbar? Das Gefühl, plötzlich nicht mehr wahrgenommen zu werden.* Darunter ist eine Frau abgebildet. Doch nur die Konturen, innen bleibt die Figur weiß und leer. In diese Blankohülle kann die betroffene Leserin alles hineinprojizieren, was sie erlebt, erfahren, erlitten hat.[54]

Bei dieser geschickten Aufmachung belässt es das Blatt aber dann auch. Denn zur Problembewältigung liefert *Brigitte woman* nichts als den typischen Zeitschriftenkram. Angebracht gewesen wäre eine Analyse, die die kollektiven Muster hinter den persönlichen Erfahrungen beleuchtet und damit die einzelne Frau entlastet. Stattdessen aber wird ein Ratschlag à la *Brigitte* präsentiert: *Kleider mit Sex-Appeal für Frauen ab 40.*[55]

Trotz aller Verschwesterungsgesten mit der Frau in den mittleren Jahren hat offenbar auch *Brigitte woman* nicht das geringste Interesse, den gesellschaftlichen Status quo zu hinterfragen. Da wird ein Problem erstmal flott und mit scheinbar emanzipatorischem Anspruch aufgeworfen, doch die Lösungsansätze erschöpfen sich in ollen Klamotten.

Brigitte woman unterschlägt einfach, dass es beim Unsichtbarwerden zwar durchaus um persönliche Erfahrungen geht, aber eben auch um Politik. Eine Ideologie der Ungleichheit richtet sich nicht nur gegen einzelne Individuen, sondern trifft Menschen mit bestimmten gemeinsamen Merkmalen. Zum Beispiel, weil sie behindert sind oder einem anderen Kulturkreis entstammen oder einer anderen Religion angehören. Oder aber Frauen in den mittleren Lebensjahren sind.

Denn was die Verschwindeszenen doch jeweils belegen: Frauen werden nicht nur als erotische Wesen ignoriert, sondern insgesamt als Person eliminiert. Sie kommen einfach nicht vor. Hier geht es nicht um das Bedürfnis, sexuell aufgewertet zu werden, sondern um den weiblichen Anspruch auf Existenz! Männern bieten sich viele Möglichkeiten, den öffentlichen Raum zu besetzen; das beginnt schlicht mit dem größeren Körpervolumen und endet bei der Präsenz über Macht und Einfluss. Frauen sind öffentlich weniger raumgreifend, und dann sollen sie ab einem bestimmten Alter das Feld auch noch vollends räumen?

Gegen dieses Kartell aus Abschätzigkeit und Herabsetzung kann die einzelne Frau sich zur Not wappnen, und das sollte sie unbedingt auch tun: die Missachtung ignorieren, ihr Selbstbild und ihre Souveränität wie einen Schutzschild aufrufen, um sich möglichst wenig kränken zu lassen. Dennoch sind ihre persönlichen Handlungsmöglichkeiten begrenzt. In der konkreten Situation kann sie sich kaum wehren. Und erst recht nicht gewinnen.

»Dieser öffentliche Nicht-Blick – ob auf der Straße oder im Zug – ist deshalb kränkend, weil man als Person nicht mehr wahrgenommen wird, nicht mehr existiert«, sagt Luzia Braun. »Es fühlt sich an wie eine verkappte Bestrafung.«[56]

Maren Kroymann erlebt das Verschwinden wie eine Kastration. So als hätte sie außer Körper nichts zu bieten: »Hierzulande kann ich dem Unsichtbarsein meist dadurch entgehen, dass man mich als Schauspielerin in der Öffentlichkeit kennt. Die Bekanntheit schützt mich ein bisschen vor dem Übersehenwerden. Aber wenn ich im Ausland bin oder unter Leuten, die nichts mit mir verbinden, wird mir das völlig brutal klargemacht. Unglaublich brutal! Da wird nicht geschaut, könnte die schlau sein oder wichtige Sachen zu sagen haben… Wenn nur die Optik zählt, habe ich abgewirtschaftet.«[57]

Um diese soziale Praxis aufzusprengen, darf die Verletztheit und das Unbehagen nicht weiter erduldet werden. Der Verschwindefluch lässt sich nur brechen, wenn sich unser kulturelles Verständnis an diesem Punkt ändert. Hier geht es um eine Frage der weiblichen Selbstbehauptung!

Wir brauchen einen Gegenentwurf: zu der gesellschaftlichen Konvention und der privaten Resignation. Das ist zwar leichter gesagt als getan, aber bisher haben wir Frauen ja kaum den Versuch unternommen, uns zu wehren. Noch immer thematisieren wir unsere Kränkung und Verletztheit nur selten öffentlich. Weil wir uns dafür schämen. Dabei gibt es keinen Grund zur Scham und keinen, sich zu verstecken. Hier geht es nicht um die einzelne Frau und ihr persönliches Versagen; hier geht es um die Abwertung eines bestimmten Teils der Gesellschaft. Wir werden gemeinsam unsichtbar. Die Ideologie der Ungleichheit trifft uns alle – der doppelte Standard bringt uns zusammen.

In diesem Land haben es viele soziale Gruppen geschafft, sich weitgehende politische Rechte zu erstreiten. Erst, wenn wir es schaffen, uns zu empören, werden wir wahrgenommen werden. Dann dürfen wir selbst aber auch nicht mehr mitmachen beim Verschwindespiel. Nicht nur Männer, auch wir als Frauen ignorieren gern die Frau in den mittleren Jahren. Wir beteiligen uns an der hässlichen Zaubernummer.

Dabei müssen wir erreichen, dass Frauen einen Möglichkeitsraum haben, der ihnen Wahlfreiheit lässt. Diesen Punkt betont Heike Melba Fendel; sie ist Chefin einer bekannten Künstleragentur in Köln und Berlin, arbeitet aber auch als Journalistin und Autorin. »Es ist ja nicht so, dass wir von diesem oder jenem Mann konkret etwas wollen. Von dem Bauarbeiter, der dir hinterherpfeift, oder irgendeinem Vertreter-Trottel. Die meisten Männer würdest du ja nicht an deinen Körper, noch nicht mal in deine Wohnung lassen, geschweige denn, dass du Sex mit ihnen haben wolltest«, erklärt sie. »Aber wenn das nicht mehr sein *könnte,* bricht ein Teil der Geschlechterfolklore weg. Und das wird als Verlust erlebt, als Bedeutungsverlust. Begehrtwerden wird ja als eine Form von Anerkennung wahrgenommen.«[58]

Und sich die zu erhalten ist für die älter werdende Frau mühsam. Ihr weht ein rauer Wind entgegen. Denn was sie in ihren mittleren Jahren erfährt, ist ein Paradox der übelsten Sorte: Einerseits stehen bei ihr die körperlichen Spuren unter besonderer Beobachtung; wie unter einem Scheinwerfer werden sie ausgeleuchtet und nachdrücklich sichtbar gemacht. Andererseits aber wird die Trägerin dieser Körperspuren sozial, kulturell unsichtbar.[59] Und mit dieser Schizophrenie soll eine Frau zurechtkommen?

Spätestens an diesen Punkten wird deutlich, worum es sich beim Älterwerden handelt: nicht etwa nur um eine biologische Tatsache, um einen physiologischen Prozess, dem wir nicht entkommen können. Sondern um eine soziale Erfindung, die den natür-lichen Ablauf des Lebens mit Etiketten versieht. Und bei Frauen sind diese Etiketten allzu oft hässlich: Ihr Selbstwertgefühl und ihr sozialer Status werden mit zunehmendem Alter attackiert.[60]

Simone de Beauvoir, Philosophin, Schriftstellerin und Ikone der Emanzipationsbewegung, hat den berühmten Satz geprägt: Man wird nicht als Frau geboren, man wird es. Für das Älterwer-den gilt das durchaus ähnlich: Als Frau wird man nicht alt, man wird alt gemacht.

Das weibliche Älterwerden wird etikettiert, marginalisiert und stigmatisiert. Anders gesagt: In ihrem zweiten Lebensabschnitt werden Frauen erst in eine Schublade gesteckt und dann schlecht behandelt, weil sie ja in dieser Schublade stecken. Und niemand hat sie gefragt, ob sie da überhaupt hineingehören oder -wollen.

Dass bei Männern nichts Vergleichbares passiert, zeigt, dass etwas anderes dahintersteckt als anatomische Fragen. Wie wir das Alter eines Menschen bewerten, ist eben nicht zwangsläufig vor-gegeben, es entsteht quasi im Auge des Betrachters, durch ge-sellschaftliche Übereinkunft. Ähnlich wie auch Klasse, Herkunft oder Geschlecht. Das verstehen Soziologen und Alternsforscher unter dem bereits erwähnten *doing aging*.[61]

»Was wir auch immer unter Altern, Alter, Altsein oder Altwer-den uns vorstellen, ist in irgendeiner Form sozial konstruiert«, schreibt der österreichische Sozialforscher Anton Amman. »In dem Maße, in dem solche Vorstellungen verbreitet und als selbst-verständlich und verbindlich angenommen werden, nehmen sie für uns den Charakter objektiver Wirklichkeit an, und wir han-deln ihnen entsprechend.« In dieses Alterskonstrukt packen wir Interessen, Ideologien und Bewertungen hinein. Das Ganze wird dann zu sozialen Tatsachen verdichtet, von denen wir denken, dass sie faktisch gegeben sind und schon immer da waren.[62]

Begriffe wie Alter und Altern sind abhängig von Geschichte und Kultur.[63] Diese Erkenntnis ist wissenschaftsgeschichtlich betrachtet relativ neu. Erst in den 1990er Jahren begann sich dieser Denkansatz im angelsächsischen Raum durchzusetzen, hierzulande ist er noch umstritten. »Das ist nicht erstaunlich, hier geht es ja um gesellschaftliche Konstruktionen, und die werden in Deutschland ungern diskutiert«, erklärt die Alternsforscherin Gertrud Backes. »Viel lieber nimmt die hiesige Forschung die Individuen in den Blick. Nach dem Motto: Wie man altert, ist eine persönliche Entscheidung. Oder eine Naturgegebenheit. Das soziale Gemachtsein spielt kaum eine Rolle. Weder in der Wissenschaft, aber erst recht nicht im gesellschaftlichen Bewusstsein.«[64]

Diese Sicht der Dinge hat einen gewaltigen Vorteil, wenn man die Verhältnisse so belassen will, wie sie sind. Denn die Betroffenen erkennen nicht, dass sie alt *gemacht* werden, sondern haben den Eindruck, sie könnten sehr vieles selbst steuern. Das ist psychologisch und politisch nicht unwichtig. Die Erkenntnis, dass der Einzelne bei dieser Frage wenig selbst entscheidet, wäre nicht nur ein Schock, sondern auch ein politisches Problem. Wer will schon von einer gesellschaftlichen Norm gegängelt werden, statt einen freien Willen zu demonstrieren?

Doing aging anzuerkennen, würde deshalb gleich mehrere kleine Revolutionen lostreten. Schon ganz allgemein bei Fragen weiblicher Selbstbestimmung, wird hierzulande von konservativer Seite noch immer ein Kulturkampf geführt. Zunächst werden die biologischen Unterschiede zwischen Männern und Frauen festgestellt; daraus werden, wenn auch nicht offen ausgesprochen, die Ungleichwertigkeit der Geschlechter sowie die männlich dominierte Ordnung abgeleitet. Das Ganze mündet in einer Verteidigung der traditionellen Rollen mitsamt unterschiedlichen Rechten und Pflichten von Männern und Frauen.

Diese reaktionäre Argumentation ist darauf angewiesen, dass die gesellschaftlichen Verhältnisse erscheinen wie vom Himmel gefallen und von der Natur festgeklopft. Erst eine über Jahrzehnte dauernde politische Bewusstseinsarbeit hat dafür gesorgt, dass die Traditionalisten nicht mehr die Deutungshoheit bei Gleichstellungsfragen haben.

Und jetzt soll auch noch an den Alterszuschreibungen gerüttelt werden? Wieder ein Glaubenssatz im Geschlechterdrama, der aus den Angeln gehoben werden könnte. Und wieder ein Bereich, in dem die bestehende Ordnung, die Machtverhältnisse und geliebte Vorurteile in Frage stehen. Vor allem Frauen könnten von diesen umstürzlerischen Gedanken enorm profitieren. Während Männer eine weitere Dominanzstellung räumen müssten. Wundert es da noch, dass nur Alternsexperten *doing aging* in ihren Zirkeln diskutieren und ansonsten kein Schwein davon weiß?

Um die bisherige Praxis des *doing aging* zu entzaubern, lässt sich mit einer schlichten Feststellung beginnen: Älterwerden fängt mit der Geburt an und endet mit dem Tod. Das klingt nach einem Kalauer, ist aber noch immer nicht die gängige Perspektive. Denn in unseren westlichen Gesellschaften hat sich eine Chronologie herausgebildet, die das Altern nicht als fortlaufenden Prozess betrachtet, sondern als eine Folge von Stufen: Unter 30 gilt man als jung, dann ist man in den mittleren Jahren, und wenn man das Rentenalter erreicht hat, gilt man als alt.

Das Dreistufenmodell bestimmt politisch und sozial noch immer die Lebensfahrpläne der Menschen – zum Beispiel wann und wie das Ende des Erwerbslebens organisiert ist. Doch die Spezialisten für diese Fragen wissen längst, dass dieses Modell ziemlicher Unsinn ist und nicht mehr den modernen Bedürfnissen entspricht. Die Wissenschaftler lenken den Blick weg von den drei Altersphasen hin zu einer Lebenslaufperspektive.[65] Dabei betonen sie, dass Älterwerden als fortschreitender Prozess betrachtet werden muss, der weniger an die Abfolge der Jahre gebunden ist als an die Lebensumstände, die sich für Menschen mit den Zeitläuften verändern.

»Wir denken gesellschaftlich überhaupt nicht prozesshaft, sondern operieren immer noch mit diesem Dreisprung des Lebens, der überhaupt nicht mehr stimmt«, betont Adelheid Kuhlmey, Expertin für medizinische Soziologie und Alternsforscherin.[66] Von Lebensphasen zu sprechen hilft zwar erst einmal bei der schnelleren Orientierung. (Aus diesem Grund nutze ich den Begriff auch im vorliegenden Buch.) Doch wenn damit Werturteile einhergehen, wird es problematisch. Denn die hindern Frauen daran, selbstbestimmte Bilder vom Älterwerden zu entwerfen, ohne von tradierten Modellen behindert zu werden.

Da stehen wir also, wir Frauen in den mittleren Jahren. Haben noch viel Leben vor uns und sollen uns trotzdem schon abfinden mit einem *nicht mehr*. Und dabei bleibt es ja nicht. Wenn wir unsichtbar werden, dürfen wir im stillen Kämmerlein mit den Zähnen knirschen; wenn wir jüngere Geliebte wählen, müssen wir damit rechnen, dass uns ein widernatürliches Begehren angedichtet wird; wenn wir gegen eine junge Frau ausgetauscht werden, sollen wir uns trösten, dass es weibliches Schicksal ist. Geht's noch?

Hierzulande gibt es die fatale feministische Tradition, Frauen als Opfer zu betrachten. Diese Perspektive bringt uns nirgendwohin und schon gar nicht weiter; auch nicht, wenn wir uns dagegen wehren wollen, alt gemacht zu werden. Nicht weil wir Opfer sind, müssen sich die Verhältnisse ändern – sondern weil wir Rechte haben! Wir haben das Recht, im öffentlichen Raum wahrgenommen zu werden. Das Recht auf den gleichen sozialen Status und Wert wie der älter werdende Mann. Und, und …

Wenn wir die Spielregeln des doppelten Standards annehmen, bleiben wir erschöpft und verbittert zurück. Das kann wohl kaum unser Ziel sein. Bisher ist es nur Männern gelungen, ein Gesellschaftsmodell vorzugeben, das ihnen einen entspannten Blick auf die zweite Lebenshälfte gestattet. Wir hingegen wissen nicht genau, wie wir selbstbestimmt älter werden können – jenseits der mächtigen Muster, die uns abwerten und die wir stellenweise dennoch unterstützen. Und es ist ja nicht so, dass wir mit Vorbildern reich gesegnet wären. Nun ist es also an uns, weibliche Perspektiven zu entwickeln. Uns in dieser Gesellschaft selbst zu imaginieren, wie Susan Sontag verlangt. Fangen wir doch einfach an!

Gift und Glamour

Über Filme, Fernsehen und den falschen Schein

Lange bevor ich den Druck von außen gespürt habe, habe ich ihn innen gespürt. Von Sendung zu Sendung wurde mir der Gang in die Maske lästiger, ich machte jedes Mal ein Gesicht, als ging's zum Hinrichten, nicht zum Herrichten.

Konnte das Rumgezupfe immer weniger ertragen: Da steht ein Haar ab, dort glänzt eine Stelle auf der Stirn, hier ist ein Schatten und dort wirft der Hals Falten. Je kleiner meine Lust auf Maske und Kamera, desto größer wurde der Aufwand. Die Augenringe, der Hals, die nicht mehr straffe Haut – wie soll das alles über- bzw. weggeschminkt werden?

Nur nicht nach unten blicken, sonst schlabbern die Bäckchen! Bloß nicht von der Seite aufnehmen lassen, da hängt das Kinn. So blödes Zeug hab ich gedacht. Habe also den Kopf hochgehalten, aber nicht zu hoch, sonst werden die Schatten um den Mund herum tiefer. Licht nur frontal, niemals von oben. Ja und der Hals, der ist ja immer eine schwierige Partie. Hilfe, wo ist der Beleuchter vom letzten Mal, der mich in so wunderbar weiches Licht tauchte, in dem ich ganz glatt aussah?

Eigentlich hab ich mich nie an Maske und Studiokamera gewöhnt. Als ich beim Fernsehen anfing, empfand ich diese Prozedur als Gewaltakt. Damals stand ich vor einer Bluebox-Projektion und meine Fusselhaare mussten wie eine Haube fest an den Kopf frisiert werden. Sah grausam aus. Und vor allem fremd. Ich erkannte diese Frau auf dem Schirm nicht. Diese virtuelle Tusse hatte nichts mit mir zu tun. Mit der Zeit lernte ich es und sah mir immer ähnlicher. Das war dann o.k.

In den letzten Jahren wuchs mein Widerwille gegen die Künstlichkeit und das Perfekte. Und irgendwann merkte ich: Eigentlich will ich nicht mehr vor die Kamera. Zur gleichen Zeit gab es Signale, dass sich die Sendung verändern und verjüngen sollte. Ich wollte weg, da sollte jemand hin, der nicht so alt war wie ich. Da habe ich gedacht: Okay, passt ja alles zusammen. Und – Tschüss![1]

Fernsehen und Frauen – das scheint gut zu passen. Bis die Jahre dazukommen – dann passt nichts mehr. Was die Erzählerin beschreibt, ist eine allzu typische Geschichte. Lange macht eine Fernsehfrau vor der Kamera einen guten Job. Doch irgendwann wird ihr unmissverständlich klar: Langsam komme ich in das Alter, in dem sich die Kolleginnen bereits vom Bildschirm verabschiedet haben. Weil niemand es vorgemacht hat, mag auch sie nicht bleiben. Keine will sich beim Älterwerden zuschauen lassen. Und die Sender wollen es auch nicht.

Oft gibt es nicht den unmittelbaren Zwang zu gehen, aber einen von der Chefetage deutlich artikulierten Willen zur Veränderung. So kommt alles zusammen: Die Ansprüche der Frauen an sich selbst, die Erwartungshaltung des Hauses und die im Medium Fernsehen übliche Praxis gehen eine ungute Melange ein und enden im Rückzug. Und wieder ist eine Frau aufgrund ihres Alters aus der Fernsehöffentlichkeit verschwunden.

Starten wir mal eine fiktive Umfrage beim deutschen Publikum. Frage: Glauben Sie, dass genauso viele Frauen wie Männer jenseits der 50 auf dem Bildschirm präsent sind? Ja!, würden die Zuschauer wohl ziemlich sicher antworten. Irrtum! Bei Fernsehfilmen und -serien könnte wahrscheinlich jeder noch ein paar Schauspielerinnen im entsprechenden Alter nennen. Doch im Journalismus, dort, wo die Welt nicht erfunden, sondern beschrieben, analysiert und kommentiert wird, sind Frauen in dieser Altersgruppe fast gar nicht vertreten.

Ausnahmen: Petra Gerster, die Nachrichten im ZDF moderiert, Bettina Böttinger vom WDR oder Ursula Heller beim Bayerischen Rundfunk. Christine Westermann, die Gastgeberin von *Zimmer frei,* gehört auch noch dazu. Immerhin scheint der WDR die 65-Jährige nicht in Rente schicken zu wollen. Dabei hat sie selbst mit dem Gedanken gespielt, die Moderation ihrer Sendung aufzugeben. Doch wie sie in ihrem Buch *Da geht noch was* schreibt, erlebte sie nach dem Gespräch mit dem Programmchef eine Überraschung: »Der kaum verhüllte Fingerzeig, die Moderation freiwillig abzugeben, bevor der Sender sich dazu entschließen muss, eine 65-Jährige aus Altersgründen aus dem Programm zu nehmen, ist vom Tisch.« So werde *Zimmer frei* mit ihr als 68-jähriger Moderatorin 2016 seinen 20. Geburtstag feiern.[2]

Dieses Beispiel ändert jedoch nichts an der Männerdominanz auf journalistischem Terrain. Warum das so ganz und gar nicht geht? Weil dadurch ein entscheidender Ansatz der Weltdeutung fehlt. Noch immer unterscheiden sich weibliche Erfahrungshorizonte von den männlichen. Noch immer nähern sich Frauen einer gesellschaftlichen Wahrheit anders an oder suchen andere Wahrheiten. Sie binden *ihre* Erkenntnisse an *ihre* Lebensverhältnisse zurück. Und die sind eben auch abhängig von ihrem gelebten Leben und dem jeweiligen Alter.

Diese Vielfalt der Stimmen im Journalismus – auch über die Generationen hinweg – ist notwendig, um mehr über die Welt zu wissen, um sie besser zu verstehen. Und gehört nicht genau das zur Aufgabe des Fernsehens, zumal des öffentlich-rechtlichen?

Zu dem Frauentrio, das beim Wein zusammensitzt, gehört ja auch Paula, die Journalistin. Und beim Reden übers Älterwerden im Allgemeinen und Besonderen geht es irgendwann um die weibliche Präsenz in den Medien. Paula erzählt ihren Freundinnen Klaudine und Sophia:

Paula: Als Journalistin bekomme ich ja auch so einiges aus der Fernsehbranche mit. Die Kolleginnen dort wissen, dass die Zeit vor der Kamera endlich ist. Ab einem gewissen Alter verschwinden sie und Junge kommen nach. Das gilt für Männer natürlich nicht.

Sophia: Regt sich denn keine Frau auf, wenn sie wegen ihres Alters abgeschoben wird?

Paula: Nicht laut oder öffentlich. Ich weiß nicht, warum keine rebelliert. Das Alter wird ja nicht offen angesprochen, das läuft über andere Schienen. Außerdem geht in einem Sender auch nicht gleich die Revolte los, weil eine Moderatorin vom Bildschirm verschwindet. Viele Frauen halten aber auch den Druck nicht aus. Stell dir vor, du stehst vor der Kamera und hörst die Kameraleute lästern: Jetzt müssen wir schon wieder die Superspezialfolie vorsetzen! Damit meinen die so eine Softfolie für die Kamera, die die Gesichtszüge weicher aussehen und auch so manche Falte verschwinden lässt.

Klaudine: Das ist ja superfies, dagegen kann man sich wirklich nicht wehren ...

Sophia: Aber ist das mit den Medien für uns wirklich so ein Problem? Wir haben doch ganz andere Sorgen. Zum Beispiel sollten wir uns über so was beschweren wie die ungleiche Bezahlung von Frauen und Männern.

Paula: Da machst du dir's aber einfach. Als wenn es kein Problem wäre, dass Frauen ab einem bestimmten Alter aus der Öffentlichkeit verschwinden und die Männer bleiben! Dann können Frauen sich doch viel weniger in Debatten einschalten und öffentlich mitreden. Zum Beispiel auch über die Themen, die dir so wichtig sind, wie Lohnungleichheit oder fehlende Aufstiegschancen.[3]

2012, da war sie 60 Jahre alt, verabschiedete sich die Fernsehjournalistin Sonia Mikich vom Politmagazin *Monitor*, das sie zehn Jahre lang moderiert hatte. Sie wollte etwas Neues ausprobieren: Management. Jetzt leitet sie eine Programmgruppe bei ihrem Sender und ist nach wie vor auf dem Bildschirm präsent. Wahrscheinlich präsenter als vorher. Als eine der großen Ausnahmen in ihrer Altersgruppe.

Ihre Kollegin Luzia Braun war über einen Zeitraum von 18 Jahren das Gesicht des ZDF-Kulturmagazins *aspekte* – lang gedient und beliebt. 2011, mit 57 Jahren, beendete sie ihre Karriere vor der Kamera und konzentriert sich seitdem auf ihre Arbeit als Filmemacherin und stellvertretende Redaktionsleiterin.

»In meinem Medium ist der doppelte Standard extrem auffallend – Männer und Frauen ab 50 sind im Fernsehen völlig unterschiedlich vertreten«, erzählt Luzia Braun. »Für Männer ist es eine Selbstverständlichkeit, dass sie bis zur Rente munter weitermoderieren. Für Frauen ist es eine Selbstverständlichkeit, dass sie ab 50 langsam, aber sicher von der Bildfläche verschwinden.« Da werde eindeutig mit verschiedenem Maß gemessen: »Es scheint völlig normal, dass Frauen weichen und genauso normal, dass Männer weitermachen.«[4]

Ihre Kollegin Sonia Mikich ergänzt: »Alte Männer sind eine Quelle ewigen Ärgernisses. Ist ja klar, wenn nicht besonders gut aussehende und gar nicht sprühende ältere Herren ohne Weiteres noch schicke Auftritte oder Filme machen dürfen. Ich bezweifele, dass einer älteren Kollegin der rote Teppich in ähnlicher Weise ausgerollt würde. Fair ist das nicht.«[5]

Die Folge: Im Massenmedium Fernsehen kann man Frauen beim Älterwerden kaum zuschauen. Im fiktionalen Rahmen mag es bei der einen oder anderen Figur noch funktionieren, aber was ist, wenn es um die reale Welt geht, um das Nachrichten- und Informationsgeschäft? Was ist mit den Moderatorinnen, Journalistinnen, Korrespondentinnen aus dem wirklichen Leben? Unter ihnen gibt es kaum Vorbilder, die vor unseren Augen älter werden und beweisen: Seht her, es geht! Die Komplizenschaft zwischen Medienfrauen und Zuschauerinnen kommt nicht zustande; die Alltagsfrau wird bei ihrer Auseinandersetzung mit dem Älterwerden weitgehend allein gelassen. Stattdessen gilt: Das weibliche Fernsehbild darf nicht altern.

Massenmedien und ihre Wirkung – bekanntlich ein weites Feld. Der mediale Einfluss auf unsere Lebensverhältnisse ist ambivalent: Einerseits bieten Massenmedien gesellschaftliche Orientierung – andererseits grätschen sie irritierend immer wieder in die bestehende Ordnung hinein. Einerseits reagieren sie auf gesellschaftliche Themen – andererseits bringen sie diese selber aufs Tapet. Einerseits reproduzieren und verfestigen sie Klischees – andererseits initiieren sie deren Zerstörung und Wandel.

Beim Thema Älterwerden geht es dabei eigentlich um zwei Fragen: Wie bilden Massenmedien die bestehende Realität ab? Und was bieten sie an Deutungen und Wertungen an, um neue Wahrnehmungen zu erlauben und Handlungsperspektiven zu eröffnen? Denn eines ist sicher: Die Kriterien für Attraktivität und gesellschaftlichen Wert der Frau in der zweiten Lebensphase werden von Medien entscheidend beeinflusst. Unsere Maßstäbe bilden sich beim Pingpongspiel mit der medial erzeugten Wirklichkeit. Doch gerade Medien pflegen den doppelten Standard mit grandioser Selbstverständlichkeit.

»Das Bild der Frau und das Bild des Mannes in einer Gesellschaft haben einen sehr direkten Bezug zu den Bildern über Frauen und Männer, die in den Medien favorisiert werden«, sagt Regina Ziegler. Sie ist Deutschlands erfolgreichste und vielfach ausgezeichnete Film- und Fernsehproduzentin; die Serie *Weissensee* und die Krimireihe *Mordkommission Istanbul* gehen auf ihr Konto, aber auch Komödien à la *Überleben an der Wickelfront*. Regina Ziegler betont die Wechselwirkung zwischen realer und medialer Welt. »Denken Sie etwa daran, dass die Widerstände gegen das Rauchen auch dazu geführt haben, dass in TV-Movies oder Kino-filmen weniger oder überhaupt nicht mehr geraucht wird. Das ist ein doppeltes Feedback, das da seine Wirkungen entfaltet.«[6]

Um zu verstehen, wie das mit dem Männer- und Frauenbild funktioniert, darf man die Strukturen der privaten und öffent-lich-rechtlichen Sender nicht aus dem Blick lassen. Nun gibt es zwar im Fernsehbereich viel mehr Frauen in leitenden Positionen als in anderen Medien, zum Beispiel bei Tages- und Wochen-zeitungen. Doch von grundsätzlich veränderten Machtverhältnis-sen kann keine Rede sein, die oberen Hierarchieebenen sind in weiten Teilen noch immer von Männern besetzt.

82 Prozent der Chefredakteure bei den Fernsehsendern sind Männer. Die Chefs aller deutschen Tages- und Wochenzeitungen, immerhin sind das über dreihundert, sind sogar zu 98 Prozent männlich.[7] Auch bei den Leitmedien im Internet ist nur eine von neun Redaktionsspitzen weiblich. Wundert es da, dass die medi-alen Bilder von Frauen durch Männer gemacht sind?

Auch deshalb gibt es in Deutschland traditionell keine Jour-nalistinnen und Moderatorinnen, die über eine bestimmte Al-tersgrenze hinaus auf dem Bildschirm präsent sind. Wie anders geht es dagegen in den USA zu. Seit 50 Jahren arbeitet die TV-Journalistin Barbara Walters für amerikanische Sender. Sie war die erste Frau, die in den USA eine tägliche Nachrichtensendung im Fernsehen moderierte, und hat seitdem von Fidel Castro über Margaret Thatcher bis zu Saddam Hussein wahrscheinlich jeden interviewt, der auf der politischen Weltbühne eine Rolle spielte. Vor einiger Zeit kündigte Barbara Walters an, ihre Talkshow *The View* bis 2014 weiterzumoderieren und sich dann zur Ruhe setzen zu wollen. Dann wird sie 83 Jahre alt sein.[8]

Interessant ist die Frage, was in den kommenden Jahren hierzulande passieren wird. Denn die bekanntesten Moderato-rinnen, Maybrit Illner, Anne Will und Sandra Maischberger, kommen ins kritische Fernsehalter. Derzeit sind alle drei in der zweiten Hälfte der 40. Wie werden sie es jenseits der 50 mit ihrer Bildschirmpräsenz halten? Und wie wird man es sie halten lassen?

Im Durchschnitt sind die Frauen vor der Kamera 15 bis 20 Jahre jünger als die Männer in den Entscheidungspositionen der Sender. Das interpretieren die dortigen Mitarbeiterinnen auf ihre eigene Art: Die zuständigen Chefs, lästern sie, bevorzugten offenbar Frauen im Alter der eigenen Zweitfrau oder Geliebten. Keinesfalls dürften die Moderatorinnen das Alter der Erstfrau haben – sprich um die 50 Jahre sein oder älter.

»Ich kann mich nur an eine Frau jenseits der 60 erinnern, die eine eigene Sendung hatte«, erzählt Wibke Bruhns, die als erste Frau in Westdeutschland überhaupt Fernsehnachrichten präsentieren durfte und sich anschließend erfolgreich als Printjournalistin durchsetzte. »Und diese Kollegin hat nicht zufällig ein Format gemacht, das sich ›Magazin für die ältere Generation‹ nannte.«[9]

Und weil die Tradition fehlt, braucht man Frauen meist gar nicht erst von der Kamera wegzuzerren – ab einem bestimmten Alter gehen sie freiwillig. Räumen das Feld, weil sie sich, wie in der eingangs erzählten Geschichte, nicht länger dem Druck aussetzen wollen. Oder auch, um einer befürchteten Entscheidung von oben zuvorzukommen.

Dabei gibt es selbstverständlich gute Gründe, Sendeplätze zu verändern und Leute auszutauschen. Die Frage ist nur: Warum verschwinden bei diesem Erneuerungswillen hauptsächlich Frauen? Während ein fast unerträglicher Peter Hahne mit 62 Jahren weiter nervtötend auf dem Bildschirm erscheint? Und der gleich alte Sigmund Gottlieb, Chefredakteur beim Bayerischen Fernsehen, ungestraft weiter die CSU öffentlich lobhudeln darf und auftreten kann, als gehöre die Bayernanstalt ihm ganz persönlich.

Man muss weder Volksmusik noch Carmen Nebel mögen, aber ist es Zufall, dass die erfolgreiche Sendung der 56-jährigen Moderatorin um die Hälfte eingedampft wurde? Und davon die genau halb so alte Schlagersängerin Helene Fischer profitiert? Klar, dem ZDF stößt das hohe Durchschnittsalter seiner Zuschauer auf. Die Mission heißt: Verjüngung. Aber wäre der Sender auf die Idee gekommen, Thomas Gottschalk abzusägen? Als der Entertainer die Samstagabendshow *Wetten dass...?* verließ, war er bereits über 60; die ARD betrachtete es dennoch als Coup, ihn anschließend für eine Totgeburt im Vorabendprogramm zu engagieren. Und 2013 bekam der 63-jährige Gottschalk zusammen mit dem 57-jährigen Günther Jauch eine neue Show bei RTL. Alter? Keine Frage!

Nina Ruge hingegen, die zehn Jahre lang das öffentlich-rechtliche Klatschmagazin *Leute heute* im ZDF moderierte, erreichte bereits viel früher die Schallmauer – die sie weder durchbrechen konnte noch wollte. »Ich war 50 und es war mir klar, dass das zumindest einen partiellen Abschied vom TV bedeuten würde. Ich wusste, ein neues Format wird es für eine Frau meines Alters nicht mehr geben.« Besser, man geht, bevor man gegangen wird. Und weil Nina Ruge das Gewerbe zu gut kannte, lag es ihr fern, gegen die Mauern aus männlicher Selbstgefälligkeit und Doppelmoral anzurennen: »Nein, ich kenne das Business jetzt seit 25 Jahren. Es macht keinen Sinn, sich darüber zu mokieren.«[10] So tragen die Sender den üblichen Stiefel immer weiter. Die Programmmacher bekommen einfach zu wenig Druck. Auch nicht von der Öffentlichkeit.

Birgit Schrowange, die beim Privatsender RTL Infotainment- und Lifestylemagazine moderiert, will das nicht ganz widerspruchslos hinnehmen. 2013 kündigte sie an: »Ich habe mir fest vorgenommen, die erste Frau zu sein, die irgendwann mit grauen Haaren moderiert.« Noch immer seien graue Haare und Übergewicht für Frauen vor der Kamera tabu. Alte, grauhaarige Moderatoren dagegen gebe es überall. »Eigentlich bin ich längst schneeweiß. Aber ich muss alle zwei Wochen zum Friseur, die Ansätze nachfärben lassen – das nervt ungemein.«[11]

Wo Fernsehfrauen sich spätestens ab Ende 30 mit ihrem Älterwerden beschäftigen, scheinen die männlichen Kollegen diesbezüglich von keinem Zweifel angenagt. Nicht mal verstohlen werden sie mit ihren Lebensjahren konfrontiert. »Noch nie hat mich jemand auf mein Alter angesprochen oder es etwa zum Problem gemacht«, erzählt ein leitender, über 60-jähriger Fernsehmann, der auch als Moderator auftritt. »Auch irgendeinen indirekten Druck habe ich nie gespürt.« Ausgestattet mit den richtigen Chromosomen kann man sorglos altern und trotzdem auf dem Bildschirm präsent bleiben.[12]

Als Sonia Mikich die Moderation von *Monitor* aufgab, sagte sie: »Ich will nicht als ARD-Urgestein enden.« Sie wolle einfach etwas Neues machen. Und das ist ihr gelungen. Unter Fernsehjournalistinnen ist sie eine der ganz wenigen, denen die Zuschauerinnen auch in Zukunft beim Älterwerden zuschauen können. Von Urgestein kann dabei allerdings keine Rede sein. »Für mich ist Urgestein eine Beleidigung«, erzählt Sonia Mikich. »Denn das heißt, ich kann mich nicht mehr verändern und entwickeln. Wenn ich mal sterbe, kommt hoffentlich niemand vom WDR daher und sagt: ›Sie war ein wahres Urgestein.‹ Was für ein grässlicher Gedanke!«[13]

Wäre wohl Fritz Pleitgen – der noch mit Ende 60 den WDR als Intendant leitete und darüber hinaus Sendungen moderierte – der Begriff Urgestein überhaupt in den Sinn gekommen? Oder seinem Vorgänger Friedrich Nowottny, dem die ARD noch mit Ende 70 die Leitung einer Gesprächsrunde zuschanzte?

Eigentlich merkwürdig, dass sich hierzulande keine Fernsehfrau offen über diese miese Praxis beschwert. Stattdessen lassen sich diejenigen, die der Bannstrahl trifft, rausdrängen; oder sie geben sich mit einem Redaktionsjob zufrieden. Sie kommen offenbar gar nicht auf die Idee, ihren Verdacht nach außen zu tragen. Wahrscheinlich weil das jede Menge Schwierigkeiten mit sich bringen kann. Denn dass jemand tatsächlich aus Altersgründen vom Bildschirm verbannt wird – wie lässt sich das nachweisen?

Das ist ähnlich problematisch, wie Indizien für Mobbing zusammenzutragen. Fast unmöglich, den Verdacht zu erhärten.

Auch Journalistinnen in anderen Medien schreien bei diesen Geschichten meist nicht etwa auf. Weder machen sie die Vorgänge öffentlich, noch solidarisieren sie sich demonstrativ mit den geschassten Kolleginnen. Auch sie haben sich mit den Gepflogenheiten so weit arrangiert, dass sie die Verhältnisse irgendwie akzeptieren. Das System hat seine Regeln, und die haben sich allen eingebrannt.

Und obwohl sich gerade Frauen im Medium Fernsehen sehr bewusst mit dem Älterwerden als Problem auseinandersetzen, obwohl das Thema im Kolleginnenkreis rauf und runter diskutiert wird, obwohl es dabei um Zukunftsängste und berufliche Perspektiven geht – bei den Sendern intern bleibt das Thema ein Tabu. Das Alter wird nie direkt angesprochen. Von keiner Seite.

»Tut mir leid, Frau Meier, in Ihrem Alter sind Sie auf dem Schirm wirklich nicht mehr vertretbar!« – welcher Programmverantwortliche würde wohl wagen, diese bösen Worte auszusprechen? Völlig undenkbar. Dann käme Frau Meier vielleicht auf die dumme Idee, sich und anschließend ihn an das Allgemeine Gleichbehandlungsgesetz zu erinnern; das gilt in der Bundesrepublik seit 2006 und verbietet, jemanden wegen seines Alters zu benachteiligen.[14]

Luzia Braun: »Das Wort Alter würde in dem Zusammenhang doch nie jemand in den Mund nehmen, never ever!«

Sonia Mikich: »Die Mechanismen laufen versteckter, unterschwelliger.«

Luzia Braun: »Es braucht keine expliziten Ansagen. Die Frauen verinnerlichen den Druck von alleine und es reichen Andeutungen, damit sie die Konsequenzen ziehen.«

Sonia Mikich: »Hierzulande würde sich eine Frau wahrscheinlich eher in den Knöchel beißen, als ihren Verdacht auszusprechen. Sie hätte zu viel Angst, als Loserin dazustehen. Es gibt keine selbstverständliche Gegenwehr.«[15]

Luzia Braun: »Man kann als Frau diese Herabsetzung nicht ansprechen, ohne selber zum Opfer zu werden.«[16]

Das ist zweifellos eine deutsche Spezialität. In Großbritannien oder den USA liegen die Dinge anders. Vermutet da eine Frau, dass sie wegen ihres Alters geschasst wurde, ist sie schnell beim Rechtsanwalt. Und ein Mann übrigens auch. *Ageism,* die Benachteiligung eines Menschen aufgrund seines Alters, ist in diesen Ländern ein Dauerthema in der Öffentlichkeit. Während es hierzulande gerade mal der alltägliche Sexismus in die Schlagzeilen schafft – und auch nur, wenn der Fall besonders spektakulär ist.

Die BBC, der gebührenfinanzierte britische Rundfunk, hat das gesellschaftliche Aufregerthema *sexism and ageism* seit einigen Jahren am Hals. 2012 erlitt die BBC dabei eine herbe Niederlage. Die 53-jährige Miriam O'Reilly hatte geklagt und Recht bekommen. Das Gericht stellte fest: Der Rundfunksender hatte die Moderatorin wegen ihres Alters und ihres Geschlechts in die Wüste geschickt.

Die Debatte um Miriam O'Reilly spülte nicht nur zahlreiche weitere Fälle und Klagen nach oben – immer ging es um Frauen ab 50 –, sondern machte auch klar, wie stark die Geringschätzung der weiblichen Mitarbeiter in den Strukturen der BBC verankert ist. »Für ältere Männer scheint es wunderbar zu passen, Shows mit jungen, attraktiven Frauen zu moderieren«, erzählt eine Insiderin, »aber wenn die Frauen älter werden, ist der Job für sie passé.«[17] Klingt irgendwie sehr bekannt.

Wie bei öffentlichen Kontroversen zu einem Männer-Frauen-Thema üblich, meldete sich auch hier der einschlägige Ich-spreche-mal-Klartext-denn-alle-außer-mir-sind-doof-Typ zu Wort.

In Großbritannien trat er in Gestalt des ehemaligen BBC-Korrespondenten Michael Cole auf. Das Aussehen sei im Fernsehen nun mal wichtig, konstatierte Cole, deshalb sollten die Kolleginnen gefälligst aufhören, über ihre schlechte Behandlung zu jammern. Auch er hätte jahrelang wegen seines Alters leiden müssen. »Nicht weil ich zu alt, sondern weil ich zu jung aussah.«

Weiter gab der 69-jährige Cole noch zum Besten: Alle männlichen Moderatoren wären schließlich einmal erfolgreiche Reporter gewesen. »Während die Moderatorinnen auf dem Bildschirm landen, weil es attraktive Frauen sind, die überzeugend vom Teleprompter ablesen können und hübsche Jacketts tragen.«[18] Und wenn sie dann älter würden, hätten sie eben nichts mehr zu bieten.

Würde es irgendjemanden wundern, wenn wir auch hierzulande zu hören bekämen, es läge schlicht an mangelnder Kompetenz, wenn Frauen von den Bildschirmen verschwinden?

Doch viel interessanter ist ja die Frage, warum sich Fernsehfrauen in Großbritannien gegen ihre Ausmusterung wehren, während sie es bei uns nicht tun. Warum in England selbst Männer das Thema offensiv angehen, wie der Reporter John McCririck. 2013 beschuldigte er den Sender Channel 4, ihm aus Altersgründen gekündigt zu haben; McCririck forderte lächerliche 500 000 Pfund Entschädigung wegen entgangener Gehaltszahlungen und schlappe 2,5 Millionen Pfund Schmerzensgeld.[19]

»In Großbritannien gibt es eine gesellschaftliche Übereinkunft, dass solche Beschwerden okay sind«, erzählt Sonia Mikich, die in Oxford geboren und in London aufgewachsen ist. »Hier in Deutschland ist es anders, das ist eine Frage des sozialen Klimas.«[20]

Und der verinnerlichten Normen. Mit denen haben wir alle zu kämpfen, ob wir wollen oder nicht. Auch als Frauen. Schließlich legen auch wir den doppelten Standard an und bewerten Männer anders als unsersgleichen. Denken wir etwa, wenn wir im Fernsehen einen älteren Mann mit einem Truthahnhals sehen: Den sollte er doch aber besser verstecken? Ganz sicher nicht! Und lenkt uns der Hals von dem ab, was dieser Mann von sich gibt? Wohl kaum.

Wie ist hingegen der erste Impuls, wenn wir als Frau eine andere Frau mit sichtbar faltigem Hals in einer Talkrunde sehen? Schießt uns nicht durch den Kopf: Ach, die Arme, das ist nun aber gar nicht schön; warum bedeckt sie ihren Hals nicht mit einem Tuch, wo er doch so deutlich ihr Alter zeigt. Ist es nicht das, was wir instinktiv denken? Statt darauf zu hören, was die Frau zu sagen hat und ihr das Recht auf ihren Wie-auch-immer-Hals zuzugestehen?

»Egal, ob bei Ministerinnen oder bei TV-Köchinnen – immer wieder dominiert bei der Beurteilung das Äußere vor dem Können«, stellt Monika Piel, die ehemalige WDR-Intendantin, fest. »Wenn auch manchmal ›nur‹ indirekt über das Unterbewusstsein.«[21]

Unappetitlich wird unsere weibliche Komplizenschaft dann bei Auftritten von Comedians. Auch Komiker bieten ja eine Art Weltdeutung, selbst wenn diese überzeichnet oder karikiert ist.

Jedenfalls ist es sehr ernüchternd, sich die weiblichen Zuschauer zum Beispiel bei Mario Barth anzusehen. Diesem Comedian, der sein Programm in weiten Teilen mit saudummen und schnarchalten Witzen über Frauen füllt. Kostprobe gefällig:

»Warum mein bester Freund und Chantal sich getrennt haben? Sie stand vor ihm und sagte: ›Ich geh zum Fitness. Bauch, Beine, Po.‹ Daraufhin er: ›Wieso? Davon hast du genug. Mach doch lieber Brüste.‹«

Wenn Barth diese Schote erzählt, hat er noch nicht geendet, da lacht er sich schon halb tot. Und die Frauen lachen mit. Je platt-sexistischer der Witz, desto lauter jubeln sie. Besonders beliebt sind die Zoten, die Barth über seine angebliche Freundin Paula reißt. »Wenn meine Freundin Schuhe kauft ... ich wäre froh, wenn sie solche Geräusche mal beim Sex machen würde.«

Willkommen bei Mario Barth. So heißt die Show des Blödlers beim Privatsender RTL, und das Vergnügen der Frauen im Publikum geht bis zum Grölen und Schenkelklatschen. Klar grölen auch Männer. Meist auf Kosten der Frauen. Denn bei den Barth'schen Männerwitzen geht's in der Regel um so wahnsinnig lustige Dinge wie löchrige Socken.

Bei Frauen geht es um etwas anderes. Offenbar halten sie für Herrenwitz, was in Wahrheit Herrschaftswitz ist. Es ist auch die weibliche Komplizenschaft, die jemanden wie Mario Barth zum Fernsehstar macht und ihm in schöner Regelmäßigkeit eine Show verschafft. Sind Frauen so verhärtet, dass sie nicht mehr merken, wenn sie verarscht werden? Wollen sie sich die Unverschämtheit nicht klarmachen, weil es ihnen zu anstrengend ist? Oder identifizieren sie sich lieber mit dem fiesen Humor einer Knallcharge als mit ihren Artgenossinnen?

Hier zeigt sich die Macht der verinnerlichten Normen. Die gleichen Normen, die es Frauen hinnehmen lassen, wenn sie ab einem bestimmten Alter aus der TV-Öffentlichkeit verbannt werden. Bei einem Oberflächenmedium wie dem Fernsehen ist das ja nicht zu verbergen. Und betrifft neben den Journalistinnen und Moderatorinnen auch die Gäste der unzähligen Talkshows.

»Frauen sind in den politischen Runden sowieso schon die Minderheit. Und innerhalb dieser Minderheit muss man die ältere Frau erst recht suchen«, ärgert sich Sonia Mikich. »Ältere Männer kommen gravitätisch daher, und deshalb glaubt jeder, sie hätten etwas Relevantes zu sagen. Solange Frauen für das Bunte, Betroffene und Leidende stehen, wird ihnen diese Macht nicht zugestanden. Und Charisma, das auf Kompetenz beruht, haben sie ja angeblich auch nicht.«[22]

Die große weibliche Lücke klafft zwischen 50 und 70. Danach tauchen Frauen ganz vereinzelt öffentlich wieder auf: als große alte Damen, die für ihre Erfahrung, ihre Klasse und Kompetenz geschätzt werden. Die weise Alte passt ja wieder ins Bild, auf der Bühne würde man sagen, sie habe ins Charakterfach gewechselt. Charakter bekommen Frauen aber offenbar erst, wenn sie alt sind. In den Jahren dazwischen sind sie kaum in den Talkrunden, schon gar nicht als Moderatorinnen mit eigener Sendung präsent. Es ist der Übergang von der erotischen Person zur Unperson, der gesellschaftlich weggeblendet wird. Dabei soll niemand zusehen müssen.

In Fernsehfilmen und -serien stellt sich das seit einigen Jahren anders dar. Da scheint es, als hätten selbstbewusste, eigenständige Frauenfiguren den Schirm erobert. All die Kommissarinnen wie Eva Mattes als Klara Blum vom Bodensee; Ulrike Folkerts als Lena Odenthal aus Ludwigshafen; Sabine Postel als Inga Lürsen aus Bremen. Ihnen können wir tatsächlich seit vielen Jahren beim Älterwerden zusehen. Haben sie nicht auch deshalb eine große Fangemeinde?

Die Fernsehfilme sind bevölkert von Anwältinnen, Lehrerinnen, Künstlerinnen in mittleren Lebensjahren. Es gibt Christine Neubauer als Landärztin Johanna Lohmann, Senta Berger in der Rolle der Polizeirätin Eva-Maria Prohacek und nicht zu vergessen jede Menge Nonnen. *Um Himmels willen,* die superseichten Klostergeschichten aus dem fiktiven bayerischen Kaltenthal mit Schwester Hanna, Schwester Lotte, Schwester Agnes und dem gottungefälligen Bürgermeister Wöller – diese katholische Klamotte ist allen Ernstes die meistgesehene Serie im deutschen Fernsehen.

Interessant bei dem allen ist: Nimmt man Filme und Serien einmal zusammen, wird hier eine Vielfalt vorgegaukelt, die es in Wahrheit nicht gibt. Denn die meisten der deutschen TV-Frauenrollen sind kaum mehr als reine Schablone. Da sind auf der einen Seite die Superfrauen, die alles wuppen: Beruf, Bett, Kinder, Familie, dabei hervorragend aussehen und nie unter den Achseln schwitzen. Und dann gibt es das Gegenmodell, das ebenfalls ständig auftaucht: die dumme Tussi, die in Minirock und High Heels auf Bergwanderung geht, um ihre lackierten Nägel jammert und halbgares Zeug von sich gibt.

Superweib und Blödblondine gehören in der alltäglichen Darstellung von Frauen zum Standard. Gern garniert mit der unvermeidlichen Assistentin oder ergebenen Chefsekretärin, damit die Hierarchien auch weiterhin stimmen. Und alle werden sie garantiert schwach, sobald Mr Right auftaucht, und müssen gerettet werden.[23] Im deutschen Fernsehen hat das alte Frauenklischee einen neuen Look. Selten mehr. Und die alte Leier wird weitergespielt, selbst wenn die Musik nur noch versteckt im Hintergrund läuft.

Dazwischen bewegen sich Frauencharaktere, die in die Mütterlichkeit rauserzählt und so als erotische Wesen eliminiert werden. Hinzu kommen diejenigen, die sich sowieso in der sexuellen Neutralitätszone befinden wie beispielsweise die Nonnen. Und selbst die Kommissarinnen werden erotisch ins Klischeehafte abgeschoben; oft sind sie einsame Wölfinnen, leben ohne Ehemann oder festen Partner, weil der erschossen wurde, gegangen ist oder nicht der Richtige war. Was für ein Leben der Frau in mittleren Jahren wird da für die Zuschauer eigentlich zusammengeschustert?

Wie heißt es doch so schön: Stereotype helfen, Informationen über eine Figur schneller zu verarbeiten und den Denkaufwand gering zu halten. Diese Maxime wird rauf und runter bedient. »In diesem Sinne sind Filme oft pseudoemanzipiert, wenig realitätsnah und vermitteln ein konservatives bis reaktionäres Frauenbild«, stellt Sabine de Mardt fest, Direktorin bei Eyeworks, einem internationalen Fernsehproduktions- und Entwicklungsunternehmen. »Und Protagonistinnen, die nicht dem gängigen Schönheitsideal entsprechen, bleiben sowieso die Ausnahme.«[24]

Dabei liegt es ja nicht am Medium selbst. Wie Beispiele aus anderen Ländern beweisen, bietet es genügend Raum für neue Ideen.

Inzwischen findet im TV mehr Innovation statt als im Kino. Die interessanteren Stoffe und originelleren Charaktere sind in Fernsehserien und -reihen zu finden. Zum Beispiel in *Mad Men*, der amerikanischen Serie über eine Werbeagentur im New York der 1960er Jahre. *Mad Men* ist ein Sittenbild, versucht, das Lebensgefühl und die Ästhetik der damaligen Ära wiederzugeben und die Handlung in den sozialen, kulturellen und politischen Kontext der Sechzigerjahre einzuordnen.

Ein anderes Beispiel ist die Serie *Girls,* die ebenfalls in New York spielt. *Girls* ist die Geschichte von vier Freundinnen, die in der Großstadt eine Existenz suchen und gleichzeitig herausfinden wollen, was sie eigentlich sonst noch brauchen: erotisch, sexuell, beziehungsmäßig. Da werden unperfekte Körper bei diversen Niederlagen gezeigt und auch vor ekligen Szenen wird nicht zurückgeschreckt. Die Serie läuft zwar unter *Comedy*, doch eigentlich ist sie eine Sozialstudie über junge Frauen im amerikanischen Hier und Jetzt. Mit all ihren Brüchen und Widersprüchen.

Wie gestanzt kommen dagegen die Filmheldinnen hierzulande daher. Das deutsche Film- und Fernsehgeschäft ist in weiten Bereichen ein Jammertal, in dem Vielfalt nur angetäuscht wird. Auch wenn es um die Präsenz von Schauspielerinnen jenseits der 50 geht. Auf den ersten Blick scheint es jede Menge Darstellerinnen in dieser Altersgruppe zu geben, die gut im Geschäft sind. Tatsächlich handelt es sich vielleicht um ein Dutzend. Die werden ständig genannt und laufend besetzt. Senta Berger gehört dazu, Hannelore Elsner, Iris Berben, Hannelore Hoger, Christiane Hörbiger, Thekla Carola Wied und noch wenige andere.

Sie alle haben eine Barrikade erobert, die von der Schauspielerin Maren Kroymann als »Erotikhürde« bezeichnet wird. Eine Latte, die für Frauen sehr hoch hängt. Doch wer sie einmal überwunden hat und das Markenzeichen *weiblich-sinnlich* trägt – für welche erotische Geschmacksrichtung auch immer –, kann noch lange im Geschäft bleiben.

»Bei diesen Frauen spielt das Alter für die Zuschauer keine große Rolle«, da ist sich die Filmproduzentin Regina Ziegler sicher. »Das mag deshalb so sein, weil sie alle noch fabelhaft aussehen. Das mag auch deshalb so sein, weil man sie kennt über die Jahre hin, weil man sie liebt. Aber es hat in erster Linie damit zu tun, dass sie, wie alt auch immer, großartig spielen.«[25]

Die Namen dieser wenigen Glücklichen werden überall gebetsmühlenartig wiederholt – als Beweis, wie viel sich auf diesem Terrain für Frauen geändert hat. Hat es in Wahrheit aber kaum. Es ist der Widerschein der immer gleichen, der hier blendet. Obwohl es großartig ist, dass eine Hannelore Hoger in einem Alter zur Höchstform auflaufen konnte, in dem das Gros ihrer Kolleginnen bereits im Off verschwindet.

Hannelore Hoger ist in ihrer Paraderolle als Bella Block mit Mitte 50 zur Volksheldin geworden. Ihre Darstellung der eigenwilligen, ziemlich grimmigen, aber empathischen und an den Verhältnissen leidenden Polizistin wurde mit allen möglichen Fernsehpreisen ausgezeichnet. Dabei war es ziemlich schwer, die Schöpfung der Schriftstellerin Doris Gercke überhaupt auf den Bildschirm zu kriegen. Die Filmproduzentin Katharina Trebitsch erinnert sich, was ihr aus den Redaktionen entgegenkam: »Die Hoger ist zu alt! Können wir nicht 'ne Jüngere nehmen oder 'ne Schönere? Schläft die noch mit Männern oder was?«[26]

Dabei sind doch gerade die älteren Frauen dramaturgisch hochinteressant. Es sei denn, sie werden – was allzu häufig passiert – nach Schema F kreuzbrav und fröhlich-flach inszeniert. Denn Frauen in dieser Altersgruppe haben jede Menge, aber eben nicht nur lustige Lebenserfahrung und kennen Angst und Verlust. So wie die sehr menschliche Figur der Bella Block.

Doch was stellte Hannelore Hoger auf der Höhe ihres Erfolgs fest: »Die meisten guten Rollen sind noch immer für Männer.« Zum Beispiel bekomme der vier Jahre ältere Götz George deutlich mehr Hauptrollen angeboten als sie. Und wann habe George als Filmheld jemals eine gleichaltrige Geliebte gehabt? Ihr dagegen würden häufig Rollen angeboten, die ältere Frauen auf dem Abstellgleis zeigen.[27]

An diesem Punkt lohnt es sich, nach Skandinavien zu blicken. Wie bei vielen anderen gesellschaftlichen Fragen machen uns die nordischen Länder auch im medialen Bereich so einiges vor. In Skandinavien sind Frauen jenseits der 40, 50 und 60 viel selbstverständlicher als bei uns im TV präsent. Als Beispiel braucht man sich nur die Krimiserie *Mankells Wallander* anzuschauen. Die ist zwar eine deutsch-schwedische Koproduktion, die Drehbücher aber stammen von einem schwedischen Autorenpaar.

Drei Punkte sind auffällig, die in deutlichem Kontrast zum hiesigen Fernsehen stehen. Zunächst bevölkert grundsätzlich eine große Zahl von Frauen die Wallander-Filme. Dann repräsentieren die weiblichen Figuren einen gesellschaftlichen Querschnitt durch alle möglichen Berufe, Positionen und privaten Konstellationen, sind sehr lebensnah und wenig typisiert gezeichnet. Und nicht zuletzt gibt es sehr viele Parts für Schauspielerinnen jenseits der üblichen Altersschallmauer. Wobei diese Frauengestalten wie im richtigen Leben mal dünner, mal dicker, mal mehr, mal weniger attraktiv sind – aber nie aufgrund ihres Alters als erotische Unperson inszeniert werden.

Ein gutes Beispiel für erstklassiges Fernsehen bietet auch die dänische Produktion *Borgen;* drei Staffeln der Serie liefen bislang auf ARTE. *Borgen* zeigt Aufstieg, Fall und Wiederaufstieg der Politikerin Birgitte Nyborg, die es bis zur Premierministerin schafft und sich nach ihrer Abwahl zurück nach oben kämpfen will. *Borgen* handelt von Intrigen und Machtspielen in der Politik, von Einfluss und Miesigkeiten der Presse und den Schwierigkeiten der Heldinnen und Helden, ihren Lebens- und Liebesalltag zu bewältigen.

Dabei werden die politischen und medialen Mechanismen schonungslos seziert. Und genauso schonungslos wird gezeigt, wie sich Birgitte Nyborg in ihren mittleren Jahren verändert –

getrieben von Zukunftsvisionen, angestachelt von Ehrgeiz und verhärtet vom öffentlichen Druck und den Niederungen der Realpolitik. Eine Karrierefrau, hart, aber nicht gefühllos. Ein weiblicher Typ, attraktiv, aber nicht schön und keineswegs mit Modelfigur. Eine Mutter von zwei Kindern mit allen möglichen Familienproblemen. Es ist eine sehr reizvolle Rolle für eine Darstellerin; Mitte 40 ist die dänische Schauspielerin Sidse Babett Knudsen, die Birgitte Nyborg verkörpert.

»Als Schauspielerin kann man ja eigentlich sehr lange arbeiten«, sagt Ulrike Folkerts, die seit vielen Jahren als *Tatort*-Kommissarin Lena Odenthal ermittelt. »Leider ist die Branche, vor allem das Kino, sehr altersfeindlich. Auch im Fernsehen werden regelmäßig Rollenklischees bedient. Frauen sind die jungen, hübschen, passiven Sexsymbole. Da bleiben eine ganze Reihe guter, älterer Schauspielerinnen auf der Strecke. Erfolgreich sind vielleicht eine Handvoll …«[28]

Auch ihre Kollegin Sophie von Kessel beklagt öffentlich den Rollenmangel für Frauen jenseits der 40. Die Angebote würden weniger und die Partien kleiner, das würde sie am eigenen Leibe erfahren, berichtet die 44-Jährige. Für Schauspielerinnen Mitte 20 gebe es ein weitaus größeres Repertoire. Bei Männer hingegen sehe es ganz anders aus. Die hätten auch mit zunehmendem Alter weniger Probleme, »nur für Frauen wird es immer schwieriger«.[29]

Film- und Fernsehmacher reden sich gern mit der Behauptung raus, dass die Zuschauer eine schönere Version ihrer selbst betrachten wollen. Also ist gut oder sehr gut auszusehen das Pfund, mit dem Schauspielerinnen wuchern können. Schließlich ist Schönheit eine einfache Botschaft, die sich prima verkaufen lässt. Unsere bildorientierte Welt verlangt nach der immer perfekteren, noch besser inszenierten, möglichst glatten Oberfläche. Doch glatt = jung. Wo weibliche Schönheit und Jugend zusammengeschweißt werden, ist Älterwerden ein Störfaktor.

Nur in den täglichen Soaps, die sich an ein junges Publikum richten, scheint die Differenz zwischen männlichen und weiblichen Darstellern an diesem Punkt aufgehoben. Wer sich *Gute Zeiten, schlechte Zeiten* ansieht, das auf RTL seit über zwei Jahrzehnten läuft, oder *Verbotene Liebe* in der ARD, weiß, wovon die Rede ist. Da gilt für den größten Teil der Schauspieler nur ein Kriterium: jung und glatt.

Ansonsten gibt es für Männer vom jugendlichen Liebhaber bis zum Charakterdarsteller unzählige Rollen und jede Menge Variationen dazwischen für die 40- bis 70-Jährigen – egal, ob bei den Klassikern auf der Theaterbühne oder bei der Besetzung in einem Fernsehfilm. Zwar haben es gut aussehende Männer als Schauspieler durchaus leichter, auch für sie ist der Schönheitsanspruch nicht aufgehoben. Doch er gilt längst nicht absolut.

Männliche Schönheit kann in unterschiedlichem Alter auftreten, sowohl beim jungen als auch beim erwachsenen Mann. Darüber hinaus gibt es die Chance, als männlich-attraktiv gehandelt zu werden, ohne überhaupt gut auszusehen. Oder ist Daniel Craig, seit 2006 der neue James Bond, etwa ein schöner Mann? »Der hat was«, heißt es dann euphemistisch. Und dieses »etwas« kann bei Männern sehr weit gefasst sein.

»Mir hat man in der Ausbildung gesagt: Ab 40 wird es hart. Wenn du dir dann beim Theater nicht die Position verschafft hast, dass du die wenigen weiblichen Rollen spielen darfst, die es überhaupt für Frauen dieses Alters gibt, bleiben dir nur noch die Partien als Mütter und Ammen«, erinnert sich die Schauspielerin und Kabarettistin Christine Prayon.

Wie lange bist du jetzt noch attraktiv? Wie lange kriegst du noch Rollen? Wann geht es los, dass man dich nicht mehr will? Als Christine Prayon merkte, dass sie diese Gedanken unglaublich beschäftigten, zog sie die Reißleine. »Ich mag nicht die Getriebene sein, ich will mich davon nicht beherrschen lassen!«[30] Sie nahm die Sache in die Hand und machte sich zusammen mit einer Kollegin und einem eigenen Bühnenprogramm selbstständig. Doch wie vielen Schauspielerinnen gelingt das so erfolgreich wie ihr?

Zum Exhibitionismus der Branche gehört, dass Schauspielerinnen sich und ihren Körper ausstellen. So kann ihnen die Welt auch beim Älterwerden zuschauen. Vorausgesetzt, sie tauchen noch auf der Leinwand oder dem Bildschirm auf. Corinna Harfouch, die so unterschiedliche Frauenrollen wie Vera Brühne oder Magda Goebbels verkörpert hat, beschreibt diese Leitbildfunktion besonders schön. Auf die Frage, ob es schwierig sei, öffentlich älter zu werden, antwortet die Endfünfzigerin: »Älterwerden geht nicht ohne Schmerzen vonstatten. Deshalb ist es für viele Menschen vielleicht auch ein Trost, dass man mit ihnen zusammen älter wird.«[31]

Die Filmproduzentin Regina Ziegler ist optimistisch, dass die Entwicklung in diese Richtung geht. Sie stellt fest, dass das Alter beim Besetzen von Rollen längst nicht mehr so wichtig ist wie vor 30, 40 Jahren. »Dass eine Schauspielerin zum Beispiel 60 ist, bedeutet nicht, dass sie in einem Melodram nicht mit derselben Verführungskraft auftritt wie eine 40-Jährige – und dann auch noch über Erfahrungen verfügt, die tatsächlich erst kommen, wenn man älter wird.«[32]

Doch ist tatsächlich so viel gewonnen, wenn sich die 40- und die 60-jährige Schauspielerin im Auftritt kaum mehr voneinander unterscheiden? Ist eigentlich das gemeint, wenn von einem souveränen, selbstbestimmten weiblichen Älterwerden die Rede ist?

»Wenn ich jetzt an Hannelore Elsner und Konsorten denke, ist das doch nur eine Verschiebung derselben Klischees«, ärgert sich Christine Prayon. »Da wird dann eben daran gearbeitet, auch noch mit 60 oder 70 auf die typische Art attraktiv zu sein. Das ist einfach Käse! Hannelore Elsner ist doch eine Märchenfigur. Ich möchte in dem Alter nicht noch so albern drauf sein, ständig die Femme fatale geben zu müssen. Das ist doch kein Rollenvorbild!«[33]

Doch auch Hannelore Elsner hat es nicht leicht. Heike Melba Fendel, die mit ihrer Agentur Schauspieler berät und betreut, kann das beurteilen. »Einen Tag lang habe ich Hannelore Elsner zu zig Interviews begleitet, und danach habe ich verstanden, wie schwer diese Frauen es haben. In zehn Interviews hintereinander wurde Hannelore Elsner gefragt, ob sie sich noch sexy findet, wie lange sie sich die Rolle der erotischen Frau noch zutraut, wie es ihr damit geht, älter zu werden... Ich finde das einfach unsäglich!«[34]

Dabei kann man sich an Hannelore Elsner und ihrer Schnoddrigkeit durchaus ein Bespiel nehmen. Wenn sie mal wieder – selbstverständlich passiert das nur ihr und nicht ihren gleichaltrigen männlichen Kollegen – aufs Älterwerden angesprochen wird, sagt sie gern: Nein, sie habe keine Angst vor dem Alter, »und wenn – was würde das ändern? Wer nicht älter werden will, der muss halt früher sterben.«[35]

Das deutsche Publikum altert; der demografische Faktor beeinflusst das gesellschaftliche Gefüge in allen westlichen Ländern. Das Durchschnittsalter der Bewohner wächst, und damit verändert sich einiges: die Zusammensetzung der kaufkräftigen Zielgruppen zum Beispiel oder die der Medienkonsumenten. Noch vor zehn Jahren wäre es unvorstellbar gewesen, dass im öffentlich-rechtlichen Fernsehen eine Serie wie *Klimawechsel* gezeigt wird; die furios-fiesen Abenteuer von vier Lehrerinnen in der Menopause, die von Hitzewallungen bis zur Vaginastraffung so ziemlich alles mitmachen.

So lässt sich getrost davon ausgehen, dass Frauen jenseits der 40 inzwischen nur deshalb verstärkt in Kino- und Fernsehfilmen zu sehen sind, weil es ein gewaltiges weibliches Publikum im gleichen Alter gibt. Wenn das zufriedengestellt werden soll, muss es – trotz grassierenden Jugendwahns – Identifikationsangebote für diese Zielgruppe geben. Die Zuschauerinnen wollen sich repräsentiert fühlen, nur so lassen sie sich halten. Das funktioniert nicht, wenn sie nur auf die unter 30-Jährigen starren, so hübsch die auch sein mögen.

Dieser Punkt wird von britischen Frauen ganz unmissverständlich formuliert. 2011 hat das UK Film Council 50- bis 75-jährige Frauen befragt und herausbekommen: Der größte Teil von ihnen ist mit der Darstellung in Film und Fernsehen unzufrieden. Über zwei Drittel der Befragten meint, dass ihre eigene Altersgruppe zu wenig vorkommt, während junge Frauen verherrlicht werden. Über 60 Prozent der Frauen sagen, dass ihre Sexualität eine viel zu geringe Rolle spielt; dass ihre erotischen Wünsche und Bedürfnisse auf der Leinwand zu kurz kommen. (Nebenbei erwähnt: Schwarze und Homosexuelle sagten bei derselben Untersuchung genau das Gegenteil; sie wünschen sich, dass ihre Sexualität in Filmen nicht ständig in den Mittelpunkt gerückt wird.) Und die Hälfte der befragten Frauen findet es schön, wenn gezeigt wird, dass ihre Altersgruppe auch für jüngere Männer attraktiv ist.

Wir haben verstanden, signalisierte daraufhin das UK Film Council und ließ seine Diversity-Beauftragte verkünden: »Filme haben die Kraft, das Verhalten zu ändern und Meinungen zu beeinflussen. Deshalb haben wir alle in der Industrie die Verantwortung sicherzustellen, dass diese Befragungsergebnisse nicht ignoriert werden.«[36]

Kein Wunder, dass das Film Council so beflissen reagierte, schließlich geht es um Einschaltquoten und Besucherzahlen. Letztlich sorgen die Mechanismen des Marktes dafür, dass ältere Frauen in Film und Fernsehen überhaupt präsent sind. Denn die Zuschauerinnen verlangen nach einem Spiegel.

Das Spiegeln und Sichidentifizieren kann auf verschiedene Weise ablaufen. Möglicherweise wollen Frauen ihresgleichen zwar durchaus in der schöneren Version sehen. Aber sie wollen auch den Prozess des Älterwerdens beobachten und herausfinden, ob eine Schauspielerin als Role Model taugt. Und nebenbei haben sie vielleicht auch noch das Bedürfnis, ihre niederen

Instinkte zu befriedigen und sich durch Häme zu entlasten. Zum Beispiel, wenn sie einen Star ansehen und schadenfroh feststellen können: Na, die ist aber auch nicht mehr die Jüngste. Oder: Guck mal, ist die nicht wahnsinnig geliftet?

Das ist zwar keine noble Regung, aber menschlich. Eine kleine Rache der Medienkonsumentin an der Medienfrau, die schöner, reicher und begehrter ist, ihrem Schicksal aber auch nicht entkommen kann. Alle Boulevardmedien arbeiten nach diesem Muster; und die haben es der weniger angenehmen Seite der menschlichen Natur abgeschaut.

Unter dem Druck der starken weiblichen Zielgruppe sind in den vergangenen Jahren einige wunderbare, einige alberne Filme entstanden, die sich auf sehr unterschiedliche Weise mit Frauen in ihrer zweiten Lebensphase beschäftigen. Dazu gehört die Schweizer Komödie *Giulias Verschwinden*; das Drehbuch hat der Bestsellerautor Martin Suter verfasst, in der Hauptrolle glänzt Corinna Harfouch. Der Film gewann 2009 auf dem Internationalen Filmfestival in Locarno den Publikumspreis. Und darum geht es:

Giulia ist auf dem Weg zur Feier ihres 50. Geburtstags. Die Freunde, eine Gruppe Mittfünfziger, warten auf sie und philosophieren dabei über das Älterwerden. Doch das Geburtstagskind taucht nicht auf. Im Bus hat Giulia eine ältere Dame sagen hören: »Wir sind unsichtbar. Wir Älteren.« Daraufhin beschließt sie, tatsächlich zu verschwinden, getreu dem Motto: »Keine normale Frau feiert ihren 50. Geburtstag.« Also treibt sie sich in der Stadt rum, geht shoppen, lässt sich von einem fremden, wesentlich älteren Mann faszinieren ...

Corinna Harfouch selber findet *Giulias Verschwinden* »ein bisschen leicht« und kritisiert, dass die Figuren »so befasst sind mit der Außenwirkung, dass sie gar nicht dazu kommen, sich die wirklich wichtigen Fragen zu stellen.«[37] Doch der Film ist nicht blöd und reißt viele interessante Punkte rund ums weibliche, aber auch männliche Älterwerden wenigstens an. Nicht tiefschürfend, aber intelligent und amüsant. Das ist doch schon mal was.

Auch Hollywood liefert seit einigen Jahren den einen oder anderen Streifen zum Thema. Einer ist sehr bekannt und auch wegen der Hintergründe bemerkenswert.

Im Mittelpunkt des Films stehen Harry und Erica, beide um die 60. Harry ist ein alternder Musikproduzent und bindungsunfähiger Womanizer. Er will das Wochenende mit seiner Geliebten verbringen, die noch nicht einmal halb so alt ist wie er. Stattdessen lernt er Erica kennen – die Mutter seiner Freundin. Harry bekommt einen Herzinfarkt, trennt sich von der Tochter, verliebt sich in die Mutter, Erica aber ist von seiner Unreife abgeschreckt, stürzt sich stattdessen in die Beziehung zu einem jungen Mann. Großes Drama, doch am Ende sehen Harry und Erica ein, dass sie beide doch besser zueinanderpassen als zu jungem Gemüse.

Was das Herz begehrt heißt diese preisgekrönte Komödie mit Jack Nicholson und Diane Keaton, die mit großem Erfolg 2003 in den Kinos gespielt wurde. Der Film ist interessant, weil er in Hollywood-Manier ein typisches und zwei untypische Beziehungsmuster auf die Leinwand bringt. Älterer Mann – junge Frau, ältere Frau – jüngerer Mann und ein frisch verliebtes Paar – das aber nicht mehr jung, sondern plus-minus 60 ist.

Was das Herz begehrt lohnt die Erwähnung aber noch aus einem anderen Grund. Über die Dreharbeiten zum Film kursiert eine hübsch-hässliche Anekdote. Mit Diane Keaton und Jack Nicholson standen hier zwei Schauspieler vor der Kamera, bei denen das Leben seine Spuren hinterlassen hat – vor allem bei Jack Nicholson. Nicht umsonst setzt er seine Falten offensiv ein, spielt mit deren Beweglichkeit und Ausdrucksstärke. Verglichen mit seinen tiefen Gräben und Furchen scheint Diane Keatons Gesicht geradezu glatt und unberührt – und faktisch ist es auch knapp zehn Jahre jünger.

Und was passierte dann beim Dreh? Einer der Kerle aus dem

Kamerateam habe völlig abgekotzt, heißt es. Er habe keinen Bock, mit einem Menschen in *dem* Alter zu drehen, wenn *der* nicht geliftet sei. Da könne man doch keine Bilder machen! Das Licht richtig hinzukriegen sei eine Zumutung, würde alle nur aufhalten, von vorne bis hinten sei das eine totale Katastrophe. Ob dieser Sermon vor den Schauspielern oder hinter deren Rücken abgelassen wurde, ist nicht überliefert.

Wer war wohl Anlass für diesen Aufreger? Auf jeden Fall nicht Jack Nicholson, als Mann kann der sich auf seinen Charakterkopf berufen und aussehen, wie er will. Nein, es ging um die damals 56-jährige Diane Keaton. Sie wurde geschmäht, weil sie ästhetisch inkorrekt war. Und weil sie es nicht für nötig befunden hatte, sich unters Messer zu legen, um jünger zu erscheinen und die Aufnahmearbeiten zum business as usual zu machen.

Trotz aller politisch korrekten Beteuerungen wird es eben noch immer als Frechheit empfunden, die älter werdende Frau vor der Kamera sehen zu müssen. Und ein Bild einzufangen, das in seiner Schönheit anders ist als das einer jungen Darstellerin. Zumal wenn keine operativen Eingriffe die unterschiedliche Anmutung der Altersgruppen verwischen.

»Man billigt jetzt auch einer älteren Frau Glamour zu, aber nur, wenn er hart erarbeitet ist«, stellt Heike Melba Fendel fest. »Du darfst altern als Frau, wenn du es machst wie Jane Fonda. Mit eiserner Disziplin und mit der Bereitschaft, deinen Körper und dein Gesicht als permanente Baustelle zu betrachten. No pain, no gain! Du darfst also altern, solange man es dir nicht ansieht.«[38]

Von diesem Gesetz hat sich Diane Keaton als eine der wenigen offenbar nicht wirklich beeindrucken lassen. Als 62-Jährige – noch immer ungeliftet? – wurde sie 2008 von der Kosmetikfirma L'Oréal als deren Werbegesicht engagiert. Diesen Auftritt feierte eine Journalistin der *New York Times* als großen Durchbruch. »Wir können uns von unserer Jugend verabschieden, aber das ist doch kein Abschied von unserer Schönheit«, schrieb sie. Früher hätten Frauen im mittleren Alter nur Kosmetik verkaufen dürfen, wenn sie eine offizielle Schönheit waren wie Isabella Rossellini oder Andie MacDowell. Aber Diane Keaton habe ein durchschnittliches Gesicht, das so alt aussehe, wie es ist. »Das Make-up, das sie trägt, ist hübsch, aber was sie schön macht, ist, dass wir sie einfach lieben.«[39]

Auf dem internationalen Filmmarkt gibt es vielleicht ein Dutzend Schauspielerinnen, die über 50 oder 60 Jahre alt sind und dennoch gefragt. Die sich nicht für Rollen hergeben müssen, die sie ihrer Weiblichkeit völlig entkleiden. Meryl Streep gehört bekanntlich dazu, Isabella Rossellini und Catherine Deneuve, Michelle Pfeiffer, Sharon Stone und Glenn Close.

Doch wenn die amerikanische Mode- und Frauenzeitschrift *Glamour*, die in vielen Ländern mit einer nationalen Ausgabe erscheint, 2013 eine Liste der hundert wichtigsten weiblichen Promis aus dem Showbiz erstellt, tauchen diese Stars nicht auf. In der gesamten *Glamour*-Riege ist unter den hundert angeblichen Top-Frauen überhaupt nur eine einzige jenseits der 40: Sarah Jessica Parker, die Carrie Bradshaw aus *Sex and the City*. Nun ist *Glamour* wahrlich kein Maßstab. Trotzdem wirft diese Prioritätenliste ein Licht darauf, wie weit es her ist mit der allgegenwärtigen Behauptung, diese Altersgruppe wäre inzwischen ganz selbstverständlich und überall vertreten.

Selbst Meryl Streep, eine der erfolgreichsten Schauspielerinnen derzeit – und erst recht in ihrer Altersklasse –, sieht trotz aller Fortschritte die Lage nicht besonders rosig. »Ich hatte erwartet, dass ich mit 40 in den Ruhestand gehen müsste«, erzählt sie. »Doch die Filmbranche hat sich weiterentwickelt: Es gibt mehr Frauen im Management, mehr Autorinnen und Regisseurinnen. Aber es ist nicht so, dass ich 50 tolle Drehbücher pro Jahr bekomme. Und die Filme werden weiter in erster Linie für Männer gemacht.«[40]

Häufig sind es die Klugen unter den Vorzeigefrauen, die sich offensiv mit ihren Jahren auseinandersetzen. Sie thematisieren ihre Altersspuren, die Ängste, die damit verbunden sind, aber auch die Verluste, die sie erleiden. So eine Frau ist die Schauspielerin Robin Wright. Im bereits erwähnten Film *The Congress* von 2013 spielt sie sich selbst: Die nicht mehr ganz junge Schauspielerin Robin Wright, die sich überreden lässt, einen digitalen Klon ihrer selbst anfertigen zu lassen; ihr computeranimiertes Abbild altert nicht und wird als ewig junge Robin zum Star.

Im Interview zum Film sagt Robin Wright: »Ich mache mir Sorgen, dass sich das Publikum irgendwann an diese gelifteten Gesichter gewöhnt hat. Denn sollten die Zuschauer Falten nicht mehr sehen wollen und sich bei deren Anblick unwohl fühlen, dann bekommen Leute wie ich keine Rollen mehr. Und damit meine ich Schauspieler, die nicht zulassen, dass an ihrem Gesicht herumgeschnitten wird.«[41]

Ähnliches hört man von Isabella Rossellini. Die Tochter der Schauspielerin Ingrid Bergman und des Regisseurs Roberto Rossellini wurde Mitte der Neunzigerjahre – da war sie 42 – von der Kosmetikfirma Lancôme als Model gefeuert, weil sie dem Unternehmen zu alt war. Mit dieser Kränkung ging die Schauspielerin aber nicht, wie in der Branche üblich, völlig verdruckst um, sondern sagte Lancôme öffentlich den Kampf an. Und anschließend produzierte sie ihre eigene Kosmetikserie.

Obwohl Isabella Rossellini auch noch als 60-Jährige auf dem Cover der italienischen *Vogue* zu sehen war und einen Vertrag mit der Edelmarke Bulgari bekam, diagnostiziert sie klar: »Natürlich weiß ich, dass diese Jobs die ganz große Ausnahme sind.«

Nach wie vor gebe es eine deutliche weibliche Altersdiskriminierung im Geschäft mit der Öffentlichkeit, erzählt die Schauspielerin. Nicht umsonst habe sie im Film *Late Bloomers*, der 2012 in die Kinos kam, nach langer Zeit mal wieder eine Hauptrolle übernehmen können. »Sonst bekomme ich eigentlich nur Nebenrollen, egal, ob beim Film oder im Fernsehen. Aber da verkörpert man eben doch meistens nur die Mütter oder Großmütter, denn es werden kaum Filme gedreht, in denen die Protagonistin mein Alter hat.«[42]

Neben solchen Ausnahmeerscheinungen wie Isabella Rossellini und Meryl Streep gibt es noch die andere Kategorie von Promifrauen. Die finden sich hierzulande im Dutzend. Sie sind jenseits der 50 oder 60, werden ständig auf ihr gutes Aussehen angesprochen und geben dazu auch bereitwillig Auskunft. Doch gleichzeitig beteiligen sie sich voll am großen Verleugnungs- und Verschleierungsspiel. Älter? Werde ich später!

Da wird alles Mögliche getan, um den Verdacht zu zerstreuen, man würde der Natur nachhelfen oder sonstige Tricks anwenden. Jede Alltagsfrau bricht in verzweifeltes Lachen aus, wenn sie von einem Star via buntem Blatt zum hundertsten Male in das Geheimnis dauerhafter Jugendlichkeit eingeweiht wird.

Tenor: »Dass ich so jung aussehe, liegt an meinen guten Genen, am reichlichen Wassergenuss und der richtigen Schlafposition.« Denn bekanntlich kann sich ja nur bei Rückenschläferinnen die Haut im Gesicht und am Dekolleté nachts entspannen; bei Seitenschläferinnen liegen diese Partien in Falten, die sich dann schrecklicherweise auf Dauer einfressen.

Richtig herum schlafen, Wasser und Gene? Ha, ha, ha! Dagegen ist zwar nichts einzuwenden, aber zum glatten Gesicht trägt dieses Dreifaltigkeitsgebet nur wenig bei. Warum verschweigen die meisten Vorzeigefrauen, woher ihr jugendliches Aussehen in Wahrheit stammt? Aus der Klinik, aus dem Chemielabor, aus der Spritze.

Da tritt die deutsch-litauische Schlagersängerin Lena Valaitis beim *Herbstfest der Träume* auf, einer Volksmusik-Show mit dem unvermeidlichen Florian Silbereisen. Als der Moderator sie auf ihre seit Jahren ungebrochene Jugendlichkeit anspricht und nach ihrem Rezept fragt, antwortet Lena Valaitis nur sanft: »Alles Disziplin!« Wers glaubt, wird selig. Diese Frau zählte bei ihrem Auftritt 2013 bereits 70 Jahre und kaum eine Runzel, geschweige denn eine Falte war auf ihrem Gesicht zu sehen.

Dagmar Berghoff, das erste weibliche Gesicht der ARD-*Tages-schau*, ahnt, warum prominente Frauen diese Eingriffe vertuschen. »Weil man nur noch darauf reduziert wird. In den USA gibt es diese Aufregung nicht. Aber in Deutschland hat das immer noch einen Hautgout. Das ist Heuchelei.« Denn, so die ehemalige Nachrichtensprecherin: »Schauspielerinnen, Moderatorinnen oder Sängerinnen, die etwas haben machen lassen, werden für ihr jugendliches Aussehen gefeiert. Über Frauen, die ohne Hilfsmittel altern, wird getuschelt: Die ist aber alt geworden. Das ist unfair.«

Dagmar Berghoff ist 2013 70 Jahre alt geworden, vielleicht nimmt sie deshalb kein Blatt mehr vor den Mund. »Falten sind brutal. Alle Frauen, die behaupten, sie lieben ihre Falten, lügen!« Da könne Hannelore Elsner sich noch so euphorisch über ihr Alter äußern, »ich glaube trotzdem nicht, dass sie glücklich über die äußeren Spuren ist«.[43]

Über Sinn und Unsinn von Schönheitsoperationen lässt sich lange diskutieren. Dabei ist es eine Sache, solche Eingriffe vornehmen zu lassen. Eine ganz andere, sie anschließend wie einen Buckel zu verstecken. Wie war das noch mit der Möglichkeit, prominenten Frauen öffentlich beim Älterwerden zuschauen zu können? Das wünscht sich das weibliche Publikum doch. Aber dieser Wunsch ist im Grunde obsolet. Denn was eine gewisse Ehrlichkeit und Gemeinsamkeit zwischen Stars und Fans vorgaukeln soll – Wir-sind-alle-Menschen-die-älter-werden-und-das-sieht-man-auch-bei-mir –, genau das verkehrt sich in sein Gegenteil. Zum Betrug. Der liegt nicht in den medizinischen Korrekturen, sondern darin, so zu tun, als hätten sie nie stattgefunden.

»Es gibt niemanden, der nichts machen lässt. Wirklich niemanden! Nicht etwa nur Schauspielerinnen, auch Korrespondentinnen, Nachrichtensprecherinnen, Moderatorinnen. Keine Frau über 50 mit regelmäßiger Bildschirmpräsenz ist davon ausgenommen. Hier sind die letzten Bastionen gefallen.« So kategorisch beschreibt Heike Melba Fendel das brutale Gesetz der

Branche. Und den Druck, sich die Jugendlichkeit durch das Skalpell zurückzuerobern. »Ab einem bestimmten Alter ist das fällig. Da muss was gemacht werden, dann wird das auch gemacht und heutzutage nicht mal mehr diskutiert, ob es gut oder schlecht ist, sondern nur, ob es gut oder schlecht gemacht ist.«[44]

Selbst Hannelore Hoger, die Darstellerin der Bella Block, hat sich unters Messer gelegt. Für viele Gegner von Schönheits-OPs war sie eine der letzten Aufrechten, doch im Frühjahr 2013 bekannte die Schauspielerin: »Ich habe eine Lidstraffung machen lassen vor einiger Zeit.« Und typisch Hoger ergänzte sie: »Das würde ich allen Frauen empfehlen, die solche Lider haben wie ich.«[45]

Dass eine Frau über 50, über 60 so alt aussieht, wie sie eben aussieht – das kann nicht geduldet werden. Selbst nicht bei einer 70-Jährigen. Irgendwann nämlich haben die Spezialisten für polierte Oberflächen es als Zeichen von Professionalität ausgegeben, dass Film- und Fernsehfrauen den Altersspuren entgegenarbeiten. Mit allen Mitteln. Operationen und Giftspritzen inbegriffen. Seitdem gehört das quasi zum Job und wird als Teil des Berufsbildes gar nicht mehr hinterfragt. Und entsprechend ist das Dilemma der Betroffenen. Sie haben das Gefühl, sie müssen – ob sie wollen oder nicht. Und häufig sind es dann nur die Visagisten und Maskenbildnerinnen, die das Geheimnis kennen, weil sie die Narben überschminken.

Die Filmproduzentin Regina Ziegler zeigt dafür nur bedingt Verständnis. »Sanfte Korrekturen des Natürlichen sollten schon sein. Es gibt einen sichtbaren Unterschied zwischen natürlich und ungepflegt. Doch was den Versuch angeht, immer zu bleiben, wie man ist – was für eine Torheit! Wie langweilig! Wie unnatürlich!«[46]

Und was für ein Verrat an den Zuschauerinnen. Ihnen wird allzu häufig eine Mogelpackung präsentiert, denn sie vergleichen, was nicht mehr zu vergleichen ist: ihren eigenen Alterungsprozess mit dem des Stars. Das wäre weniger ein Problem, wenn das

Publikum wüsste, was los ist, aber in den meisten Fällen kann es nur vermuten und raten. Dabei wird die Täuschung gleich doppelt betrieben: zum einen durch den Eingriff der Chirurgie, zum anderen durch den Eingriff bei den Fotos. Und beide Handwerke inspirieren sich gegenseitig. Erst wird das Bild einer Künstlerin retuschiert, dann will der Star aussehen wie auf dem Bild und so weiter. Und alles unter Ausschluss der Öffentlichkeit.

Dabei geben Prominente gern und häufig Details aus ihrem Privatleben preis, die kein Schwein wirklich interessieren. Wenn es ums Älterwerden geht, hätte ihre Offenheit sogar mal gesellschaftliche Relevanz – bleibt aber meistens aus. Nur selten gibt es auch mal positive Überraschungen. Wie den folgenden Dialog in der Talkrunde *Markus Lanz* zwischen dem gleichnamigen Moderator und Schlagersänger Howard Carpendale.

Lanz:... deshalb reite ich so auf diesem Thema herum, weil es mich auch beschäftigt in meinem Leben. Ich will wissen, was ich von Howard Carpendale lernen kann. Also, glaubst du, dass die Leute weniger in deine Konzerte kommen würden, wenn du graue Haare hättest?

Carpendale (atmet hörbar aus): Es ist ein Paket von allem, und wenn ich ein Nostalgiekonzert machen würde mit Titeln von damals, dann würde es passen – wir sind alle älter geworden. Aber ich möchte gern noch etwas machen, was der heutigen Zeit entspricht. Und dafür ist es schon wichtig zu zeigen, dass man sich noch wohlfühlt, wie man aussieht. Ich würde mich mit grauen Haaren noch nicht wohlfühlen... jetzt würde es nicht passen. Es gibt Beispiele, wo es klappt: Paul McCartney hat immer noch ein junges Gesicht. Ich glaube schon, dass er graue Haare hat, aber es ist... (bricht ab)

Lanz: Paul McCartney hat ein sehr junges Gesicht.

Carpendale: Ja.

Lanz: Paul McCartneys Gesicht ist im Moment so jung, wie es früher nie war.

Carpendale: Er ist auch sehr glücklich im Moment. (Lacht) Du meinst, er hat was machen lassen? (Skeptisch) Weiß ich nicht. Ist auch nicht schlimm. Ich habe noch nichts machen lassen. Habe auch nie überlegt, ob ich es tun würde. Aber ... (bricht ab)

Lanz: Würdest du?

Carpendale (überlegt): Es gibt so Momente, wenn ich so kleine Dinge hier sehe (fasst sich ans Kinn), wo ich sage, das wäre mal schön. Aber nein, ich habe es noch nicht gemacht, und ich glaube kaum, dass ich das machen würde.

Lanz: Was nervt dich an deinem Aussehen?

Carpendale: Mein Aussehen besteht aus tausend Fehlern, die, wenn sie alle zusammenkommen, ganz vernünftig sind. Es ist eine Mischung von Dingen, wo ich sage, okay – ich habe keine tolle Nase, die Augen sind okay, der Mund ...

Lanz: Du hast Paul-Newman-Augen.

Carpendale: Sag, worüber willst du reden?

Lanz: Ich finde das super! Über alles! Ich finde das total gut, weil man sich doch an Menschen wie dir orientiert; und man will wissen, wie erlebt der das – wie wird der älter – wie geht der damit um, und wie anstrengend ist es, ein halbes Leben einem Bild entsprechen zu müssen und Howard Carpendale zu sein, der ohne diese blonden Haare eigentlich gar nicht denkbar ist.[47]

Das ist ein erfrischend direktes Gespräch. Von anderen Prominenten wird Offenheit manchmal geschickt angetäuscht, ohne wirklich eingelöst zu werden. So erzählt Iris Berben zwar durchaus davon, dass ihr Badezimmer aussieht wie eine Reparaturwerkstatt, in der sie sich zwischen Töpfen und Tiegeln durcharbeiten muss. Doch sind Töpfe und Tiegel bereits alles?

Auch Medien, die sich qua Zielgruppe mit diesen Fragen beschäftigen, helfen hier keineswegs bei der Aufklärung. Gerade Frauenzeitschriften, die sich gern als Anwältinnen ihrer Leserinnen aufspielen, verbreiten die Lügenstorys vom jung machenden Yoga, lauwarmen Baden etc. lustig weiter. Und machen sie mit Fotos glaubhaft, die heftig bearbeitet sind.

Die Welt will betrogen sein. So könnte man die Sache abtun. Doch dahinter steckt ja weit mehr als eine banale Täuschung. Hier geht es – mal wieder – um die Präsenz der Bilder. Wie soll denn die Alltagsfrau jenseits der 30 mit ihren beginnenden Altersspuren leben können, wenn diese am öffentlichen weiblichen Körper systematisch eliminiert werden? Wie soll sie eine angstfreie Haltung zu ihrer Zukunft entwickeln, wenn ihr demonstriert wird, dass Alter ab 40 nicht mehr vorzeigbar ist? Wie soll sie sich mit ihren Falten arrangieren, wenn alle prominenten Vorbilder selbst mit 50 und 60 keine mehr haben?

»Wir sehen keine unverbastelten Frauen mehr«, stellt Heike Melba Fendel bedauernd fest. »Gerade noch auf der Straße, aber weder im Fernsehen noch im Netz oder in der Werbung. Etwas Unverbasteltes sieht die Frau von nebenan nur, wenn sie in den Spiegel schaut – und dann erschrickt sie über den brutalen Unterschied zwischen sich und den Bildern, von denen sie umgeben ist.«[48]

Was ist Realität, was Inszenierung? Medien können eine Wirklichkeit erzeugen, die im Widerspruch zur erlebten und erlebbaren Welt steht. Getrieben von knallharten ökonomischen Interessen. Und wenn dann unsere soziale Realität mit der Inszenierung nicht mithalten kann, kommt es uns schnell so vor, als wäre es unser eigenes Leben, das den Verhältnissen nicht entspricht. Dann erfahren wir uns im Widerspruch zum Rest der Welt. Doch auch dieser Widerspruch ist bewusst inszeniert und kalkuliert.

In diesem Spannungsfeld – zwischen inszenierter Wirklichkeit und sozialer Realität – entwickeln wir unsere Identität. Doch damit die mediale Inszenierung nicht die Oberhand gewinnt, müssen Frauen zunächst einmal in der Öffentlichkeit vertreten sein. In jedem Alter. Diese Präsenz muss sich dann auch in den Medien widerspiegeln, auf allen Kanälen, in jeder Rolle, auf allen Ebenen. Nicht nur die Fernseh- und Vorzeigefrauen, nicht nur die Besonderen, die Kämpferinnen und Pionierinnen, auch die Alltagsfrauen mit ihrer ganz durchschnittlichen Wirklichkeit müssen erscheinen.

»Um den Bann zu brechen, der die älter werdende Frau in den Medien trifft, müssen wir sie zeigen und so die Sehgewohnheiten ändern«, fordert Wibke Bruhns.[49] Und Maren Kroymann ergänzt: »Unsere neue Norm muss heißen: Wir sind schön, weil wir so alt aussehen, wie wir sind, und nicht weil wir uns jünger machen. So eine Schönheit will ich sehen und propagieren! In Zeitschriften, im Film, im Fernsehen.«[50]

Da stehen wir also, wir Frauen in den mittleren Jahren, und können nur feststellen: Wibke Bruhns und Maren Kroymann haben recht. Die Sehgewohnheiten müssen sich ändern, die gesellschaftlichen, die persönlichen – auch bei uns Frauen. Denn einerseits wollen wir in Film und Fernsehen beim weiblichen Älterwerden zusehen, um nicht alleine zu sein mit dem, was passiert. Doch andererseits lieben auch wir die faltenfreie Inszenierung, weil sie die Realität so schön camoufliert. Dann bleiben wir unbelästigt von diesem anstrengenden Thema.

Doch kneifen gilt nicht. Wollen wir nicht, dass sich neben der Schönheit der Jungen auch die Schönheit der älter werdenden Frau zeigen und im öffentlichen Raum durchsetzen kann? Bei

Männern wurden schon immer unterschiedliche Spielarten von Attraktivität geschätzt, warum also nicht auch bei Frauen – bei uns allen, und nicht nur bei ein paar Alibiprominenten.

Dazu müssen wir unsere Macht als Medienkonsumentinnen nutzen. Der Zorn der Verbraucher hat schon einige Konzerne gezwungen, klein beizugegeben und ihre Unternehmenspolitik zu ändern, warum sollte das nicht auch bei den Produzenten der medialen Bilder gelingen? Zum Beispiel bei den Fernsehsendern. Die einen brauchen unsere Gebührengelder, die anderen Werbeeinnahmen und alle zusammen Einschaltquoten. Alles Stellschrauben, an denen wir mitdrehen können. Und wenn es darum geht, öffentlich Druck zu erzeugen, schnell und durchaus auch effektiv, sind soziale Medien genau das Richtige. Man stelle sich nur mal vor, wenn einer dieser grauhaarigen Herren aus dem Süden einen regelrechten Shitstorm bei Twitter ernten würde ... Ist nur ein Scherz. Schließlich geht es nicht darum, Männer ab einem bestimmten Alter vom Bildschirm zu verbannen, sondern Frauen präsenter zu machen. Und wenn dann auch noch unsere medialen Vorbildfrauen ihren Teil fordern ... Wir haben doch das Zeug dazu, die Dinge zu verändern.

Panik und Propaganda

Über persönliche Furcht und gesellschaftliche Angstmache

Und was ist für mich herausgekommen? In diesem Leben, jetzt, wo ich schon Ende 40 bin? Wenn ich zurückdenke – was habe ich mir eigentlich vorgestellt, damals mit 20? Will einen Beruf haben, aber auch irgendwie nur begrenzt schlau dabei tun, weil zu schlaue Frauen mag niemand. Will immer gut aussehen und einen Mann finden, der sozial etwas über mir steht – das wollen wir doch alle. Und dann will ich aber auch Kinder haben und trotzdem ein bisschen erfolgreich sein im Beruf. Irgendwie versuchen, alles auf die Reihe zu kriegen. Ich will das ja alles, aber es sind doch auch die Erwartungen von außen.

Und dann hechelst du dem hinterher. Anstrengend, gerade mit Kind und Beruf. Dann die Beziehung – Kämpfe. Wie viel lasse ich mir gefallen, schicke ich ihn zum Teufel, oder versuche ich es immer wieder? Habe ich jetzt schon ein Helfersyndrom? Extrem anstrengend, oft Psychotherapie gemacht. Und dann das Kind, die Kindergruppe. Du kannst dich, bis es in die Schule kommt, ja nicht mehr verabreden, weil du immer aufpassen musst. Schließlich will man das Kind auch nicht abgeben. Selbstverständlich versuchst du dabei noch, schlank zu sein und Sport zu machen, aber der Körper ist einfach müde und sieht nicht mehr so gut aus.

Und dann denkst du: Jetzt habe ich all das gemacht, irgendwie intensiv gelebt, wollte alles so gut wie möglich hinkriegen, alle Bedingungen erfüllen, alle Vorgaben einhalten – und was bleibt davon? Anstrengung und Müdigkeit. Und die Angst. Wie soll ich denn weitermachen? War das wirklich mein Eigenes, was ich gelebt habe? Warum stelle ich mir die Frage erst, seitdem die Beziehung im Orkus ist? Habe ich alles nur gemacht, weil es mir eingeimpft wurde und jemand anders es ganz doll wollte? Was will ich? Und wo soll ich hin mit mir?[1]

Das Klagelied einer Frau, die sich vom Leben durchgekaut und ausgespuckt fühlt, von ihrer Angst beherrscht. Vorgetragen von der Kabarettistin und Schauspielerin Maren Kroymann, die diesen Monolog aus dem Stegreif improvisiert und spontan zum Besten gibt. Quasi auf Zuruf, mitten aus einem Gespräch heraus. So deutlich steht ihr die Situation dieser Frau vor Augen, so vertraut sind ihr die Ängste und zermürbenden Zweifel, dass sie den Hilferuf mühelos formulieren kann. In Maren Kroymanns eigenem Leben sieht es zwar völlig anders aus – aber wozu ist sie schließlich bühnenerfahren?

Angst ist ein sauschlechtes Gefühl. Und nur selten hilfreich dabei, das Leben zu meistern. Rund um das Älterwerden warten auf Frauen ganze Ozeane voller Grauen und Bangigkeit. Übertrieben? Ist es keineswegs. Angst ist ein dunkler Begleiter, der sich sehr gut zu tarnen weiß und nicht immer in einer Gestalt auftritt, die sich zu erkennen gibt. Dennoch kann diese Furcht unsere Gedanken beherrschen und unser Handeln grundieren.

»Erst Party und dann plötzlich Panik!« So beschreibt die Psychoanalytikerin Eva Jaeggi das Verhalten, das sie von vielen ihrer Patientinnen kennt. »Sie sind Ende 20, Anfang 30, gehen viel aus, gucken hier und da, nein, der Mann nicht und der auch nicht und vielleicht ... aber lieber doch nicht ... Sie benehmen sich, als wären sie noch 17. Und auf einmal macht es Klick, als würden sie aufwachen wie Dornröschen, und dann plötzlich: Angst! Jetzt bin ich alt!«

Viele junge Frauen, erzählt Eva Jaeggi, würden quasi von der Pubertät direkt in die Altersangst stolpern. Junge Erwachsene machten unendlich lange auf jugendlich, und dann springe der

Schalter um. »Es ist der 30. Geburtstag. Solche Tage haben ja immer eine symbolische Bedeutung.« Plötzlich fühlten sich die Frauen von äußeren Sorgen erdrückt: »Jetzt bin ich alt. Wie lang kann ich noch Kinder kriegen? Ich habe noch immer keine feste Beziehung!« Der Horror vor dem Älterwerden hänge bei der jungen Generation auch mit der verlängerten Jugend zusammen. »Wobei die Angst mit Ende 20 meist nicht so krass ausgeprägt ist wie einige Jahre später. Außer natürlich die Sorge um die Figur – die begleitet ja bereits Kinder.«[2]

Dieselbe Erfahrung macht Monika Schröder. Sie ist Frauenärztin und Sexualtherapeutin in Hamburg und hat in ihrer Praxis viel mit jungen Frauen zu tun. »Die erste Krise kommt erstaunlich früh«, erzählt sie. »Dann heißt es: Jetzt bin ich 30 und werde alt. Dabei wollte ich eigentlich mit 30 mein erstes Kind haben, und jetzt habe ich noch nicht mal einen Mann.«[3]

Auch die Hochschullehrerin und Alternsforscherin Gertrud Backes kann von einschlägigen Beobachtungen berichten. Vor allem aus dem Graduiertenkolleg, in dem sie mit ihren Doktoranden arbeitet. Das sind junge Leute zwischen Mitte und Ende 20, die sich als wissenschaftlicher Nachwuchs mit dem Thema Altern befassen. Sie bleiben dabei jedoch keineswegs gelassen. »Bei diesem Kolleg habe ich das Gefühl, ich kann die Angst vor dem Älterwerden regelrecht aus der Raumluft kratzen«, wundert sich Gertrud Backes, »aber kaum jemand spricht diese Angst an. Das ist komplett tabuisiert. Und wenn sie erwähnt wird, dann intellektuell verbrämt und weit weg von der eigenen Person.«[4]

Kein Wunder, dass manche Frauen liebend gern auf den 30. Geburtstag verzichten würden. Bereits das dritte Jahrzehnt erscheint als Schwelle, die nur ungern überschritten wird.

»30 ist eine ganz komische, bescheuerte Zahl«, schimpft die Kabarettistin Christine Prayon. »Ab 30 haben eine Menge Freundinnen angefangen, vom Countdown zu reden: Jetzt geht's auf die 40 zu … jetzt kann man alles noch ein letztes Mal machen …

mit 40 ist dann eh alles vorbei. Was für eine absurde Vorstellung!«

Voller Panik würden dann alle ihre Jugend verlängern wollen. Noch richtig eins draufmachen, sich nicht auf Beziehungen festlegen und den Markt gründlich checken. »Spüre den eigenen Wert, solange es noch geht! Aber dahinter lauert bereits die Angst: Schau, dass du langsam was Sicheres hast, damit du nicht hintenüberfällst!«[5]

Frauen packt die Furcht vor dem Älterwerden nicht nur früh, sondern auch heftig. Der öffentliche Raum mit seiner Bilderflut, die männlichen Reaktionen, aber auch andere Frauen stellen dabei einen Resonanzboden her, der ständig vibriert. Wie sehe ich aus? Bin ich noch jung genug? Für wie alt hält man mich?

»Persönliche Panikattacken skandieren die Erfahrung vieler Menschen mit dem Älterwerden, besonders die von Frauen«, weiß der Potsdamer Kultur- und Alternsforscher Rüdiger Kunow. Altern wird von den Betroffenen als »unentrinnbare Gefährdung« erlebt. Die Erfahrung sei zwar individuell, »aber gesellschaftlich gewünscht und gesellschaftlich konstruiert«.[6]

Dabei greift ein perfider Mechanismus. Älterwerden, so Rüdiger Kunow, wird gesellschaftlich so stark als Problem aufgeladen, so lange unter diesem Vorzeichen diskutiert und beschrieben, bis eine umfassende Verunsicherung einsetzt. Ähnlich wie beim Vogelgrippevirus, der über die öffentliche Debatte vor einigen Jahren zur weltweiten Bedrohung aufgeblasen wurde.

Altern wird zum Risiko erklärt und diese Sicht in allen Lebensbereichen verbreitet. In Medien, Politik, Medizin, Kultur… So frisst sich diese Problemdeutung schließlich ins öffentliche Bewusstsein hinein.[7]

Schlicht und schlüssig beschreibt die Hollywood-Schauspielerin Isabella Rossellini diesen Effekt und den Unterschied zwischen Selbst- und Fremdwahrnehmung. Aufs Älterwerden angesprochen, sagt die über 60-Jährige: »Abgesehen von Interviews, wo ich immer wieder danach gefragt werde, spielt das Thema in meinem Leben eigentlich keine allzu große Rolle. Die Medien tun so, als wäre das eine Aufgabe, der man sich stellen müsse. Aber in Wirklichkeit ist das Alter einfach irgendwann da, und man kann nicht viel dagegen tun.«[8]

Selbst wenn eine Frau sich zunächst überhaupt nicht ums Älterwerden sorgt, kann sie die Angst davor unerwartet überfallen. Häufig zwingt sie das Umfeld geradezu, sich mit dem Thema und seiner Problematik zu beschäftigen. Und plötzlich sieht sie nicht mehr, dass es ihr persönlich ganz gut geht, sondern erfährt sich als Teil einer Gruppe, die in eine schwierige Phase eintritt. Wo Risiko, Verunsicherung und Angst schon warten. Hat diese Frau dann die Kraft, sich zu sagen: Ich bin aber die Ausnahme. Mich schreckt das alles nicht!

Die feministische Wissenschaftlerin Kathleen Woodward hat für dieses Phänomen einen treffenden Begriff gefunden. Sie spricht davon, dass hier eine »statistische Panik« mobilisiert wird, ausgelöst durch ein öffentlich beschworenes Katastrophenszenario. Dabei wird das Unheilsgerede mit Magie und Symbolen bestückt und kann so seine emotionale Wirkung entfalten.[9] Gängige Stereotype wie »die verfluchten 30« oder »Überschreiten der Schwelle mit 50« sind Ausdruck dafür. Alltagstauglich verdichtet in dem idiotischen Spruch: »Mit 30 fängt das Welken an, mit 50 ist die Blüte ab.«

Die Statistik löst Angst aus und lässt ein diffuses Risiko so real daherkommen, als handele es sich um eine bereits eingepreiste Gefährdung in der Zukunft. Älterwerden erscheint dann in etwa so, als würden sich Frauen spätestens ab Ende 30 in ein Krisengebiet aufmachen, eine gefährliche Zone betreten. Denn dort siedelt ja angeblich das Unglück. Und weil es erwartet wird, geht tatsächlich ein Stück Sicherheit verloren und Vertrauen schwindet. Was als lebenswertes Leben galt, wird plötzlich als schwierig empfunden.

In dieses Räderwerk hineinzugeraten und das auch bei anderen Frauen zu erleben – soll das etwa keine Angst entfesseln? Zumal es ja kein Umkehren und keine Alternative auf der Lebensstraße gibt. So greift die statistische Panik unmittelbar in das weibliche Leben ein.

Diesem giftigen Cocktail aus magischen Grenzen und Hysterie lässt sich manchmal nur mit Humor begegnen. Wie sagte doch der britische Schauspieler Peter Ustinov so charmant: »Die Pariserinnen sind wahrhaft elegant. Sie bekommen keinen Schreck, wenn sie 30 werden.«

Das Gemeine an der Sache: Älterwerden ist tatsächlich kein Spaziergang. Es ist – ganz faktisch – eine Herausforderung, um es mal mit einem abgenudelten Begriff zu sagen. Und das bereits ohne künstliche Propaganda. Frauen über 40, 50, 60 müssen sich mit realen Veränderungen herumschlagen, biologischen, aber auch biografischen. Bereits diese Prozesse können ganz schön viel Kraft kosten und Selbstbewusstsein erfordern.

Panik und Angst obendrauf braucht kein Mensch! Und schon dreimal nicht künstliche, von außen geschürte. Doch die ist omnipräsent. Was manchmal selbst Menschen zugeben, die ein Dauerabonnement auf Jugendlichkeit zu haben scheinen. Wie die über 50-jährige Popsängerin Nena. Sie sagt zum Älterwerden: »Ach, dieses Thema ist in unserer Gesellschaft mit so viel Angst behaftet. Gerade für Frauen. Sicherlich bin auch ich nicht total easy damit.«[10]

Wo Angst herrscht, wird aus dem Schicksal, das uns alle erwartet – ein Fluch. Vor allem für Frauen. Und dann müssen sie schauen, wie sie ganz individuell mit dem gesellschaftlichen Mist, der auf ihnen abgeladen wird, zurechtkommen. Das macht doch kirre!

Die US-amerikanische Autorin Colette Dowling, die hierzulande durch ihren Bestseller *Der Cinderella-Komplex* bekannt wurde, notiert: »Zu allen physischen Veränderungen kommt noch die Sorge, wir seien neurotisch. Normale, gut angepasste

Frauen tragen einfach ihre Östrogencreme auf und vergessen sie dann. Normale Frauen akzeptieren ihr Alter so, wie sie die Menstruation akzeptierten … *Normale* Frauen, würde uns ein Psychiater sagen, werden *gern* älter. Aber kann dieser Psychiater uns eine Frau vorführen, bei der diese ›Anpassung‹ tatsächlich schmerzlos verlief?«[11]

Lisa Ortgies, Fernsehjournalistin und Moderatorin von *frauTV*, wollte mal wissen, welche Dämonen sich beim Überschreiten der dunklen Altersschwellen auf sie stürzen. Sie startete einen Selbstversuch. Gerade 40 geworden, erzählt sie in einer Kolumne: »Inzwischen gehöre ich ganz offiziell in die zweite Lebenshälfte, und so wie man als Schwangere plötzlich nur noch Schwangere und kleine Babys wahrnimmt, sammle ich unwillkürlich überall Beweise, dass ich eine magische Grenze überschritten habe.«

Wie erwartet, findet Lisa Ortgies einen Haufen Indizien für die Grenzüberschreitung. Doch weniger bei sich als bei anderen. »Die Fachverkäuferin im Drogeriemarkt verweist mich neuerdings mit einem solidarischen Lächeln an das Regal mit Produkten für die reife Haut.« Auch im Beruf macht Lisa Ortgies erstaunliche und keineswegs angenehme Erfahrungen: »Während meine Bemerkungen und Kommentare früher als ›frech‹ und ›erfrischend unkonventionell‹ galten, habe ich seit Neuestem ›Haare auf den Zähnen‹. Mit Mitte 20 gilt eine Frau als selbstbewusst oder rebellisch, wenn sie sich aus dem Fenster hängt, mit Mitte 60 hat sie den Bonus der Altersweisheit. Dazwischen nervt sie.«[12]

Die Panik beim Älterwerden suchte bereits unsere Vorfahrinnen heim. 1788 schrieb der als Höflichkeitszuchtmeister bekannt gewordene Adolph Freiherr von Knigge: »Überhaupt aber ist es mit dem Alter der Frauenzimmer ein kitzlicher Punkt; man tut am besten, diese Saite gar nicht zu rühren.«[13]

Denn wenn die Saite angeschlagen wird, können Frauen sehr

empfindlich reagieren. Auch noch über 200 Jahre nach Knigge, zum Beispiel 2013 auf einer Berliner Geburtstagsparty.

Die übliche Szene: Gäste, Geschenke, Getränke, Gerede. Irgendwann wird die Gastgeberin von einer der eingeladenen Frauen gefragt: Sag mal, wie alt bist du denn eigentlich geworden? 48, antwortet das Geburtstagskind. Und dann plaudern die beiden so übers Älterwerden und fragen noch eine andere Frau, die dabeisteht, nach ihrem Alter. Die reagiert deutlich pikiert und sagt patzig: Das fragt man heutzutage nicht mehr!

Interessant. Wird das Verschweigen der Jahre nicht eher als ausgestorbene Marotte betrachtet? Als Zeichen eines Rollenkorsetts, das wir modernen Frauen längst souverän in die Mottenkiste gestopft haben? Schließlich geht es bei der Altersangabe nur selten um die existentielle Frage, ob jemand vor Gericht nach Jugend- oder Erwachsenenstrafrecht verurteilt werden soll, was locker eine Differenz von über zehn Jahren Knast ausmachen kann.

Aber vielleicht geht es ja um eine Art symbolischen Knast. Und dessen Einfluss auf das reale Leben. Denn mit der Frage »Wie alt sind Sie?« will man ja nicht nur eine Jahreszahl erfahren, sondern sehr viel mehr. Etwas über die soziale Position des befragten Menschen zum Beispiel, über seine Identität und gesellschaftliche Rolle. All diese Persönlichkeitsmerkmale werden zusammen mit der Altersfrage aufgeworfen. Ähnlich wie die Erkundigung: »Woher kommen Sie?« ja nicht nur auf die geografische Herkunft einer Person zielt.[14]

Jahreszahl und Persönlichkeit werden unmittelbar miteinander verknüpft. Und wie sehr es bei Frauen einer Offenbarung gleichkommen kann, wenn sie ihr Alter verraten, hat der englische Schriftsteller Oscar Wilde genüsslich ironisiert: »Man sollte niemals einer Frau trauen, die einem ihr wahres Alter sagt. Eine Frau, die einem das sagt, würde einem alles sagen.« Mit dieser Spitze traf Wilde wohl nicht nur zu seiner Zeit einen wunden Punkt. Gerade weil es immer auch um Identität geht, kann die Frage nach dem

Alter noch heutzutage für Frauen ein sehr verunsichernder Moment sein. Schließlich kennen sie den Rattenschwanz an Projektionen, die eine Antwort hervorrufen kann. Da ziehen sie doch lieber die Konsequenzen und verstummen.

Die Fernsehjournalistin Sonia Mikich hat dafür allerdings so gar kein Verständnis. Sie regt sich auf: »Das ist doch völlig bescheuert! Völlig und ganz und gar dämlich. Dämlich und unwürdig! Überall, wo ich hinkomme, sage ich ganz bewusst mein Alter. Gerade auf Frauenveranstaltungen, um es vorzumachen. Immer, immer, immer!«[15]

2012 hat die Zeitschrift *Für Sie* eine Umfrage in Auftrag gegeben. Die Redaktion wollte wissen, ob Frauen auch heute noch ihr Alter verschweigen. Befragt wurde eine repräsentative weibliche Gruppe zwischen 35 und 65 Jahren.

Die Frage: »Haben Sie schon mal Ihr Alter verschwiegen?« Fast drei Viertel der Frauen antworteten: »Ja!« Als sie nach den Gründen gefragt wurden, sagten über die Hälfte: »Weil ich fürchte, im Job Nachteile zu haben.« Fast ein Drittel meinte: »Weil Männer sich sonst nicht für mich interessieren.« Scham für ihr Alter steckte nur bei jeder zwölften Frau dahinter.[16]

Aus unterschiedlichen Gründen gehört es also noch immer zum weiblichen Verhaltenskanon, seinen Lebenslauf zu verstecken. Motiv: Angst. Und zwar vor den Reaktionen der anderen und nicht vor eigenen, unguten Gefühlen. Frauen wissen, vermuten oder fürchten, dass jedes Jahr auf der Lebensskala krasse Benachteiligung oder zumindest Minuspunkte bedeutet. Hier kommen geschürte Ängste, Rollenmuster, Vorurteile und die soziale Praxis zusammen. Eine brisante Mischung angesichts einer scheinbar so harmlosen Information. Sich nicht zu seinen Jahren zu bekennen zeigt im Kleinen den großen Konflikt rund ums weibliche Älterwerden – verdichtet und auf einen nüchternen Zahlennenner gebracht.

»Bis auf wenige Ausnahmen büßen Frauen mit jedem Lebensjahrzehnt ein Stück ihrer Würde ein«, schreibt Lisa Ortgies als Kommentar zur *Für-Sie*-Umfrage. »Der verzweifelte Kampf gegen den Zahn der Zeit ändert nichts daran, dass wir jenseits der 50 als ›bestattungsreif‹ gelten, während Männer dann gerade mal Anlauf nehmen, um eine Zweitfamilie zu gründen.« Ihr Fazit: »Ich rate jeder Frau, ihr Alter nach unten zu korrigieren oder ganz zu verschweigen.«[17]

Dieser Aufruf zum Schummeln hat irgendwie etwas für sich. Auf jeden Fall taugt er als subversive Sofortmaßnahme, um akut drohenden Nachteilen zu entgehen. Im beruflichen Alltag zum Beispiel. Doch wie schnell kann so ein Schwindel auffliegen? Und ist es nicht bitter, derartige Verleugnungsstrategien anwenden zu müssen, um den doppelten Standard auszutricksen? Bitter und erniedrigend. Das kann auf Dauer doch keine Lösung sein! Wieso sorgen wir nicht dafür, dass sich das verdammte System ändert?

Je mehr am Alter hängt, desto größer der Drang, es zu vertuschen. Vor allem bei Schauspielerinnen treibt die Angst vor dem Jugendlichkeitsdiktat seltsame Blüten.

»Viele Schauspielerinnen, wenn sie so Richtung 40 rollen, setzen ihr Alter immer weiter herunter«, erzählt Christine Prayon, die das Business kennt. »Auf Agenturseiten finde ich Kolleginnen, von denen ich genau weiß, wie alt sie sind, und die haben sich plötzlich sehr viel jünger gemacht. Mein erster Gedanke ist dann: Aha, interessant, du bist also jetzt Jahrgang '75. Mein zweiter Gedanke: Mein Gott, was für ein Stress!«

Und dann kommt Christine Prayon eine typische Kabarett-Idee. »Man müsste es doch genau andersherum drehen – sich älter machen! Also, ich behaupte mal dreist, ich sei bereits 45. Dann denken doch alle: Wow! Sieht die jung aus! Wäre doch wunderbar!«[18]

Auf einer ähnlichen Linie liegt die Filmproduzentin Regina Ziegler. Sie kennt die Zwänge ihrer Branche aus dem Effeff, aber dass Frauen ihr Alter verschweigen?

»Ehrlich gesagt, finde ich es albern. Diese Attitüde stammt aus einer Zeit, in der man weniger Privates von sich preisgegeben hat. Sein Alter zu nennen hätte da bedeutet, etwas sehr Persönliches öffentlich zu machen«, meint Regina Ziegler. »Aber heute ist dieser stille Exhibitionismus geradezu flächendeckend verbreitet. Da spielt es wirklich keine Rolle mehr, ob eine Frau sagt: Hey Leute, wusstet ihr, dass ich schon 63 bin!? Das interessiert weit weniger als etwa die Zahl ihrer Liebhaber, vor allem der noch lebenden.«

Das weibliche Älterwerden ist ein Sammelbecken für den großen Mischmasch der Gefühle: den optimistischen Zukunftsblick und das lässige Abwarten, für Abwehr und Angst, für eingebildete und reale Bedrohung. Sophia aus dem Frauentrio hat ihre eigene lebensphilosophische Sicht auf die Dinge:

Sophia: Ich weiß ja, dass viele Frauen in dieser Lebensphase ziemlich unglücklich sind. Und ich verstehe ja auch, warum. Auch in meinem Leben sind Sachen geschehen, die definitiv gar nicht gut waren. Aber erfreulich am Älterwerden ist ja auch, dass ich anders mit dem, was kommt, umgehen kann. Dass es auch um meine Einstellung geht. In dem Moment, wo ich das Gefühl habe, ich bin nur auf der Welt, um glücklich zu sein, bin ich schnell ausgeliefert. Denn es wird nie alles so funktionieren, wie ich es mir wünsche. Wenn ich es aber schaffe, das zu begreifen, dann schmeißt mich auch eine Phase des Unglücks nicht dauerhaft aus der Bahn.[19]

In Cambridge und Kalifornien haben Forscher versucht, sich dem Komplex von Glück und Unglück wissenschaftlich zu nähern. Sie wollten wissen, wie es um *Happiness* von Frauen und Männern in den unterschiedlichen Lebensphasen bestellt ist. Und ob es dabei einen Unterschied zwischen den Geschlechtern gibt. Dazu haben sie US-amerikanische Daten aus mehreren Jahrzehnten ausgewertet.

Es ist schon erstaunlich, was dabei herausgekommen ist. Oder

vielleicht doch nicht erstaunlich? Jedenfalls stellten die Glücksforscher fest, dass Männer mit zunehmendem Alter glücklicher
werden – und Frauen unglücklicher. Ab dem 48. Lebensjahr sind
Männer rundum zufrieden und Frauen ziemlich traurig.

Dabei starten Männer und Frauen mit genau umgekehrten Vorzeichen in ihr Erwachsenenleben. In jungen Jahren sind
Frauen glücklicher als Männer. Während der ungebundene Mann
um die 20 am unglücklichsten ist, erfreuen sich Frauen derweil
ihres Lebens. Doch je weiter die Zeit voranschreitet, desto deutlicher verschieben sich die Gewichte. Die Zufriedenheit der Frauen
sinkt, die der Männer steigt, bis die Wippe im 48. Jahr kippt.

Sowohl bei Männern als auch bei Frauen hängt die Zufriedenheit von der Erfüllung ihrer Lebenspläne ab. Dabei unterscheiden sich die Wünsche nicht großartig voneinander. Frauen wie
Männer suchen das Glück in einer harmonischen Beziehung und
finanziellem Auskommen. Doch Frauen sehen sich mit den Jahren zunehmend in ihren Erwartungen enttäuscht, während Männer sich ihren Zielen annähern.[20]

Demnach treibt die Frustration in Liebes- und Geldangelegenheiten die älter werdende Frau verstärkt in die Traurigkeit. Es
braucht wohl keine großartige politische Analyse, um die Ursache
für den Glücksgraben auch in den gesellschaftlichen Verhältnissen zu suchen. Zum Beispiel verfügen Männer weltweit noch immer über unendlich mehr Kapitalvermögen und finanzielle Ressourcen als Frauen. Und die Machtverhältnisse in Beziehungen
sind ein weiterer Punkt, der Frauen benachteiligt und ihr Glücks-
gefühl beeinträchtigt.

Die große Differenz im Glücksempfinden zwischen Männern
und Frauen wurde bei der Auswertung amerikanischer Daten
festgestellt. Und wie sieht es in Deutschland aus?

Hierzulande beschäftigt sich das Sozio-oekonomische Panel
mit der Frage, wie zufrieden Menschen in ihrem Leben sind.[21] Das
Panel ist beim Deutschen Institut für Wirtschaftsforschung ange-

siedelt und erstellt eine Langzeitstudie zu Einkommen, Erwerbstätigkeit, Bildung oder Gesundheit in deutschen Haushalten.

Dabei haben die Wissenschaftler herausgefunden: Wenn man dem chronologischen Lebensverlauf folgt, bildet das Maß an Zufriedenheit eine U-Kurve. Junge Menschen starten auf einem relativ hohen Zufriedenheitslevel; das sackt mit zunehmendem Alter ab und erreicht seinen Tiefpunkt zwischen dem 50. und 60. Lebensjahr. Anschließend geht es mit der Zufriedenheit wieder bergauf. (Außer bei Frauen in den neuen Bundesländern, doch davon später.)[22]

Die Ursache für den Einbruch in mittleren Jahren ist: Enttäuschung. Hilke Brockmann, Soziologin an der Jacobs University in Bremen, erklärt es so: »Viele Entscheidungen, die man als junger Mensch getroffen hat, erweisen sich als nicht zufriedenstellend, gleichzeitig fühlt man sich ihnen verpflichtet. Andererseits kann man sich noch nicht damit abfinden, es bleibt ja Zeit für Veränderungen. Das macht doppelt unzufrieden.«[23] Anders gesagt: Wer im Laufe der Zeit immer unglücklicher in seiner Beziehung wird oder frustriert ist durch die Entwicklung im Job, fühlt sich enttäuscht und gefangen.

Frauen werden unzufrieden, wenn ihre realen Lebensverhältnisse nicht ihren Wünschen entsprechen, erklärt Hilke Brockmann. Zum Beispiel, wenn sie Kinder ohne einen Partner großziehen müssen oder finanzielle Probleme haben.[24] Beides macht nicht glücklich – und beide Faktoren beeinflussen sich oft genug gegenseitig. Zum Beispiel übernehmen Frauen bei einer Trennung meist die Verantwortung für die Kinder; das hindert sie häufig, ausreichend Geld zu verdienen, und erschwert zusätzlich eine neue Partnerschaft. Außerdem leben Frauen – mit und ohne Kinder – öfter als Männer alleine, ein Risikofaktor für die wirtschaftliche Lage.

Viele dieser Probleme hängen mittel- oder unmittelbar mit der gesellschaftlichen Abwertung des weiblichen Älterwerdens zusammen. Sie sind nicht vom sozialen Status der Frau in den mittleren Lebensjahren zu trennen.

Doch die U-Kurve des Sozio-oekonomischen Panels zeigt – anders als die US-Studie – *keinen* Unterschied zwischen den Geschlechtern. Folgt man der U-Kurve, sind deutsche Männer in mittleren Jahren also genauso glücklich oder unglücklich wie deutsche Frauen. Wie kommt das zustande? Ist der männliche Deutsche unzufriedener als sein amerikanischer Zeitgenosse? Oder liegt es an unterschiedlichen Untersuchungsmethoden?

Die sich widersprechenden Ergebnisse sind auf jeden Fall irritierend. Vor allem, wenn man sich die Befunde zur Gesundheit von Männern und Frauen hierzulande ansieht. Die deuten in eine andere Richtung. Denn was die Gesundheit angeht, gibt es in der zweiten Lebensphase sehr wohl Unterschiede zwischen den Geschlechtern – und zwar gravierende.

Männer haben im Alter zwischen 30 und 64 Jahren ein doppelt so hohes Risiko zu sterben wie Frauen; was unter anderem daran liegt, dass sie öfter in Unfälle verwickelt sind und einen größeren Raubbau an ihrem Körper treiben. Doch trotz des erhöhten Sterblichkeitsrisikos auf der männlichen Seite sind Frauen in den mittleren Lebensjahren kränker. Sie leiden stärker unter vielerlei Beschwerden. Egal, wie sie leben und arbeiten und zu welcher sozialen Schicht sie gehören – immer geht es ihnen gesundheitlich schlechter als Männern im gleichen Alter.[25]

So sind Frauen sehr viel häufiger psychisch krank: Bei 23 Prozent der 36- bis 45-Jährigen wird eine seelische Störung diagnostiziert – doppelt so häufig wie bei gleichaltrigen Männern. Bei den 46- bis 65-jährigen Frauen nimmt die Differenz zu den Männern ein klein wenig ab.

Vor allem Depressionen, Angst- und Panikstörungen treten bei Frauen vielfach auf, fast dreimal häufiger als bei Männern. Entsprechend stehen Antidepressiva bei den 30- bis 64-jährigen Frauen an sechster Stelle bei der Verordnung von Medikamenten. Bei Männern tauchen sie noch nicht einmal unter den zehn häufigsten Arzneiverschreibungen auf.[26]

Frauen haben also bereits ab Mitte 30 deutlich stärker als Männer mit ihrem körperlichen und vor allem mit ihrem seelischen Gleichgewicht zu kämpfen. Mit Angst und Depression. »Auch wenn sie länger leben, sind Frauen einfach nicht das gesündere Geschlecht«, stellt die Medizinsoziologin Adelheid Kuhlmey von der Berliner Charité lapidar fest.[27] Umso merkwürdiger ist es, dass sich diese Störungen nicht bei der U-Kurve auswirken. In den Untersuchungen des Sozio-oekonomischen Panels jedenfalls schlägt sich das unterschiedliche gesundheitliche Befinden von Männern und Frauen nicht als Unterschied in der Zufriedenheit nieder.

Mit 40 fängt man an, das Wertvolle zu suchen, mit 50 kann man anfangen, es zu finden, meinte der amerikanische Schriftsteller Thornton Wilder. Das klingt wunderbar optimistisch. Doch wenn Frauen ihre Erfahrungen mit dem doppelten Standard machen, fehlt ihnen leider ein Stück dieses positiven Lebensgefühls. Und das können dann jüngere Menschen manchmal unangenehm zu spüren bekommen. Dann fahndet eine über 40-jährige Tante verdrossen nach Falten im Gesicht ihrer halb so alten Nichte und rät ihr besorgt: »Hör mal, da musst du aber mal was machen, damit sich diese Linien nicht eingraben.« Dann verlangt die 50-jährige Chefin von ihrer 30-jährigen Mitarbeiterin, dass die sich weniger sexy kleidet. Dann fällt die ältere Kollegin ein gnadenloses Urteil über die Arbeit der jüngeren, obwohl es um eine Konkurrenz ganz anderer Art geht.

Besonders schmerzhaft wird es, wenn eine Mutter ihrer Tochter die Jugend nicht gönnt und ständig an ihr herumkrittelt. Die Psychoanalytikerin Eva Jaeggi weiß, wie sehr das die Töchter kränken und ihr Selbstwertgefühl beschädigen kann. »Da war eine junge Frau drei Monate nicht zu Hause und das Erste, was die Mutter tut, ist, sie zu taxieren: Deine Frisur gefällt mir gar nicht, und die Absätze dieser Pumps sind zu hoch, aber die Jacke steht dir ganz gut… Da kommt nicht die Frage: Wie geht es dir?

Was macht deine Arbeit? Bist du zufrieden? Die Kritik am Äußeren ist viel wichtiger.«[28]

Angst steckt dahinter, die Sorge, mit der Jüngeren nicht mehr mithalten zu können. Und auch Rachegelüste. Den jüngeren Frauen wird heimgezahlt, was die Gesellschaft den älteren an Gemeinheiten antut. Diese Verschiebung eines politischen Missstands ins Private ist ein bekanntes Muster. Die Unzufriedenheit über das eigene Leben entlädt sich in der Herabsetzung von anderen. Ein billiger Weg – und nicht sehr erfolgversprechend, wenn es um die Änderung der Verhältnisse geht. Denn hier arbeiten Frauen eine Aggression aneinander ab, die sich gegen den doppelten Standard richten und damit gesellschaftlich wirksam werden müsste. Zudem trägt die harsche Abgrenzung mit dazu bei, dass jüngeren Frauen die Vorbilder fehlen.

Die Schauspielerin Maren Kroymann beobachtet eine große Strenge bei manchen Frauen, die Angst vor ihren Lebensjahren haben. »Sie lassen die Jüngeren spüren, dass die dümmer sind, weniger erfahren, weniger gebildet. Mit Leistung und Besserwisserei können die älteren Frauen punkten, das ist der Bereich, der ihnen bleibt, glauben sie. Es ist ihre Revanche, und wenn sie nicht aufpassen, werden sie tatsächlich zur bösen Alten.«[29]

Oder zum boshaften Biest. Kaum eine Fernsehserie oder Telenovela, die ohne eine finstere Diva auskommt. Meist ist es eine intrigante Mittvierzigerin, die ihren Sex-Appeal einsetzt, um Männer zu kapern und junge Frauen alt aussehen zu lassen. Der Prototyp dieses ruchlosen Weibes war in den 1980er Jahren Alexis Carrington aus der US-Serie *Denver-Clan*. Doch bis heute treiben deren Nachfolgerinnen, zigfach variiert, ihr Unwesen in einschlägigen Produktionen. Zum Beispiel als die hinterlistige Barbara von Heidenberg in der ARD-Telenovela *Sturm der Liebe*.

Dabei darf nicht unterschlagen werden, dass es auch die andere Seite gibt: das Ressentiment der jüngeren Frau gegenüber der älteren. Elvira Sch., deren private Lebenserinnerungen im Deutschen Tagebucharchiv in Emmendingen aufbewahrt sind, erzählt solch eine Geschichte. Die Deutsch-Spanierin, die in Barcelona und im Schwarzwald aufgewachsen ist, hat offenbar ein angespanntes Verhältnis zu einer ihrer Töchter, die eine Gastwirtschaft betreibt. Elvira Sch. ist 71 Jahre alt, als sie ihrem Tagebuch anvertraut:

> »Es ist ein Sonntag im Juli 2004, wie viele, die ich in meinem Singleleben erlebe. Fast immer gehe ich zu meiner Tochter Manuela. Je nach Laune wird sie mich wieder als Sündenbock ihres doch sehr unglücklichen Lebens behandeln. Es ist egal, was ich tue, sie meckert. Einmal kann ich kein Bier mehr zapfen, dann wieder ist mein Gedächtnis nichts mehr wert usw. usw. Muss gerade meine Tochter mir ständig sagen, wie unfähig ich bin? Oder hat sie Angst, die von Eifersucht getragen wird, dass ihre Gäste mich netter und gepflegter finden als sie?«[30]

Ist die Tochter wirklich eifersüchtig auf die Mutter? Oder unterstellt die Mutter der Tochter dies nur, weil sie selbst missgünstig ist? Wir wissen es nicht. Doch Konkurrenz- und Neidgefühle zwischen Mutter und Tochter gehen ganz sicher nicht nur von der älteren Generation aus.

Von Mütter-Töchter-Beziehungen einmal abgesehen: Wie sehr das Grauen vor dem Älterwerden, die Traurigkeit, Liebesenttäuschung und Resignation eine Frau in die Verachtung treiben können, zeigt sich besonders erschütternd bei einer großen Heldin der Emanzipationsbewegung. Bei Simone de Beauvoir. Ausgerechnet bei dieser unendlich klugen Philosophin, Schriftstellerin, Gesellschaftsanalytikerin!

Als Simone de Beauvoir in den Fünfzigerjahren *Das andere Geschlecht* schrieb, legte sie die theoretische Grundlage für den Aufbruch der Frauen in den Sechzigerjahren. »Um die Verschwörung des Schweigens zu brechen«, verfasste sie in den Siebzigerjahren ein enzyklopädisches Werk über *Das Alter*. Denn die Konsumgesellschaft sei gegenüber alten Menschen »nicht nur schuldig, sondern kriminell«.[31]

Simone de Beauvoir hat Millionen von Frauen die Augen geöffnet – über ihre Rolle in der Gesellschaft, über die politischen und privaten Mechanismen, mit denen sie in Abhängigkeit gehalten werden. Sie wollte, dass Frauen sich gesellschaftlichen Konventionen widersetzen, scheinbar natürliche Einschränkungen verwerfen und stattdessen Verantwortung für das eigene Leben übernehmen. Frauen sollten nicht »das Andere« sein, sondern den Männern gleich.

Doch sobald sich die Philosophin mit der Altersthematik beschäftigte, zeigte sie erschreckend viel Übereinstimmung mit den gängigen, männlich geprägten Bildern und gleichzeitig eine kleinmütige Abwehr gegenüber den eigenen Lebensjahren. Einige Kostproben:

»Mit 40 Jahren überlegte ich mir eines Tages: ›In den Tiefen des Spiegels lauert das Alter. Und das Verhängnisvolle daran ist, dass es mich überrumpeln wird.‹ Es hat mich überrumpelt. Oft halte ich bestürzt vor diesem unglaublichen Ding inne, das mir als Gesicht dient... Ich hasse mein Spiegelbild.«[32]

»Inzwischen war ich 44 geworden und endgültig ins Schattenreich hinübergewechselt.«[33]

»Bevor ich in die Wirklichkeit zurückkehre, setzt sich manchmal ein riesiges Tier auf meine Brust: ›Es ist wahr! Der Albtraum, älter als 50 zu sein, ist die Wahrheit!‹ Wie kann etwas, das weder Form noch Inhalt hat, wie kann die Zeit mich mit einem so schweren Gewicht belasten, dass ich keine Luft mehr bekomme.«[34]

»Die Menschen, die mir begegnen, sehen vielleicht nur eine Fünfzigjährige, die weder gut noch schlecht erhalten ist. Sie hat eben das Alter, das sie hat. Ich aber sehe meinen früheren Kopf, den eine Seuche befallen hat, von der ich nicht mehr genesen werde.«[35]

Selbsthass in Reinkultur? Vielleicht. Warum auch sollte Simone de Beauvoir heldenhaft mit den Zumutungen des persönlichen Älterwerdens umgehen? Schließlich sind die meisten Helden und Heldinnen der Geschichte – auch der Geistesgeschichte – eher gebrochene Charaktere. Kann de Beauvoir trotz ihrer Stärke als feministische Denkerin nicht auch Schwäche im Privaten zeigen? Zumal sie einer Generation von Frauen angehört, die noch sehr viel stärker unter der Knute der traditionellen Rollen litt und damit auch unter der gesellschaftlichen Verdammnis des weiblichen Alterns?

Jein. Denn so einfach ist Simone de Beauvoir nicht zu entlasten. Ihre Verachtung der älter werdenden Frau richtet sie nämlich nicht nur gegen sich selbst, sondern unbarmherzig auch gegen ihre Artgenossinnen. Nochmals einige Kostproben:

»Lange vor ihrer endgültigen Verstümmelung wird die Frau in ihren Vorstellungen vom Schrecken des Alterns verfolgt.«[36]

»Die Narzisstin ist zu sehr mit ihrer eigenen Person beschäftigt, als dass sie nicht den unvermeidlichen Verfallstermin vorhergesehen und sich Rückzugsstellungen gesichert hätte.«[37]

»Und da die Liebe dann mehr denn je zu ihrer Hauptbeschäftigung wird, ist es verständlich, dass sie sich der Illusion hingibt, sie werde geliebt. Neunzig Prozent der Erotomanen sind Frauen, und zwar fast ausschließlich 40- bis 50-jährige ... Sie fällt ihrem Gatten mit ihren Anforderungen zur Last.«[38]

»Durch die Gewöhnung und die Zeit ihrer Reize verlustig, hat die Gattin weiter keine Möglichkeiten, die eheliche Glut wieder anzuschüren. Verärgert, entschlossen, sich selbst zu leben, hat sie weniger Skrupel als früher – wenn sie je solche überhaupt hatte –, sich Liebhaber anzuschaffen … Wenn Verführung und Machenschaften sich als unwirksam erweisen, bleibt ihr, wenn sie hartnäckig ist, noch eine Möglichkeit, die Bezahlung.«[39]

Verstümmelt, narzisstisch, sexbesessen, skrupellos, promisk ist also die älter werdende Frau und zudem bereit, ihre erotischen Gelüste von Prostituierten befriedigen zu lassen. Jeder, der Simone de Beauvoir bewundert, steht ziemlich fassungslos vor derartigen Ausbrüchen. Denn bei aller notwendigen Kritik am eigenen Geschlecht – so über andere Frauen zu urteilen ist unterirdisch. Und einer emanzipatorischen Vorkämpferin unwürdig!

Trotzdem war Simone de Beauvoir mit ihrer monumentalen Arbeit über *Das Alter* ihrer Zeit weit voraus. Sie betont, dass die Bedeutung der Lebensjahre von gesellschaftlichen Zuschreibungen abhängt: »Das Alter lässt sich nur in seiner Gesamtheit erfassen; es ist nicht nur eine biologische, sondern eine kulturelle Tatsache.«[40] Ihre breit angelegte Studie hat mit dafür gesorgt, dass feministische Denkansätze in der Altersforschung überhaupt Fuß fassen konnten.[41]

Gleichzeitig aber verliert sich die Autorin in der Beschreibung alter berühmter Männer; illustriert deren ausschweifendes Sexleben samt chronischen Seitensprüngen mit spürbarem Wohlwollen; und macht allzu häufig einen Kotau vor männlicher Macht, Kraft und Virilität. Während sie für die leidenden, eifersüchtigen Gattinnen besagter Männer hauptsächlich Geringschätzung übrig hat.[42]

Einerseits reproduziert Simone de Beauvoir also die gleichen Abwertungsmuster, die sie eigentlich verurteilt. Andererseits legt sie messerscharf die patriarchalen Verhältnisse und die Mechanismen der männlichen Herrschaft bloß. Da ist ihrem analytischen Verstand ihre private Frustration wohl immer mal wieder in die Parade gefahren.

Was nicht zuletzt mit Jean-Paul Sartre zusammenhängt, Simone de Beauvoirs Lebensgefährten. Der Vordenker des Existentialismus, Romancier und Philosoph, wurde ihr Liebesstachel im Fleisch. Sie war Anfang 20, als die beiden irgendwie ein Paar wurden. Irgendwie. Denn irgendwie wollte Sarte das zwar, aber irgendwie auch noch andere Frauen. Auf sein Drängen hin sollte die Beziehung kein Hindernis für anderweitige erotische Abenteuer sein.

Jean-Paul Sartre und Simone de Beauvoir wurden zum existentialistischen Vorzeigepaar. Unverheiratet und ohne gemeinsame Wohnung lebten sie ab den Dreißigerjahren des vergangenen Jahrhunderts der Welt ein Modell der freien Liebe vor. Intim verbunden, aber unabhängig.[43] Das klingt zwar wahnsinnig modern, doch wie unglücklich dieses Verhältnis Simone de Beauvoir vor allem in den mittleren Lebensjahren machte, ließ sie immer wieder durchblicken. Dazu steuert Sartre das passende Zitat bei: »Das Alter ist nicht trübe, weil darin unsere Freuden, sondern weil unsere Hoffnungen aufhören.«

Simone de Beauvoirs Hass auf das Älterwerden hatte wohl nicht zufällig mit dem Appetit des Geliebten auf junge Frauen zu tun. Selbst Alice Schwarzer – die in den Sechzigerjahren in Paris lebte und sich der dortigen Frauenbewegung anschloss – erzählt stolz, wie sie de Beauvoir und Sartre kennenlernte. Und dass der alternde Philosoph ausdauernd auf ihre 20-jährigen Beine starrte.

De Beauvoir und Sartre – eine mehr als komplizierte Beziehung. Dass Sartre ohne Rücksicht auf seine Gefährtin stets allerlei Triebe auslebte, hielt sie nicht davon ab, ihn, den im Alter fast blinden Mann, während der langen Krankheit vor seinem Tod zu pflegen.

Selbst Simone de Beauvoir ist also gefangen in ihren Verhältnissen. Auch sie kann dem Herrschaftsdenken, das zu ihrer Zeit noch stählern patriarchal war, nicht entkommen. Stattdessen begibt sie sich ein gutes Stück in dessen Komplizenschaft. Ihre Verstrickung zeigt sich am deutlichsten dort, wo sie verzweifelt mit ihrer Selbstverachtung zu kämpfen hat – in der Betrachtung der älter werdenden Frau. Auch die berühmte Philosophin verzagt letztlich vor der Angst und dem doppelten Standard. Privat und politisch.

Wie der Fall de Beauvoir zeigt, wird die Angst vor dem Älterwerden zwar subjektiv erlebt und erlitten. Aber sie hat eben auch eine enorme gesellschaftliche Komponente.

Denn der Kampf um den sozialen Status der älter werdenden Frau ist ein Kampf um Anerkennung und Liebe. Um Wertschätzung im politischen Raum und das Recht auf privates Glück. Zwar ist bei allem, was Forscher weltweit über das Glück zusammengetragen haben, bisher keine Weltglücksformel herausgekommen. Einig sind sich die Wissenschaftler aber in einem Punkt: Ohne soziale Kontakte, Beziehungen und Liebe wird das Spiel auf der Klaviatur des Glücks nur ein Katzenjammer.[44] Und nicht wenig davon wird Frauen allein wegen ihres Alters vorenthalten. Also stellt sich die Frage, was sich ändern muss, damit sie bekommen, was sie sich wünschen, ohne sich dabei verbiegen oder aufgeben zu müssen.

Da stehen wir also, wir Frauen in den mittleren Jahren. Können wir Herrin in unserem eigenen inneren Hause bleiben, statt uns von Angst fertigmachen zu lassen? Vielleicht reicht es schon, manchmal den Mund aufzumachen, statt sich in stiller Trauer zu verkriechen. Das lässt sich bereits in alltäglichen Situationen ausprobieren – zum Beispiel, wenn wir, wie Sonia Mikich es fordert, unser Alter bewusst verkünden, statt es ängstlich zu verschweigen. Unser Alter gehört uns, warum sollten wir es uns nehmen lassen? Außerdem ahnen wir doch, dass die Frau, die neben uns steht, möglicherweise an derselben Stelle im Gespräch zurück-zuckt, und dann wären wir schon zwei, die sich nicht einschüch-tern lassen.

Doch jenseits des Privaten hilft es, sich an die Worte des Kul-turwissenschaftlers Rüdiger Kunow zu erinnern. Wie sagte er noch: Die Erfahrung von Angst und Panik beim Älterwerden ist individuell, dabei aber gesellschaftlich *erwünscht* und *konstruiert*. An diesem Punkt können wir ansetzen.

Denn offenbar besteht ein großes Interesse daran, diesen Zusammenhang zu verschleiern. Frauen sollen gar nicht auf die Idee kommen, von sich auf andere zu schließen. Sie sollen nicht feststellen, dass viele ihrer Beschwernisse in der zweiten Lebens-phase nicht persönlicher, sondern gesellschaftlicher Natur sind. Schließlich arbeitet die Bewusstseinsindustrie heftig daran, un-sere Ängste zu individualisieren, ansonsten ginge ihr ja auch ein sehr lukratives Geschäft verloren. Von dem Moment an, wo wir ein Problem als ein gesellschaftliches erkennen, gehen wir ja wohl eher auf die Straße als in eine Therapie. Auf der Couch wird viel-leicht unser Ich gestärkt – wogegen überhaupt nichts einzuwen-den ist. Aber sozialer Druck entsteht woanders.

Wenn wir sehen, dass unsere Ängste kollektiv erlebt und bewusst geschürt werden, besitzen wir dann nicht bereits einen Hebel, um ihnen entgegenzutreten?

Liebe und Lebenselixier

Über Alleinsein, Machtspiele und
Beziehungsmärkte

Peter und Capote treffen sich in einem Fitnessstudio und philosophie-
ren über Frauen, die man haben und solche, die man nicht haben
will.

Peter an der Kraftmaschine:
»Solange du in den Zwanzigern bist, üben Frauen die totale Kontrolle
aus. Bist du erst einmal 30 und ein vorzeigbarer Junggeselle, fangen
die Frauen plötzlich an, dich lebendig zu verschlingen. Und unverse-
hens halten wir Jungs die ganzen Trümpfe. Ich nenne das die ›Mitt-
dreißiger-Machtverschiebung‹.« (Grinst)

Capote mit Hanteln:
»Das ist 'ne Frage des Alters und der Biologie. Es geht beim Heiraten
immer noch darum, Kinder zu haben. Und die will man nicht mit ei-
ner Frau, die älter als 35 ist, weil du die Kinder dann sofort haben
musst. Diese Frauen sollten das mit dem Heiraten vergessen und sich
einfach nur gut amüsieren.« (Lächelt)[1]

Manchmal kann eine fiktive Szene die Realität sehr schön
erhellen. Hier offenbaren zwei Kerle aus der Fernsehserie
Sex and the City, warum eine Frau jenseits der 35 für eine schnelle
Nummer gut ist, aber nicht mehr als Dauerlösung taugt.

Sex and the City ist ja nicht zufällig ein Produkt unseres Jahrtausends. Was also heißt dieser beknackte Dialog, umgemünzt auf das wahre Leben? Dass sich ein Mann jenseits der 30, 40, 50, 60 nach einer Partnerin umschauen und gute Chancen haben kann, eine zu finden. Da verliert auch die Aussicht, eine alte Beziehung abzulegen, zweifellos ihren Schrecken. Für eine Frau sieht es dagegen weit finsterer aus.

Tagtäglich lässt sich beobachten, wie sehr das weibliche Grauen vor dem Älterwerden am Faktor Mann hängt. Das große Thema dahinter: Alleinsein.

Frauen tun viel, um nicht in diese Lage zu geraten. Spätestens ab 40, manchmal schon früher, wird jede Trennung zur Mutprobe. Vor Augen steht die bedrohliche Gleichung: Trennung = Einsamkeit. Was, wenn ich keinen Neuen mehr finde? Diese Aussicht klingt für manche Frauen derart beängstigend, dass sie bereit sind, einige Kröten zu schlucken. Sie versuchen heftig, einen Mann zu halten; quälen sich alles Mögliche an und ab, um nicht ausgetauscht zu werden; lassen sich so einiges gefallen, bevor sie einen Schlussstrich ziehen; verlassen eine Beziehung sicherheitshalber erst dann, wenn sie einen neuen Partner haben.

Sich in die Sorge vor dem Alleinsein hineinzuimaginieren ist eine Sache, die Realität eine andere. Doch manchmal übertreffen die gesellschaftlichen Verhältnisse die Befürchtungen sogar noch. Denn der Beziehungsmarkt für Frauen in den mittleren Jahren ist ziemlich hart. Hier treffen sich gesellschaftliche Vorurteile und subjektive Ängste, propagierte Panik und Wirklichkeit, gefühlte und reale Probleme des weiblichen Älterwerdens. Hier herrschen soziale Formen der Paar-Organisation, die so gnadenlos kapitalistisch und gleichzeitig so reaktionär sind, dass man weinen – oder das System in die Luft jagen möchte.

Und immer geht es um Liebe oder eine Spielart davon. Liebe tut weh, noch schlimmer aber ist die Angst, sie zu verlieren. Frauen befällt diese Angst sehr viel heftiger als Männer. Dabei ist es kein Widerspruch, dass Trennungen und Scheidungen seit

Jahren verstärkt von Frauen ausgehen. Meist haben sie es sich mit dem Schritt ganz schön schwer gemacht – zumal wenn sie jenseits der 40 sind.

Trotz des Besonderen jeder Bindung lässt sich bei Trennungen ein Muster beobachten. Sehr pauschal gesagt: Männer tun es, weil sie eine jüngere Ausführung des alten Modells suchen und einen Neuanfang wollen, der ihnen die Illusion gibt, alles sei frisch. Frauen tun es, weil sie ein anderes Modell als das alte suchen. An jüngere Männer denken sie dabei in der Regel gar nicht. Ihre langjährigen Partner sind ihnen nicht zu alt, sondern zu wenig veränderungswillig. Und dann schrecken Frauen auch in späteren Jahren nicht mehr vor Konsequenzen zurück.

Wunderbar bissig bringt das ein jüdischer Witz auf den Punkt. Ein Paar steht vor dem Scheidungsrichter. Sie ist 92, er 95 Jahre alt. Fragt der Richter perplex: Eine Scheidung nach über 70 Jahren Ehe? In Ihrem Alter? Warum denn bloß? Antwortet die alte Dame: Nun ja, Herr Richter, jetzt, wo die Kinder tot sind …

Aber Witz beiseite – Scheidungen nach so vielen Jahren sind eher ungewöhnlich. Der größte Teil der Paare geht im mittleren Lebensalter auseinander, nach gut 14 Jahren Ehe im Schnitt.

Das hat für Frauen nicht selten eine quälende Vorgeschichte. Manchmal durchlaufen sie eine Art Desensibilisierungsprogramm – mit der Folge, dass sie sich verhalten wie der Frosch im heißen Wasser. Das Froschbeispiel wird gern im Managertraining eingesetzt, um den Verlust von Lernfähigkeit zu verdeutlichen. Zoologisch betrachtet, ist das Beispiel zwar purer Nonsens, zu Demonstrationszwecken eignet es sich aber trotzdem. Die Geschichte geht so:

Wirft man einen Frosch in heißes Wasser, wird er – wie jedes Lebewesen – versuchen, dem Tod zu entkommen und aus dem Topf zu springen. Setzt man ihn aber in lauwarmes Wasser, das man langsam erhitzt, dann gewöhnt er sich schrittweise an die

Temperatur und bemüht sich erst gar nicht herauszuhüpfen. Er lässt sich lebendig kochen.

Wie gesagt – mit realem Froschverhalten hat das gar nichts zu tun. Das Tier wartet weder in der ersten noch der zweiten Versuchsanordnung getrost auf den Tod. Doch was sich daran zeigen lässt: Man hält dies noch aus und das noch und auch noch das Nächste... Wie der Frosch im heißer werdenden Wasser macht man alles mit, alles mit... Und dann plötzlich ist die Widerstandskraft weg, und man kommt gar nicht oder nur noch sehr schwer aus dem Beziehungstopf heraus.

Im Rückblick erkennen Frauen vielleicht, dass sie mit diesem Verhalten zu einer Art Selbstvernichtung beigetragen haben. Dass sie mit ihren Ehemännern in einen neurotischen Zirkel eingesperrt waren.[2] Trennen sie sich dann schließlich, haben sie häufig das Gefühl, sie hätten schon viel zu lange gewartet.

Die weibliche Zögerlichkeit hat mit verschiedenen Dingen zu tun. Ganz wichtig ist, ob Kinder betroffen sind. Doch noch ein anderer Punkt spielt, wie erwähnt, eine herausragende Rolle: die Angst vor dem Alleinsein, die verstärkt Frauen in der zweiten Lebensphase befällt. Was Einsamkeit heißen kann, erleben sie ja zur Genüge bei Freundinnen und Kolleginnen, die ohne Partner leben.

Auch Klaudine, Paula und Sophia sprechen über das Singledasein. Und dann braucht das Frauentrio schon ein Glas Wein mehr, um bei Laune zu bleiben.

Klaudine: Ich kenne eine paar Frauen, die schon längere Zeit alleine leben und immer die Hoffnung hatten, wieder einen Partner zu finden. Bei diesen tollen Frauen wird das doch kein Problem sein, dachte ich immer. Aber sie sind solo bis heute und werden es – wie's aussieht – auch bleiben.

Sophia: Seit wann sind sie denn Single?

Klaudine: Eine lebte ab 40 alleine, die andere bereits ab Mitte 30. Sie ist alleinerziehende Mutter zweier Kinder, arbeitet am Theater und kann ihr Leben mit Ach und Krach finanzieren. Alles ist wahnsinnig anstrengend. Sie wird jetzt 50 und ist immer noch allein.

Paula: Eine Freundin, auch gerade 50 geworden, gut aussehend, clever, eloquent mit gutem Geschmack, ist seit zehn Jahren Witwe und noch immer ohne Partner. Da denkt man doch: Warum bloß? So eine tolle Frau!

Klaudine: Wir werden ja auch nicht anspruchsloser mit den Jahren. Neulich wollte ich eine Freundin mit einem supernetten Therapeuten verkuppeln. Ist leider nach hinten losgegangen. O-Ton meiner Freundin: »Wisst ihr, was der für ein Hemd trug? Das war nicht auszuhalten! Und dann wollte er mich mitten auf der Tanzfläche therapieren. Das ging ja gar nicht! Und dann hat er auch noch gesagt: Du musst keine Angst haben! Dabei habe ich doch nur vom Tanzen ein bisschen geschwitzt.«

Paula: Gaby hat sich getrennt. Franziska hat sich getrennt ...

Sophia: Peter und Christina auch ...

Paula: In unserem Freundeskreis hat sich in den letzten zehn, zwölf Jahren mindestens ein Drittel der Leute ausgetauscht. Die Trennung ging immer von den Frauen aus. Sie waren oft schon länger unglücklich, haben aber ihre Zeit gebraucht, um zu gehen. Doch die meisten erst dann, wenn sie einen neuen Partner hatten.

Klaudine: Kennst du Frauen, die sich getrennt haben ohne einen neuen Mann?

Paula: Nein, in meinem Freundeskreis nicht ...

Sophia: Eine Kollegin von mir wurde vor etwa fünf Jahren von ihrem Mann verlassen. Da war sie so Mitte, Ende 40. Er lebt mit einer anderen Frau zusammen und hat mit ihr wieder ein Kind. »Bist du eigentlich noch verheiratet?«, habe ich die Kollegin letztens gefragt. »Ja, selbstverständlich!«, hat sie geantwortet. »Ich lass mich doch nicht scheiden. Wer will gesellschaftlich schon als Geschiedene dastehen. Das wäre das Allerletzte!«

Klaudine: Hey, wir sind im 21. Jahrhundert!

Sophia: Trotzdem ist es noch immer ein Statussymbol, verheiratet zu sein. Ich allein kenne zwei Frauen, die selbstständig auftreten, ökonomisch unabhängig sind und trotzdem so denken. Nach dem Motto: Eine geschiedene Frau zu sein ist ein Makel!

Klaudine: Hat deine Kollegin denn einen neuen Freund?

Sophia: Nö. Aber sie meint allen Ernstes, der Status der geschiedenen Frau würde sie zum Objekt der Begierde machen, quasi zum Freiwild.

Paula: Seit wann ist man in diesem Alter noch Freiwild? Vielleicht ist es ja eher andersrum. Sie hat einen Ring und kann sagen: Ich bin noch verheiratet und brauche mich nicht mit dem blöden Etikett »alleinstehende Frau« rumzuschlagen, weil keiner die wirklichen Umstände kennt.[3]

Die Selbstzweifel, mit denen sich viele Frauen nach dem Scheitern einer Beziehung rumquälen, grenzen manchmal an Masochismus. Selbst wenn die Trennung von ihnen ausgegangen ist, fühlen sie sich schnell als Versagerin. Dabei kreisen die Zweifel hauptsächlich um den einen Punkt: Wenn ich es wert wäre, geliebt zu werden, stünde ich dann alleine da?

So begreifen sich Frauen allzu oft als Restposten. Besonders die Verlassenen und Betrogenen fühlen sich ihrer Substanz beraubt. Das Herz leer und ausgequetscht wie eine Apfelsine in der Saftpresse. Wenn sich der Lebenspartner mit einer Jüngeren vom Acker macht, ziehen sie eine direkte Verbindung zwischen seinem Weggang und dem eigenen Wert. Meine Vorzüge reichten nicht aus, ihn zu halten!

Was für eine zerstörerische Sicht auf die Dinge. Zumal wenn die Selbstzweifel an gesellschaftliche Vorurteile andocken. Dann wird Altern zum persönlichen Versagen. Heraus kommt: Schuld. Und der verfluchte Dreisatz: Frauen sind nur etwas wert, wenn sie jung sind – ich bin eine nicht mehr junge Frau – also bin ich auch nichts mehr wert. Und unwürdig, geliebt zu werden.[4]

Es gibt erstaunlich viele, eigentlich starke Frauen, die im Angesicht ihrer fortschreitenden Jahre eine fast demütige Haltung gegenüber dem Lebenspartner einnehmen und sich erschreckend viel gefallen lassen. Bei Prominenten spielt sich das manchmal sogar in aller Öffentlichkeit ab. Ganz sicher geht es dabei auch um Deals, die diese Frauen mit ihren Männern getroffen haben und die auch zu ihrem eigenen Nutzen sind. Und dennoch ist ihr Verhalten schwer zu ertragen. Denken wir nur an Hillary Clinton und die Lewinsky-Affäre. Ihr Mann, US-Präsident Bill Clinton, hatte es mit einer Praktikantin getrieben, die Sache geleugnet und musste sich dann vor den Augen und Ohren der Welt vorführen lassen. Trotzdem schickte ihn seine Frau, die damals 51 Jahre alt war, nicht in die Wüste.

Und wer glaubt, dass jüngere Frauen sich nicht mehr in Geiselhaft nehmen lassen und diese Form der weiblichen Unterwerfung langsam ausstirbt, braucht sich nur Huma Abedin anzusehen. Sie ist schön, klug, eine erfolgreiche Politikerin und enge Beraterin von Hillary Clinton. 2010 heiratete sie Anthony Weiner. Ein Jahr später führte dieser Mann seinen erigierten Penis via Twitter der Öffentlichkeit vor und musste daraufhin seinen Sitz im US-Kongress räumen. Seine Frau blieb bei ihm.

2013, da ist Huma Abedin 37 Jahre alt, bewirbt sich Weiner für das Amt des New Yorker Bürgermeisters, seine Frau als hübsches Werbeplakat immer an seiner Seite. Und dann ein neuer Skandal. Vor der versammelten New Yorker Presse beichtet Weiner, dass er als »Carlos Danger« Nacktfotos von sich im Netz verschickt und mit den Adressatinnen Telefonsex hatte. Nur einen Meter neben ihm steht die betrogene Huma Abedin. Am nächsten Tag muss sie sich vom Revolverblatt *New York Post* fragen lassen: »Señora Danger! Was stimmt mit Ihnen nicht?«

Und was stimmt nicht mit Anne Sinclair? Wahrscheinlich erinnert sich jeder an Dominique Strauss-Kahn, den ehemaligen Chef des Internationalen Währungsfonds. Der wurde 2011, als man täglich damit rechnete, dass er seine Kandidatur für das Amt des französischen Präsidenten bekannt geben würde, beschuldigt, in New York ein Zimmermädchen vergewaltigt zu haben. Seine anschließende Festnahme in den USA führte zu regelrechten internationalen Verwicklungen.

Verheiratet war Strauss-Kahn über 20 Jahre mit Anne Sinclair, einer ehemaligen französischen Starjournalistin. Auch diese Frau ist erfolgreich, schön und wohlhabend. Die sexuellen Gelüste ihres Gatten können ihr über die Jahre wohl kaum verborgen geblieben sein. Außer sich an Hotelangestellten zu vergreifen, gehörten – nach bisher gerichtlich nie widerlegten Behauptungen der französischen Presse – offenbar auch sexuelle Nötigung, Sexpartys und Zuhältergebaren zu Strauss-Kahns Zeitvertreib. Trotzdem kämpfte die damals 63-jährige Anne Sinclair wie eine Löwin, um ihren Mann aus den Klauen der US-Justiz zu befreien.

Warum tat die Frau sich das an? Das fragte sich halb Frankreich, wo Anne Sinclair eine bekannte Persönlichkeit ist. Erst ein Jahr nachdem sie ihm am Pranger der Weltöffentlichkeit beigestanden hatte, trennte sie sich von Dominique Strauss-Kahn. Doch als Argument für den Bruch der Beziehung führte Anne Sinclair nicht etwa an, übel betrogen worden zu sein – sondern dass sich ihr Mann nach der New Yorker Affäre frustriert aus dem gesellschaftlichen Leben zurückgezogen und die Ehe darunter gelitten habe.[5] Geht's noch absurder?

Deals hin oder her – all diese Frauen sind offenbar auch von Angst und Zweifeln getrieben, die sie an der *Konstante Mann* festhalten lassen. Ansonsten ist ihre Selbstdemütigung wohl kaum zu begreifen. Die Soziologin Eva Illouz betont, dass es sich bei dieser Art Selbstzweifel zwar um eine psychische Erfahrung handelt, dahinter aber soziale Mechanismen stecken. Dazu gehören die Regeln auf dem Liebesmarkt. »Moderne Intimbeziehungen«, schreibt Eva Illouz, »basieren auf Vertragsfreiheit, und eine solche Freiheit schließt die Möglichkeit aus, jemanden moralisch für einen Rückzug verantwortlich zu machen.«[6]

Mit anderen Worten: Wo Wahlfreiheit als oberstes Gebot des Marktes gilt, darf man es jemandem ja nicht übel nehmen, wenn er plötzlich Lust auf ein anderes Joghurt hat. Man kann also dem Ex keine moralische Schuld zuschieben und somit auch keine gesunde Wut auf ihn entwickeln. So richtet sich die Wut und Enttäuschung statt gegen den anderen gegen das Selbst.

Pate steht dabei das »falsche Bewusstsein«, wie Eva Illouz es klassisch marxistisch nennt.[7] Aus der Politik ist uns dieser Begriff vertraut; vor der Bundestagswahl 2013 ließ sich das falsche Bewusstsein besonders drastisch in der Praxis beobachten.

Da wurden in einer Talkshow von Günther Jauch 50 Leiharbeiter aus Leipzig vorgestellt. Die waren teils über Jahrzehnte bei großen Unternehmen beschäftigt – doch im Gegensatz zu Festangestellten schlechtergestellt, mieser bezahlt und kaum abgesichert. Die Leiharbeiter aus Leipzig beklagten sich bitter über ihr Los und die Ausbeutung. Aber als sie Bundestagswahl spielen sollten, entschieden sie sich mehrheitlich, CDU zu wählen. Obwohl die Union die soziale Benachteiligung bei Leiharbeit offensiv verteidigt und als Instrument der Arbeitsmarktpolitik nicht abschaffen will.

Den Leiharbeitern mangelte es nicht an Informationen. Trotzdem haben sie keinen Zusammenhang zwischen ihrer miesen sozialen Lage und den Ursachen hergestellt – beziehungsweise keine Konsequenzen daraus gezogen. Stattdessen übernahmen die Betroffenen die Position derjenigen, die für die Verhältnisse verantwortlich sind und nichts daran ändern wollen. Und das zum eigenen Nachteil!

Es ist ein ganz ähnlicher Mechanismus, der bei Frauen in einer männerdominierten Gesellschaft zu beobachten ist. Wie es ihnen jahrtausendelang antrainiert wurde, übernehmen sie männlich geprägte Bilder und Urteile – und machen sich damit zu Komplizinnen männlicher Macht. Noch immer. Sie sind Unterstützerinnen eines Systems, das sie abwertet. Damit stabilisieren sie die Verhältnisse und tragen mit dazu bei, dass sich gesellschaftlich nur im Schneckentempo etwas zugunsten von Frauen ändert.

Auf Liebesbeziehungen übertragen, kann das falsche Bewusstsein zur Selbstanklage bei einer Trennung führen. So wird aus dem Scheitern einer Beziehung eine private Schande. Und die drückt auf das Selbstwertgefühl und lässt Frauen zusätzlich leiden. Zwar wird dieses Leiden ganz persönlich erfahren, aber dessen Ursachen sind in der weiblichen Verstrickung in männlich geprägte Wertemuster und Regeln zu suchen.

Was bei Eva Illouz das falsche Bewusstsein, ist bei der New Yorker Psychoanalytikerin Jessica Benjamin die freiwillige Unterwerfung. In ihrem großartigen Werk *Die Fesseln der Liebe* beschreibt die Therapeutin, wie männliche Macht funktioniert und Frauen zu *Anderen* werden. Zu der Seite, die Männer bei sich selbst verleugnen und unterdrücken.

»Die Weigerung des Mannes, die Andere anzuerkennen, wird ergänzt durch die Bereitschaft der Frau, sich mit ihrer mangelnden Subjektivität abzufinden: durch ihre Bereitschaft, Anerkennung zu gewähren, ohne selbst Anerkennung zu erwarten.«[8] So entsteht weibliche Selbstverleugnung.

Die zeigt sich auch immer wieder im scheinbar undramatischen Alltag. Zum Beispiel, wenn Frauen abschätzige Wertungen freiwillig übernehmen und sie in ihr Selbstbild einbauen. Wie bei dem bereits erwähnten Spiel von Ziege und Kuh; da werden weibliche Typen einem dieser Felltiere zugeordnet, um so die Art ihres Älterwerdens zu charakterisieren. Statt mit Ziege oder Kuh funktioniert das Spiel auch mit Henne oder Truthahn – genauer Truthuhn. Der eine Frauentypus wird im Laufe der Zeit zur fetten Henne, der andere Typus bekommt einen dürren, faltigen Truthuhnhals. Sind das nicht entzückende Aussichten? Und diese lustigen Spiele treiben Frauen ganz vergnügt miteinander.

Eine Kolumnistin der Frauenzeitschrift *Emotion* macht dabei gerne mit. Immerhin schreibt sie für ein Blatt, das in der Eigenwerbung behauptet: *Emotion – Inspiration und Impulse für selbstbestimmte Frauen.* Trotzdem findet besagte Kolumnistin das Bild von Ziege und Kuh nicht etwa grundsätzlich problematisch – weil blöd und abwertend. Nein, sie gibt Frauen nur den Rat, nicht unbedingt die Ziege als Leitbild zu favorisieren. Denn: »Wenn ein Mann zwischen Ziege und Kuh wählen darf, geht eigentlich immer die Kuh als Siegerin vom Platz beziehungsweise in sein Bett.«[9] Na super, wer wollte da nicht sofort eine selbstbestimmte Kuh werden?

Egal, ob Ziege oder Kuh – letztlich geht es um das eine: Bekommen wir die Liebe, die wir brauchen? Und die Lebensform, die wir anstreben? Denn ob wir als Paar oder als Single enden, ist keineswegs nur eine Frage der persönlichen Vorliebe. Schon deshalb nicht, weil die Modelle eine sehr unterschiedliche Wertschätzung in der Öffentlichkeit genießen.

Dabei ist bereits der Begriff des *Single* durchaus mit Vorsicht zu betrachten. Im Deutschen schleppt der Single einen Rattenschwanz an unterschwelligen Werturteilen mit. Einerseits erscheint er frei und ungebunden – was dort als Vorteil gilt, wo Flexibilität und Verfügbarkeit gefragt sind. Andererseits haftet dem

Single aber auch das Manko der sozialen Einsamkeit und Isoliertheit an; dann wird der Begriff zum Stigma.

Nur für Leute in jungen Jahren gilt eine Singleexistenz als gesellschaftlich akzeptabel. Spätestens gegen 30-Jährige wird dann die soziale Keule geschwungen: Wer allein lebt, sei egoistisch, konsumfixiert und wenig verantwortungsbewusst, heißt es.[10] Also alles andere als ein wertvolles Mitglied dieser Gesellschaft.

Nicht umsonst legen Personalchefs viel Wert auf eine feste Beziehung bei Einstellungskandidaten; das riecht nach einem seriösen und verlässlichen Lebenswandel. Menschen mit stabilen Beziehungen gelten als belastbarer, ausgeglichener und weniger hektisch in der Arbeit. Flexibel und ständig verfügbar sollen sie selbstverständlich trotzdem sein. Ein Ehering ist auch sehr förderlich für die Karriere, denn die Familie steht für Sozial- und Managementkompetenz. Wer als Mann, zumal in einem konservativen Unternehmen, in Topjobs aufsteigen will, tut also gut daran, spätestens mit Anfang 30 verheiratet zu sein und mit Mitte 30 eine Handvoll Kinder zu haben.[11]

Das ist merkwürdig, denn an diesem Punkt laufen öffentliche Erwartung und gesellschaftliche Entwicklung seit Jahren in völlig entgegengesetzte Richtungen. Während auf der einen Seite gefordert wird, das vermeintlich genussfreudige Alleinleben gegen stabile Verbindlichkeiten einzutauschen, ist auf der anderen Seite die Zahl der Singlehaushalte in den vergangenen 20 Jahren drastisch gestiegen. 1991 betrug deren Anteil 34 Prozent, 2012 bereits 41 Prozent. In Großstädten lebt mittlerweile in fast der Hälfte aller Haushalte nur eine Person.[12]

Das sind schon verdammt viele Menschen, die alleine wohnen – ob gewählt oder unfreiwillig. Dabei ist diese Lebensform nicht automatisch ein Zeichen für soziale Isoliertheit.[13] Auch Alleinlebende können sich auf Beziehungen, gut funktionierende Familienbande und einen verzweigten Freundeskreis stützen. *Living alone together* heißt der in Lifestylemagazinen benutzte

Begriff dafür. Doch schützt das Modell Allein-aber-Gemeinsam auch vor subjektiv empfundener Einsamkeit?[14]

Wie üblich, ist es auch beim Alleinleben nicht egal, ob es sich um einen Mann oder eine Frau handelt. Hierzulande sind mehr Frauen als Männer Single. Jede fünfte Frau lebt allein, dagegen nur jeder siebte Mann.[15]

Erleiden Frauen dabei ein ähnliches Schicksal, wie es Miranda, eine der vier Protagonistinnen aus *Sex and the City*, in schauerlichsten Farben an die Wand malt? »Ich habe eine Freundin, die sich immer nur die aufregendsten Männer an Land zog. Sie führte ein richtig gutes Leben. Dann kam der Tag, an dem sie aufwachte und 41 war. Keiner wollte noch mit ihr ausgehen. Sie war körperlich total am Ende und verlor dadurch auch noch ihren Job und zog am Ende wieder nach Wisconsin und lebt dort bei ihrer Mutter. Glauben Sie mir, das ist keine Geschichte, die MÄNNERN Kopfschmerzen macht.«[16]

Sieht man sich die Statistik für Deutschland an, ist *Sex and the City* offenbar gar nicht so weit von der Realität entfernt. Unter den Jüngeren gibt es zwar mehr männliche als weibliche Singles. Doch ab dem 45. Lebensjahr beginnt sich das Bild umzukehren; dann nimmt die Zahl der alleinlebenden Frauen deutlich zu. Zwischen dem 55. und 75. Lebensjahr steigt ihr Anteil besonders rasch und stark an. Während die Quote bei Männern in diesem Zeitraum konstant bleibt.[17]

Könnte sich der doppelte Standard wohl klarer entlarven? Oder will jemand ernsthaft behaupten, dass Alleinleben für Frauen so viel attraktiver ist als für Männer? Selbstverständlich gibt es Frauen, die nie mit einem Partner zusammenwohnen wollten oder glücklich sind, einer Beziehung entkommen zu sein, und ihre Freiheit genießen. Doch die können wohl kaum die eklatante statistische Differenz ausmachen.

Dies lässt den Schluss zu, dass viele Frauen in den mittleren Jahren unfreiwillig verzichten und keinen Partner zum Zusammenleben finden. Und als wäre dieser Verzicht nicht schon bitter genug, empfinden sie ihre Situation auch noch allzu oft als persönliches Versagen.

Dabei geht es hier mindestens ebenso sehr um das Politische wie um das Private. Es ist ein höllisches Gesellschaftsspiel, das Frauen zu Verliererinnen macht. Wer als attraktiver Partner gilt und wer nicht, entscheidet sich nicht im luftleeren Raum, sondern in einem vorgegebenen Rahmen. Das Begehren wird individuell erlebt, ist aber sozial gesteuert. Und wenn die älter werdende Frau in der Gesellschaft nichts wert ist, wenn sie als unerotisch und wenig begehrenswert abgestempelt wird, beeinflusst das selbstverständlich das Auswahlverhalten von Männern.

Wenn Frauen der Kopf dröhnt und das Herz schmerzt, weil sie alleine sind und sich nach einer Beziehung sehnen – was wäre da logischer, als aktiv zu werden und verstärkt nach Kontakt zu suchen? Denn erst mal müssen sich zwei schließlich treffen, bevor sie ein Paar werden können.

Hierzulande lernen sich zwei Drittel der Liebesleute nach wie vor in ihrem sozialen Umfeld kennen. An erster Stelle ist das der Freundes- und Bekanntenkreis. An zweiter der Arbeitsplatz, was auch Schule oder Ausbildungsort einschließt. An dritter Stelle begegnen sie sich in Kneipen und Clubs und an vierter, wenn sie ihrem Hobby nachgehen, beim Sport, in Vereinen. Das Internet ist ein wenig erfolgreicher Kuppler: Nur gut fünf Prozent der Suchenden finden jemanden über Netzkontakte.[18]

Das Grundproblem bei der Partnersuche jenseits der 40: Für viele allein lebende Frauen ist es verflucht schwer, ihre Alltagswelt zum Verlieben zu nutzen. Die ist abgegrast. Der Freundes- und Bekanntenkreis bleibt oft über viele Jahre konstant, da taucht nicht alle naselang ein neuer, interessanter Mann auf, der eine Beziehung sucht. Ähnlich verhält es sich am Arbeitsplatz; wer nicht ständig den Job wechselt, kennt irgendwann alle Kollegen und weiß um die erotischen Chancen. Kneipe und Club bieten da schon mehr an zufälliger Begegnung, aber wohl eher für jüngere

Leute; für alleinerziehende Mütter mit Kindern zum Beispiel fällt auch diese Möglichkeit ziemlich flach, die können nicht ständig Party machen. Und was dann?

In einem Internet-Blog mit dem Namen *Plankton* schreibt eine Frau, geschieden und, wie sie sagt, auf der falschen Seite der 45: »Ich bin erotisches Niemandsland, dazu verdammt, für den Rest meines Lebens alleine zu bleiben. Ein Plankton in der sexuellen Fresskette und bei der Aussicht auf eine Beziehung.«[19] Klingt mehr als traurig. Wie viele Frauen mag es wohl geben, die aus dieser Stimmung heraus das Notebook anschmeißen?

Singlebörsen im Internet. Ansehen, kaufen, ausprobieren, zurückschicken wie beim Online-Shop Zalando oder bei Amazon. Und immer die Hoffnung, irgendwann auf das Super-Trouper-Angebot zu stoßen, auf den einen, der das kranke Herz heile macht. Wenn man der Werbung glaubt, ist die digitale Partnervermittlung ein Campo di Rialto fürs Liebeswerben. Tatsächlich handelt es sich wohl eher um einen fragwürdigen Containerhafen: Sammel- und Umschlagplatz für alles, was zwei Menschen miteinander treiben können. Blendung, Enttäuschung und Kränkung im Paket inbegriffen.

Mehrere tausend Partnerseiten gibt es inzwischen im Netz. FriendScout, Parship, Dating Cafe und ElitePartner heißen einige der großen Agenturen, die das raue Geschäft mit dem Liebesglück betreiben. Längst nicht alle Börsen sind seriös, aber auch längst nicht alle Kunden wollen es seriös.

Wenn die Künstleragentin Heike Melba Fendel über die technologisch professionalisierte Partnersuche spricht, wird sie harsch: »Möchtest du jetzt einen 1,85 Meter großen Mann mit braunen Haaren aus Hamburg oder den Nichtraucher aus Köln? Soll diese Wahlmöglichkeit etwa ein Ausdruck von Freiheit sein? Dahinter steckt doch der Gedanke: Ich krieg, was ich will! Aber das Wollen entsteht schließlich erst, wenn ich etwas mit einem Menschen erlebe und mich ihm aussetze. Was hier läuft, ist Verlangen auf Bestellung – die Reduktion des anderen auf Fleisch und Funktion, also ein pornografischer Umgang mit dem eigenen Körper und dem des anderen.«[20]

Auf den digitalen Kontakthöfen trifft ein Wust von Wünschen aller Art aufeinander, wird kategorisiert, gerastert, bewertet und zugeteilt. Was das Spiel um Sex und Erotik, Herz und Hand unendlich vielfältig und gleichzeitig so bequem macht. Scheinbar. Denn einfach und erfolgreich funktioniert dabei nur der Austausch von Sex.

Jeder, der eine dauerhafte Beziehung sucht und die entsprechenden Seiten im Netz aufruft, könnte stattdessen gleich am Glücksspielautomaten zocken. Er sucht etwas Beständiges und Verbindliches in einem Medium, das von Schnelligkeit und Beliebigkeit lebt. »In unseren Nutzerumfragen haben wir festgestellt, dass gerade Singlefrauen über 35 sehr wohl nach Mr Right suchen, sich in der Zwischenzeit aber auch mit Mr Right now vergnügen«, berichtet die Chefin von FriendScout.[21] Weniger marketingmäßig gesagt: Nimm dir beim Online-Dating lieber gleich den Spatz mit ins Bett, denn die Taube kannst du vergessen. Und beim One-Night-Stand geht's Vögeln ja auch mit 'ner Nummer kleiner.

Der Typ für eine Nacht findet sich leicht im Netz, solche Ersatzmänner tummeln sich dort massenhaft. Der 47-jährige Handwerker Volker K. erzählt: »Das Internet macht es nicht einfacher, besser oder schöner.« Auf Dauer werde man nur weniger kompromissbereit. Der Hamburger hat sich bereits mit drei Dutzend Frauen getroffen, die er bei Kontaktbörsen kennengelernt hat. Sex gab's meist beim ersten oder zweiten Date. »Soweit ich weiß, ist das üblich, ich bin keine Ausnahme.«

Mit zehn dieser Frauen hat Volker K. eine Beziehung angefangen, von denen fast alle nur einige Monate hielten. Warum es nicht länger klappte, ahnt der Mann auch: »Kontaktbörsen verführen dazu, nach den ersten ansprechenden E-Mails oder Telefonaten schnell übersteigerte Erwartungen aufzubauen, in dem anderen nur das zu sehen, was ich sehen will.«[22]

Beim Kauf eines Fertigprodukts im Supermarkt schaut man ja auch nicht gleich auf die Liste mit allen Zutaten. Hauptsache, die Verpackung und die Beschreibung stimmen erst mal: Tortellini mit Erbsen in Sahnesoße, präsentiert in einer Schachtel mit appetitanregendem Bild. Schon scheint das Produkt zu versprechen, dass es auch schmeckt, und landet im Warenkorb.

Doch so weit kommen Frauen jenseits der 40 häufig erst gar nicht. Sie scheitern bereits am Produktversprechen. Was der Konsument erwartet, können sie nur bedingt erfüllen: Ihr Verfallsdatum ist überschritten! Was nützt es da, »warmherzig, klug, unternehmungslustig« und auf der Suche nach einem »festen, liebevollen Partner« zu sein. Diese Selbstbeschreibung lässt sich im Beziehungs-Kaufland nur bedingt vermarkten, wenn der Inhalt als nicht mehr frisch genug gilt. Kein Wunder, dass viele Frauen anfangen, mit ihrem Alter zu tricksen – wenn es denn möglich ist.

Denn für Männer müssen zunächst die äußeren Rahmendaten stimmen. Dazu gehört, dass sie fast ausschließlich Frauen abchecken, die jünger oder sogar wesentlich jünger sind als sie selbst. Erfüllt eine Frau genügend Punkte aus ihrem Kriterienkatalog, sind Männer rasch bereit, sich vom virtuellen auf ein reales Treffen einzulassen und auch weiter zu gehen.

Frauen agieren vorsichtiger und langsamer. Vor allem, wenn sie eine ernsthafte Beziehung über eine Partnerbörse suchen. Doch viele Nutzerinnen in mittleren Jahren holen sich dabei eher Frust als Lust. Irgendwann kotzt es sie an, ständig von älteren Männern und so gut wie nie von gleichaltrigen kontaktiert zu werden. Gleichzeitig stellen sie fest, dass die meisten Männer, die sie selbst interessant finden, nur nach jungen Frauen verlangen. Das macht depressiv – oder stinkwütend!

Dabei stehen die Kränkungen, die das Netz bereithält, denen in der realen Welt in nichts nach. Was fies und gemein ist, verliert seine Wirkung nicht, weil die Verletzung digital erfolgt. Die

50-jährige Gabi K., Verwaltungsangestellte und alleinerziehende Mutter, hat da einschlägige Erfahrungen gemacht.

Ein Mann sah ihr Bild und verlangte, sie solle sich liften lassen, um überhaupt für ihn in Frage zu kommen. Der nächste versuchte, sie gleich beim ersten Treffen ins Bett zu kriegen; als sie sich weigerte, wollte er nichts mehr von ihr wissen. Ein dritter säuselte sich durch charmante E-Mails und einen romantischen Abend: »Darf ich in dein Herz?« – um anschließend den Kontakt ohne Erklärung abzubrechen. Ein weiterer wollte sie sich als Lückenbüßerin warmhalten, falls seine aktuelle Beziehung scheitern sollte. Gabi K. hat die Schnauze voll vom Internet-Dating.[23]

Ob die Autorin des bereits erwähnten *Plankton*-Blogs wohl ähnliche Erfahrungen gemacht hat? »Vielleicht lebe ich, bis ich 90 bin, aber eine Art Tod ist schon jetzt eingetreten. Ich existiere bereits in einer Wüste«, notiert die Bloggerin. Wo, so fürchtet sie, für die nächsten 40 Jahre die Einsamkeit auf sie wartet.[24]

O Gott, wie düster, wie selbstmitleidig, wie wahnsinnig fatalistisch. Aber heißt das etwa, dass die Bloggerin spinnt? Welche Frau würde wohl behaupten, dass sie noch nie *et arm Dier* gehabt hat, wie der Rheinländer sagen würde, und dass ihr diese extremen Stimmungen völlig fremd sind? Wahrscheinlich möchte man gar nicht wissen, wie viele Frauen sich ab und an als ein verdorrender Kaktus fühlen.

Und solange der gemeine Unterschied das weibliche und männliche Älterwerden bestimmt, werden sich Frauen wie die Autorin von *Plankton* und Gabi K. auch immer wieder durch die Wirklichkeit bestätigt sehen.

Zur Ernüchterung reichen bereits die klassischen Kontaktanzeigen in Printmedien. Dort stellt sich die Situation für Frauen nicht einfacher dar als im Netz. Bereits bei einigen Stichproben in einem Qualitätsblatt wie dem *Zeit Magazin* zeigt sich: Erstens sind bereits erstaunlich viele weibliche Thirtysomethings anscheinend so liebesarm, dass sie auf diesem Wege nach Beziehungen suchen. Zweitens verschweigen Frauen in den Anzeigen zunehmend ihr Alter. Drittens glauben Männer auch hier, dass sie für wesentlich jüngere Frauen unschlagbar attraktiv sind.

»Starke Frau, Vollblutlady? Nordhessen, drum herum oder irgendwo: Studierter, erfolgreicher, gut situierter und fitter Single, 68 J./186 cm, schlank, seriös, zuverlässig, mit Niveau, Kultur, Ästhetik, Schulter z. Anlehnen, hofft auf diesem Wege außergewöhnliche Lebens- u. Liebes-Partnerin mit Wespentaille, gr. Oberweite, femininer Ausstrahlung u. etwas unter 55 Jahren (oder noch jünger, wenn Dir dies gefällt) zu finden.«[25]

Was für ein Vollblutmann! Aber vielleicht will er ja nur dem Eindruck vorbeugen, dass er, wie so viele ältere Kerle, schon mal vorsorglich eine Altenpflegerin sucht. In anderen Anzeigen kommt der männliche Anspruch viel alltäglicher daher:

»Unternehmer, Akad., 58/1.84, schlank, gesch., Nichtraucher, Vegetarier, mit vielen Vorlieben. Suche gutaussehende Sie, groß und schlank, die das eine oder andere Hobby mit mir teilt, 25–45 J. alt ist und sich Kinder wünscht.«[26]

Hier wird der bevorzugte Jahrgang explizit genannt. Andere Mitt- und Endfünfziger verweisen in ihren Profilen einfach nur darauf, dass sie noch eine Familie gründen wollen. Da kann man sich unschwer ausrechnen, in welchem Alter ihre Wunschfrau sein soll.

In den Neunzigerjahren veröffentlichte die amerikanische Zeitschrift *Newsweek* eine Berechnung, die darauf hinauslief: Für eine 40-jährige Frau tendiere die Chance, einen Mann zu finden, gegen null. Wenn sie doch einen bekomme, gleiche das einem Sechser im Lotto. Und noch immer grassiert die Angst, dass das *Newsweek*-Orakel stimmen könnte. Wenn es ums Alleinsein geht, werden Frauen sehr hellhörig und stellen flugs die Beziehung zwischen gesellschaftlichen Mustern und eigenen Erfahrungen her. Und was da miteinander kurzgeschlossen wird, macht wenig optimistisch.

Hinzu kommt: Der alleinlebenden Frau werden nicht nur die negativen Singlestereotype aufgehalst, sondern auch noch der ganze andere Quatsch, der am »Fisch ohne Fahrrad« hängt. Das 21. Jahrhundert hat mit der Vorstellung, dass eine Frau ohne Mann ein unvollständiges Wesen ist, beileibe nicht aufgeräumt. Frauen selbst empfinden es häufig noch immer so – und leiden, wenn ihnen Liebe fehlt, aber auch, weil sie die Ganzheit vermissen, die angeblich nur mit einem Manne zu haben ist.[27]

»Am schlimmsten ist die Bereitschaft von Frauen, sich demütigen zu lassen«, beschreibt Heike Melba Fendel. »Weil für sie noch immer ganz entscheidend ist, a) überhaupt einen Partner zu haben, b) ihn um jeden Preis zu halten und c) wenn man keinen hat, darunter zu leiden und diesen Zustand möglichst schnell beenden zu wollen. Und um diese drei Dinge zu erreichen, schlucken Frauen sehr viel – auch diejenigen, die im Beruf tough und erfolgreich sind. Ich kann einen Konzern leiten und trotzdem dulden, dass mein Mann mich betrügt und ich mich täglich damit quäle.«[28]

Viel zu oft zählt für Frauen in erster Linie, dass sie überhaupt eine Beziehung vorweisen können – egal, ob die schön oder schrecklich ist oder vielleicht nur noch auf dem Papier existiert. Obwohl sich die Verhältnisse verbessert und große Entwicklungen stattgefunden haben, hängt das weibliche Selbstwertgefühl noch immens an der Partnerschaft. Wo die Anerkennung durch die Liebe fehlt, wuchern die Selbstzweifel. Wie eh und je. In der hypermodernen Gesellschaft vielleicht sogar stärker als jemals zuvor.

Denn sosehr Frauen früher durch Normen und Konvention eingeengt waren, sosehr die Bindung an eine soziale Klasse und familiäre Systeme sie in den Käfig sperrten – dieses Korsett wirkte durchaus auch stabilisierend. Es ließ Frauen kaum Freiraum für eigene Entwicklungen und Entscheidungen. Damit lastete aber auch weniger Eigenverantwortung auf ihren Schultern. Solange sie in der Rollenspur funktionierten, brauchten sie sich selten Gedanken um ihr persönliches Versagen zu machen.

Heute hingegen ist angeblich jeder selbst verantwortlich, wie er sich emotionale Sicherheit, persönliche Anerkennung und soziale Geltung verschafft. Diese Anforderung klingt nicht zufällig nach einem neoliberalen Programm. Die Regeln des Marktes haben die globalisierte Welt bis ins Innerste durchdrungen, korrumpiert und auch die Liebe verwandelt. Größere Freiheit – mehr Autonomie – weniger Verbindlichkeit – stärkere Unsicherheit.[29]

Dennoch ist es nach wie vor die romantische Liebe, an der für Frauen unendlich viel hängt: die oben erwähnte Dreifaltigkeit aus Anerkennung, Sicherheit und sozialer Geltung. Außerdem glauben Frauen, in einer festen Beziehung zufriedener zu sein. Und Wissenschaftler geben ihnen irgendwie recht. Vor allem im ersten Jahr nach einer Hochzeit sind Paare besonders glücklich. Und auch danach sind sie im Schnitt glücklicher als unverheiratete Menschen.[30]

Die romantische Liebe ist also ersehntes Glück und erträumtes Ziel. Sie kann aber auch zum Instrument werden, um Frauen klein zu halten. Denn Angst vor dem Verlust dieser Liebe bringt Frauen dazu, sich unterzuordnen. Und im nächsten Schritt die Unterordnung innerlich anzunehmen. Quasi zu lieben![31] Das führt zu einem äußerst ungleichen Machtverhältnis zwischen Männern und Frauen, das in Liebesbeziehungen doch eigentlich nichts zu suchen hat.

Mit dem Begriff der Macht, stellt die Soziologin Eva Illouz fest, lasse sich weitgehend erklären, was in der männlich-weiblichen Beziehung bisher alles falsch läuft. Sehr erhellend und eindringlich beschreibt die Wissenschaftlerin, warum Frauen bei diesem Machtspiel meist am kürzeren Hebel sitzen.

Denn was passiert, wenn Menschen sich voneinander angezogen fühlen? Das laufe nach »routinierten, selbstverständlichen Regeln« ab, die durch jahrhundertealte Normen geprägt seien, erklärt Eva Illouz. Diese Normen aber beruhten auf einem asymmetrischen Machtverhältnis.[32] Das heißt: Obwohl Frauen heute selbstbestimmter leben können als früher, sind sie nach wie vor der ungleichen Machtverteilung unterworfen. »Die heterosexuellen Frauen der Mittelschicht befinden sich daher in der merkwürdigen historischen Lage, so souverän über ihren Körper und ihre Gefühle verfügen zu können wie nie zuvor und dennoch auf neue und noch nie da gewesene Weise von Männern dominiert zu werden.«[33]

Und alles geschieht angeblich im Namen der Liebe. Bei der Künstleragentin Heike Melba Fendel kommt das ganz schlecht an. »Frauen und ihre Gefühle – die Geschichte einer strukturellen Verblödung«, schimpft sie. »Da agieren Frauen superprofessionell, solange sie glauben, sich in einem gefühlsfreien Raum zu bewegen. Doch kaum geht es um Gefühle, heißt es: Ich kann doch nicht anders, ich bin völlig hilflos, ich liebe ihn doch so. Das ist doch unerträglich!«[34]

Und wenn die weibliche Gefühlswelt auch noch durch Angst vorm Älterwerden erschüttert ist, potenzieren sich die Widersprüche. Dann wird unendlich viel von der Partnerschaft erwartet: Sie soll Sicherheit geben, die Härte des biologischen Verfallsprozesses mildern und die Zeit überdauern. Alles darf zu Ende gehen, nur nicht die Liebe! Die soll ewig leben! Bereits diesem Anspruch wohnt die Enttäuschung inne.

Trotzdem – ist es ein Wunder, dass gerade die älter werdende Frau, der die Energie häufig an allen Ecken und Enden abgezogen wird, sich nach diesem einzigartigen Gefühl sehnt? Zumal wenn ihr – zum Beispiel durch eine Trennung – das gewohnte Liebesobjekt abhandengekommen ist? Bedauerlicherweise sind Frauen dann jedoch allzu oft bereit, viel zu viel ihrer Selbstbestimmung zu opfern, um dieses Gefühl zu spüren. Dann wird die romantische Liebe zur Falle.

Doch bei allem, was Liebe anrichten kann, ist sie zweifellos auch ein Lebenselixier. Wer verliebt ist, erhöht das Subjekt seiner Liebe, wer zurückgeliebt wird, erhöht auch sich selbst.[35] Denn wer sich geliebt fühlt, ist überzeugt, dass es ja einen Grund für die Zuneigung zu ihm geben muss – dass er diese verdient und ihrer wert ist. Nicht umsonst lässt Goethe den verliebten Werther ausrufen:

> »Ja, ich fühle, und darin darf ich meinem Herzen trauen, daß sie – o darf ich, kann ich den Himmel in diesen Worten aussprechen? – daß sie mich liebt!
> Mich liebt! – Und wie wert ich mir selbst werde, wie ich – dir darf ich's wohl sagen, du hast Sinn für so etwas – wie ich mich selbst anbete, seitdem sie mich liebt!«[36]

So wird eine Frau, die blind vor Liebe ist, auch sich selbst mehr lieben und insgesamt nachsichtiger werden. Sie fühlt sich aufgewertet. Das heißt ja nicht, dass eine Verliebte übersieht, wenn ihr Geliebter zu viel blassrote Haut und zu wenig Waschbrettbauch hat, dass er zu viel redet und nicht immer das Klügste sagt. Trotzdem wird sie ihm verzückt lauschen. Sie weiß auch immer noch, dass sie selbst keine Modelmaße samt Walla-Walla-Haaren vorzeigen kann und dass ihr cholerisches Temperament zu schnell mit ihr durchgeht. Aber all dies wird zur Lässlichkeit, die sie in einem milderen, unkritischen Licht betrachten kann. Und dessen versöhnlicher Schein fällt zunächst auf den anderen und dann auf sie selbst zurück.

Die romantische Liebe kann die Unsichtbarkeit überwinden und das Gefühl der Einzigartigkeit stärken. Deshalb ist gerade der Mensch in der individualisierten Moderne, der sich oft genug wie ein versprengter Sternenkrümel auf der Milchstraße fühlt, so sehr auf die Auszeichnung durch die Liebe angewiesen. Sie bestätigt ihn in seiner Besonderheit, während sie gleichzeitig seine

Einsamkeit mildert. Das Selbstwertgefühl steigt und damit auch die Lebensenergie. Wie sagte es ein betagter Glücksforscher an der Harvard University: »Glück ist Liebe. Punkt.«[37]

Da stehen wir also, wir Frauen in den mittleren Jahren, und sind auf die Liebe geeicht. Das ist ja gut und schön, doch wenn es damit nicht klappt, warum suchen wir die Schuld eigentlich immer bei uns? Wir sind doch perfekt darin, uns selbst schlechtzureden und uns gleichzeitig als Opfer zu fühlen. Der doppelte Standard ist zwar darauf angelegt, uns als Liebesobjekt abzuwerten. Doch müssen wir uns deshalb als ganze Person noch gleich mit abwerten? Stellen wir stattdessen doch den doppelten Standard in Frage!

In seinem Buch *Anleitung zum Unglücklichsein* beschreibt der Philosoph und Therapeut Paul Watzlawick, wie man die Welt so deuten kann, dass sich die Dinge zum eigenen Jammer entwickeln. Wahrscheinlich ist es nicht zu vermeiden, sich mal so einsam wie ein unbedeutendes Plankton zu fühlen oder wie verloren in einer Wüstenei – aber sind wir deshalb schon Fischfutter oder ein verdorrender Kaktus? Sind wir schon deshalb allein, weil wir ohne Mann sind? Wir erschöpfen uns doch nicht darin, ein Liebesobjekt für andere zu sein, es gibt auch die Liebe zu uns selbst.

Autonomie ist dabei ein entscheidendes Stichwort. Nicht nur Liebe, auch Autonomie mildert das Alleinsein. Je stärker wir in einer Beziehung aufgehen, je mehr wir uns von ihr abhängig machen, desto größer wird unsere Angst vor dem Eigenständig-in-der-Welt-Stehen. Gibt es nicht eine selbstbestimmte Position zwischen Gefühlen, Freiheit und der ökonomischen Logik, denen Paarbindungen heutzutage unterliegen? Suchen wir sie doch mal.

Werte und Wirtschaft

Über Arbeit, Geld und Versorgung

Da ist Ilona, eine Frau Ende 30. Sie kann viel, sie macht viel, und trotzdem ist ihre Zukunft unsicher. Weder weiß sie, wie es beruflich weitergeht, noch, wovon sie leben soll, wenn ihr Mann als Versorger ausfällt. Sie wohnt in einer Großstadt mit vielen Möglichkeiten, doch sie tritt auf der Stelle.

Am Ende ihres Studiums war Ilona eine dieser engagierten jungen Akademikerinnen, denen eine erfolgreiche Zeit im Beruf vorausgesagt wurde. Sie brachte alles mit: einen super Abschluss, Ehrgeiz, Willen, aber auch ein gutes Maß an sozialer Kompetenz. Geisteswissenschaften zu studieren war zwar nicht die beste Ausgangsbasis, doch sie ergatterte als eine unter zweihundert Bewerbern ein Sondervolontariat bei einem Sender. Anschließend ging es gut weiter: Erst machte sie eine Schwangerschaftsvertretung, anschließend wurde sie für ein Jahr auf eine befristete Stelle übernommen. Sie war Anfang 30, als ihr der Sender eine feste Stelle anbot. Damit hatte sie es geschafft, in einem Bereich Fuß zu fassen, der nur noch wenigen offensteht. Das Angebot kam, als sie schwanger war.

Sie entschied sich, die Stelle nicht anzutreten, sondern ein Jahr auszusetzen. Ihr Mann hatte als Steuerberater die Chance, in eine Kanzlei in einer anderen Stadt einzusteigen. Die Familie zog um. Für Ilona waren damit erst mal alle beruflichen Kontakte weg. Während ihr Mann immer mehr Geld verdiente, war sie zu Haus, bekam ein zweites Kind und wollte dann unbedingt wieder arbeiten. Doch der nächste Umzug stand an, und die Familie landete wieder in einem anderen Ort.

Ilona begann zu suchen. Bereits drei Jahre hatte sie nun keinen Job, sie fühlte sich eingerostet, unzufrieden und nicht ausgelastet. War sie nicht eine hervorragend ausgebildete Frau mit beruflichen Ambitionen? Doch klar, die Versorgung der Kinder blieb ausschließlich an ihr hängen. Ihr Mann kam kaum vor zehn Uhr abends nach Hause, sie konnte sich einfach nicht vorstellen, dass er kürzertreten würde, um sich um die Kleinen zu kümmern. Dabei war es ja nicht so, dass sie die Arbeitsverteilung irgendwann mal festgelegt hätten; diese Regelung war seit der ersten Geburt einfach stillschweigend Praxis. Und auch jetzt wollte Ilona daraus kein Problem machen.

Da ergab sich plötzlich für sie die Chance, wieder bei einem Sender anzufangen. Es war ein gutes Angebot, doch Ilona zögerte – und sagte ab. Die Arbeitsstunden vertrugen sich nicht mit den Kita-Zeiten ihrer Kinder. Wer sollte sie abholen? Stattdessen arbeitete sie sechs Stunden täglich als Assistentin in einer PR-Agentur. Das war nicht gut bezahlt und eigentlich konnte sie mehr, aber sie hoffte auf bessere Zeiten. Noch einmal wechselte sie die Firma, um etwas Interessanteres zu machen. Doch wieder scheiterte es an den häuslichen Zwängen.

Ilona ist 38, fühlt sich gefangen und ohne Perspektive. Den Gedanken, wovon sie ohne Mann leben oder die Kinder ernähren sollte, schiebt sie immer weit von sich. Und an ihre Rente mag sie schon gar nicht denken.[1]

Frauen denken ständig ans Älterwerden – Frauen vergessen, dass sie älter werden. Das klingt paradox, lässt sich jedoch beides mit Fug und Recht behaupten. Im weiblichen Kosmos oszilliert das Thema zwischen Überpräsenz und stiller Verleugnung.

Einerseits nistet sich die Furcht vor den Jahren sehr früh ein, manchmal bereits bei Jugendlichen. Das Altern des Körpers, mit allem, was an sozialen Folgen daran hängt, wird als Bedrohung empfunden, und die Öffentlichkeit tut alles, um diese Sorge zu bestärken. Wohl kaum eine andere Zukunftsangst schreibt sich so garstig in die weiblichen Köpfe und Körper ein.

Doch andererseits werden die Zeitläufte heftig verdrängt – und durchs Bewusstseinsraster fällt bevorzugt, was sich im weitesten Sinne um ökonomische Fragen dreht. Frauen können bei ihrer Lebensplanung erschreckend gleichgültig sein, wenn es um den Beruf und die materielle Zukunft geht. Kontinuität im Job, Unterhaltsfragen, Rente? Diese Probleme lassen sie gern auf sich zukommen, ohne sie ausreichend und vorausschauend in ihren Lebensentwurf einzubeziehen.

Diese Abwehr kommt nicht von ungefähr. Noch bis in die 1950er Jahre waren Geldgeschäfte reine Männersache. Eine Frau durfte noch nicht einmal über das Vermögen verfügen, das sie in die Ehe eingebracht hatte; es wurde vom Mann verwaltet. Nur mit dem Haushaltsgeld, das ihr zugeteilt wurde, konnte sie selbstständig wirtschaften. Und nicht wenige Familien kamen auch in schlechten Zeiten nur deshalb über die Runden, weil die Hausfrau ihr mageres Budget bewundernswert geschickt einteilte. Ansonsten blieb sie bei finanziellen Angelegenheiten außen vor.

Das ging so weit, dass Frauen bis 1957 ohne Zustimmung ihres Gatten noch nicht einmal ein eigenes Konto eröffnen konnten. Und bis 1977 auch keinen Beruf ausüben durften, wenn es dem Ehemann nicht passte; er konnte eine Anstellung sogar über den Kopf seiner Frau hinweg kündigen. So haben Frauen eigentlich erst seit rund 40 Jahren lernen können, wie eine strategische Finanzplanung über einen langen Lebenszeitraum aussieht.

Frauen und Geld, ein schwieriges Kapitel. Hier treffen gesellschaftliche Rahmenbedingungen und persönliche Verantwortung aufeinander und heraus kommt allzu oft – weibliche Mangelwirtschaft! »Wenn Frauen ihr Leben und ihr Alter in Würde verbringen wollen, geht das nicht ohne Geld, vor allem nicht ohne eigenes Geld«[2], betont Helma Sick, eine unabhängige Finanzberaterin aus München, die seit vielen Jahren Frauen bei ökonomischen Fragen unterstützt. »Viele Frauen denken aber nicht daran, eine finanzielle Lebensplanung für sich zu entwerfen, verlassen sich noch allzu oft auf einen Partner, obwohl mittlerweile fast jede zweite Ehe geschieden wird.«[3]

Ihre ersten Erfahrungen mit diesem Problem machte Helma Sick in einem Frauenhaus, in dem sie kaufmännische Leiterin war. Dort hatte sie mit Gewaltopfern aus allen sozialen Schichten zu tun, die allerdings eines verband: »Keine Frau hatte Geld, keine wusste, was ihr Mann verdient oder wie sie an Geld kommen konnte. Sie wussten nicht, wie sie ohne einen Mann existieren können.«[4]

Nun mögen das krasse Fälle sein, aber auch bei Frauen mit einem weniger dramatischen Lebenslauf liegen die Dinge, sobald es ums Thema Geld geht, durchaus ähnlich. Gabriele Radl, unabhängige Finanzberaterin aus Oberursel, erzählt von den Klassikern: Da kommen Frauen nach einer Scheidung zu ihr, weil sie sich von finanziellen Fragen überfordert fühlen. Meist sind sie zwischen 40 und 45, haben also eigentlich genügend Lebenserfahrung. Doch zur Begründung für ihre Hilflosigkeit sagen sie dann: Ich weiß ja nicht, was ich tun soll, die Geldangelegenheiten hat doch immer mein Mann erledigt.[5]

Für Männer ist Geld ein Statussymbol. Für Frauen hat dieser Aspekt zwar geringere Bedeutung, doch auch sie lieben Geld – sie sollten das nur nicht allzu sehr zeigen. Denn wenn man sich traditionelle Rollenbilder anschaut – in Märchen und Trivialliteratur bis zu Film und Fernsehen –, sind es immer die bösen Mädchen, die scharf auf die Kohle sind. Den guten Mädchen ist Geld egal, die heiraten auch den armen Schlucker. Hauptsache Liebe!

In dem Hollywood-Klassiker *Wie angelt man sich einen Millionär* mit Marilyn Monroe kommt dieses Motiv wenigstens lustig daher. Drei Frauen beschließen, unbedingt reich zu heiraten. Doch am Ende siegt die Leidenschaft, und die drei erwählen einen Bankrotteur, einen Ranger und einen Tankwart. Der Tankwart allerdings entpuppt sich – wer hätte das gedacht – als Ölmillionär.

In unserer durchkapitalisierten Welt klingt es zwar ein bisschen altbacken, aber noch immer gilt: Geld zu haben ist für Frauen okay, Geld zu wollen noch immer ein bisschen anrüchig. Darüber kann sich Finanzberaterin Helma Sick richtig aufregen: »Ein unglaubliches Pharisäertum! Eine gute Frau wurde immer so dargestellt, dass sie mit Geld nichts zu tun haben wollte. Ich denke, dass sich das in den Köpfen der Frauen länger gehalten hat, als wir alle annehmen.«[6]

Helma Sick hat in ihrer Arbeit viel über weibliche Naivität in finanziellen Dingen erfahren. Für sie ist besonders erschreckend, dass Frauen noch immer glauben, versorgt zu sein, sobald sie einen Ehemann haben. Motto: Finanzielle Vorsorge? Brauche ich nicht, bin doch verheiratet! »Das ist eine Blauäugigkeit, die ich nicht akzeptieren kann. Jede von uns möchte, dass ihre eheliche oder partnerschaftliche Beziehung ein Leben lang hält, aber die Statistik spricht einfach dagegen. Ganz abgesehen davon, dass ich es einfach nicht als richtig erachte, dass Frauen jemand anderen als Retter für ihre eigene Situation betrachten.«[7]

Wie gesagt, Frauen und Geld – ein schwieriges Kapitel. Die Probleme fangen bei der Berufswahl an und enden bei der Rente. Dazwischen liegen eine ganze Reihe Sollbruchstellen, die Frauen potentiell ins ökonomische Abseits befördern: die Beschäftigung in Branchen, in denen schlecht verdient wird; die ungleiche Bezahlung im Vergleich zu Männern samt miesen Aufstiegschancen; die Berufsunterbrechung oder -aufgabe wegen der Kinder; die wirtschaftliche Abhängigkeit vom Ehemann; der Geldmangel von alleinerziehenden Müttern; die fehlende Planung für die Zeit nach der Kinderphase; die ausbleibende Vorsorge für die späteren Jahre, weil die Ressourcen nicht reichen oder das Problem nicht wahrgenommen wird.

Selbstverständlich gibt es genügend Mittelschichtfrauen, die beruflich und ökonomisch keine Sorgen haben und weder in der zweiten noch dritten Lebensphase mit wirtschaftlichen Schwierigkeiten rechnen müssen. Die sind einen Riesensack an Bedrängnis los, mit denen sich andere spätestens dann herumschlagen müssen, wenn sie merken, dass die Zukunft finanziell nicht so rosig aussieht, wie sie dachten oder hofften. Diese Verunsicherung setzt meist jenseits der 40 ein und erreicht Frauen in den verschiedensten Milieus und Einkommensgruppen.

Zum Beispiel auch Klaudine, Paula und Sophia. Irgendwann im Gespräch landen die Freundinnen bei den sogenannten harten Themen: Geld und materielle Versorgung.

Sophia: Wenn ich so an unsere Mütter denke, die waren ja ganz anderen Anforderungen ausgesetzt. Deren Leben können wir uns eigentlich nicht mehr vorstellen, weil wir von unseren Männern wirtschaftlich nicht mehr abhängig sind ...

Paula: ... wir drei vielleicht nicht, aber sehr viele andere Frauen schon. Frauen in unserem Alter mit einem 400-Euro-Job oder ohne jede Arbeit stehen ganz anders da ...

Klaudine: Nimm bloß mal an, du bist alleinerziehend, hast drei Kinder und verdienst mittleres Angestelltengehalt. Das heißt, du bist immer ganz knapp bei Kasse und musst auch noch alles alleine managen. Dann bist du mit 50 Jahren garantiert erschöpft und ausgelaugt.

Paula: Ich glaube, Frauen drücken sich gern vor solchen Fragen: Was passiert, wenn ich plötzlich ohne Mann dastehe? Wie lange soll ich wegen der Kinder im Beruf aussetzen und wie geht es danach weiter? Kann ich später von meiner Rente überhaupt leben?

Klaudine: Letzteres kenne ich! Ich kenne das total von mir, dass ich diese Gedanken völlig ausblende. Ich arbeite freiberuflich, meine Existenz ist überhaupt nicht gesichert. Wenn ich mal alt bin, wovon soll ich dann leben? Ich verdiene jetzt ganz gut. Aber wenn ich fertig gearbeitet habe, kriege ich 700 Euro Rente im Monat oder so.

Paula: Ja, aber das hängt doch nicht davon ab, wie viele Gedanken du dir machst, sondern ist eine Frage deiner beruflichen Position und der Branche, in der du arbeitest.

Klaudine: Ich müsste aber viel mehr tun, um mich wirklich abzusichern. Ich habe mich nie auf einen Mann als Versorger verlassen, und trotzdem stehe ich vor diesem Dilemma...

Sophia: Aber betrifft diese Schizophrenie wirklich nur Frauen? Ist das nicht generell so ein Thema, mit dem man sich ziemlich wenig beschäftigt?

Paula: Sagen wir mal, es ist eher ein Frauenthema. Ich umgehe es auch gerne, habe wenig Lust, mich darum zu kümmern. Ist ja auch nicht so prickelnd, ähnlich sinnlich wie Steuererklärung.

Klaudine: ... was schlimm genug ist...

Paula: ...dabei müsste man es von sich aus doch richtig planen, strategisch und konzeptionell angehen. Aber dann denk ich immer: Ich bin ja noch so jung, Rente kommt später – was natürlich totaler Quatsch ist.

Klaudine: Und was ist mit denen, die gar nichts beiseitelegen und vorsorgen können, weil sie viel zu wenig verdienen?[8]

Wie Klaudine nicht umsonst betont, bedeutet ein gutes Auskommen in der Gegenwart noch keine Absicherung für die Zukunft. Zumal die Entwicklung auf dem Arbeitsmarkt keine kontinuierliche Lebensplanung mehr zulässt, sich die persönlichen Verhältnisse durch äußere Einflüsse oder familiäre Umbrüche sehr schnell ändern können und der Staat schon lange keine angemessenen Renten mehr verspricht.

Vor allem nicht den Frauen. Zwei Drittel der deutschen Rentner sind Rentnerinnen. Sie erhalten im Schnitt aber nur die Hälfte der Bezüge von Männern. Die Hälfte! Das ist der größte Rentengraben, den es in der OECD gibt; und in dieser Organisation für wirtschaftliche Zusammenarbeit und Entwicklung sind immerhin 34 Länder zusammengeschlossen. Der Grund für die riesige Ungleichheit in Deutschland: Frauen verdienen zu wenig und zahlen zu kurz in die Kasse ein. Und im Alter landen dann heute bereits zehn Prozent von ihnen in Armut.[9]

Machen wir mal einen kleinen Parforceritt durch die weibliche Arbeits- und Erwerbswelt und schauen uns an, wie sich die Situation für die älter werdende Frau darstellt. Spätestens in der zweiten Lebensphase bekommt sie leider häufig die Folgen von Entscheidungen zu spüren, die sie in den Jahrzehnten zuvor getroffen hat. Oft hat das Problem bereits bei der Ausbildung und der Berufswahl begonnen.

Obwohl Frauen seit vielen Jahren hervorragend ausgebildet sind und im Vergleich zu Männern die besseren Schul- und Uni-abschlüsse vorweisen können, wählen sie häufig Berufe, in denen sie schlecht verdienen und geringe Aufstiegschancen haben. Dies war bei den heute über 40-jährigen Frauen in Westdeutschland ganz häufig der Fall und ist bei den jungen erschreckend wenig anders geworden.

Dann landen Mädchen mit einfachem Schulabschuss im Friseurhandwerk, wo die Löhne bekanntlich äußerst gering sind, oder im Einzelhandel, wo es nicht viel besser aussieht. Mädchen mit mittlerem Schulabschluss werden medizinisch-technische Assistentin oder bleiben auf den unteren Besoldungsstufen im öffentlichen Dienst. Und Abiturientinnen, selbst wenn sie entsprechend begabt sind, wählen eher kein naturwissenschaftliches oder technisches Studium, obwohl sie dann später gut verdienen könnten, sondern geisteswissenschaftliche Fächer mit schlechten Jobperspektiven.

»Junge Frauen, die bei uns im Hörsaal sitzen, haben kaum

realistische Zukunftsperspektiven im Kopf«, erzählt die Hochschullehrerin und Alternsforscherin Gertrud Backes. »Nach dem Motto: Man kann ja alles mal locker angehen und am besten gar nicht darüber nachdenken, dass man auch mal älter wird. Ich kenne nur ganz wenige, die ihre berufliche Zukunft auch mit Blick auf die Existenzsicherung rational angehen. Und damit setzen sich bereits junge Frauen in die Nesseln.«[10]

Zwei Gründe spielen bei der weiblichen Berufswahl eine herausragende Rolle: Zum einen streben Frauen nach einer Beschäftigung, die sich möglichst gut mit der Familie vereinbaren lässt – woran kein Mann auch nur im Traum denkt. Zum anderen sehen sie sich in der Zukunft weniger als Haupt-, sondern als Nebenverdienerin; der männliche Versorger ist noch immer ein fester Bestandteil der Lebensplanung, bis heute spukt er in weiblichen Köpfen herum. Vor allem im Familienbild der Westdeutschen ist das Modell der Zuverdienerin nach wie vor einbetoniert.

»Männer wissen, dass sie für sich und eines Tages möglicherweise noch für jemand anderen sorgen müssen«, betont Finanzberaterin Sick. »Demgegenüber denken Frauen immer noch – auch wenn das vielleicht nur ganz unbewusst geschieht –, dass irgendwer eines Tages für sie sorgen wird.«[11]

So wollen zwar die allermeisten jungen Frauen einen Beruf haben und ihr eigenes Geld verdienen, um finanziell unabhängig zu sein. Doch denken sie dabei eher an ihr persönliches Auskommen, an Wohnung, Auto und Urlaub. Ihnen kommt kaum in den Sinn, eine Familie samt Kindern ökonomisch über die Runden bringen zu müssen – möglicherweise sogar ganz alleine. Und ihre Mütter, die heute im mittleren Lebensalter sind, haben sich noch stärker auf den männlichen Hauptverdiener verlassen, wenn sie im Westen lebten.

Auf diese Idee sind Frauen in Ostdeutschland traditionell gar nicht gekommen. Beruf und Geld verdienen gehörte für sie einfach immer dazu. Da die DDR auf weibliche Arbeitskräfte angewiesen war, gab es das Hausfrauenmuster so gut wie gar nicht.

Und auch nicht die Vorstellung, dass Männer in weiten Teilen das Einkommen ranschaffen und Frauen nur etwas dazuverdienen. Eine Ostfrau arbeitete nicht nur selbstverständlich im Beruf, sondern auch auf einer vollen Stelle. Den Job jahrelang wegen Kindern zu unterbrechen oder auf Teilzeit zu gehen war im sozialistischen Modell nicht vorgesehen.

Zudem waren Frauen in der DDR in fast allen Arbeitsfeldern vertreten, auch im technischen und naturwissenschaftlichen Bereich. Was allerdings nicht bedeutete, dass sie deshalb problemlos in die Führungsetagen aufstiegen oder genauso viel verdienten wie Männer. Selbst wenn es aus ideologischen Gründen immer bestritten wurde: Auch im sozialistischen Deutschland machten Frauen die weniger qualifizierten Arbeiten und verdienten im Schnitt rund 16 Prozent weniger als Männer. So groß wie im Westen war die Gehaltskluft allerdings nicht.[12]

Bis heute haben ostdeutsche Frauen ihre starke Orientierung auf den Beruf nicht aufgegeben. Dies bedeutet, dass sie unter dem wirtschaftlichen Kahlschlag, der nach der Wiedervereinigung erfolgte, noch immer leiden. Der Verlust des Jobs oder lange Arbeitslosigkeit macht Frauen in den neuen Bundesländern ausgesprochen unzufrieden, wie die Untersuchungen des bereits erwähnten Sozio-oekonomischen Panels gezeigt haben.

Dabei wurde festgestellt, dass Frauen in den neuen Bundesländern eine Sonderrolle spielen. Im Allgemeinen folgt das Maß an Zufriedenheit der Menschen hierzulande einer U-Kurve: Junge Leute sind ziemlich zufrieden; dann sackt die Kurve in den folgenden Jahren ab, weil die mittleren Jahrgänge unzufriedener sind; und ab dem 60. Lebensjahr steigt die Zufriedenheit wieder an. Nur eben nicht bei den Frauen im Osten. Die bleiben auch im fortgeschrittenen Alter ziemlich unglücklich. Nach Ansicht der Wissenschaftler liegt es daran, dass so viele von ihnen nach der Wende ihre Arbeit verloren und manche nie wieder einen Job bekommen haben. Oder keinen, der ihren Qualifikationen entspricht. Weil aber das Selbstwertgefühl von ostdeutschen Frauen stark an den Beruf gekoppelt ist, beeinflusst dessen Verlust deutlich ihr Lebensgefühl.[13]

Das spiegelt sich auch in einer repräsentativen Umfrage wider, die das Institut für Demoskopie in Allensbach sechs Jahre nach der Wende durchführte. Im Auftrag einer Frauenzeitschrift wollten die Meinungsforscher wissen, woran Frauen denken, »wenn sie vom Glück träumen«. Dabei kam heraus, dass sich die ost- und die westdeutschen Wunschträume erstaunlich glichen. Bis auf einen Punkt: Mehr als jede dritte Frau in den neuen Bundesländern träumte von beruflichem Erfolg. In den alten Ländern verbanden deutlich weniger Frauen ihre Träume vom Glück mit Arbeitsplatz und Karriere.[14]

Diese Haltung zeigte sich dann auch meist im typischen Berufsleben einer Frau im Westen. Nehmen wir mal Simone, eine Frau, die zur Babyboomer-Generation gehört und 1965 in Gelsenkirchen geboren wurde.

Nach Abitur und Banklehre beginnt Simone gegen Ende der Achtzigerjahre als Kundenberaterin bei der Volksbank. Eine junge, gut ausgebildete Frau startet in einem vernünftig bezahlten Job ambitioniert in ihr Arbeitsleben. Zu diesem Zeitpunkt ist ihr Einkommen genauso hoch wie das der männlichen Berufseinsteiger.

Doch der Erfolgsdruck, dem sie an ihrer Arbeitsstelle ausgesetzt ist, das permanente Konkurrieren mit den Kollegen, dem sich Simone nicht gewachsen fühlt, belasten sie zunehmend. Außerdem ist sie inzwischen verheiratet und will Kinder. Sie freut sich über ihre Schwangerschaft, und obwohl sie erst wenige Jahre im Beruf ist, will sie erst mal aussteigen. Sie ist Ende 20, als das erste Kind kommt; zwei Jahre bleibt sie zu Haus, geht dann in die Bank zurück. Inzwischen haben die männlichen Kollegen gleichen Alters die eine oder andere Gehaltserhöhung mitgenommen und sind auf der Karriereleiter ein Stückchen nach oben geklettert. An Simone ist das alles vorübergegangen.

Sie kann auch nicht auf ihre alte Stelle zurückkehren, sondern muss in eine kleinere Filiale wechseln. Doch sie bleibt Kundenberaterin und arbeitet noch ein gutes Jahr. Dann wird sie wieder schwanger und bekommt das zweite Kind. Ihr Mann will beruflich keinesfalls zurückstecken; so entscheidet Simone noch im Erziehungsurlaub, dass sie wegen der Familie nicht in die Bank zurückkehren wird.

Sechs Jahre setzt sie beruflich aus; als ihr Jüngstes in die Schule kommt, beginnt sie mit einem Halbtagsjob als Sachbearbeiterin bei einer Versicherung. Das ist wesentlich anspruchsloser als das, was sie früher gemacht hat. Bezahlt wird sie auch nicht gut. Aber sie bekommt keinen anderen Job, der zeitlich passt, und gibt sich zufrieden. Sie ist ja immer noch stark in die Familie eingespannt.

Als ihre Kinder 14 und 17 sind und sie immer weniger brauchen, erwacht Simones beruflicher Ehrgeiz wieder. 2013 ist sie 48 Jahre alt und will wieder eine Vollzeitstelle, ein besseres Gehalt, eine Aufstiegsperspektive. Außerdem möchte sie etwas für ihre Altersversorgung tun, denn noch kann sie ja fast 20 Jahre arbeiten. Sie weiß, wenn sie so weitermacht, wird sie mit 65 Jahren eine Rente bekommen, die unter dem Sozialhilfesatz liegt. Doch was sie will, ist die eine Sache – eine andere, was sie bekommt. Denn der Arbeitsmarkt meint es nicht gut mit Frauen wie Simone.[15]

Simones Arbeitsbiografie ist überhaupt keine Seltenheit. Geprägt von beruflicher Auszeit und einer Teilzeit, die weniger qualifiziert und schlechter bezahlt ist als der ursprüngliche Job. Insgesamt haben hierzulande über zwei Drittel der Frauen zwischen 30 und 65 Jahren ihre Erwerbsarbeit wegen der Familie unterbrochen.[16] Und viele davon übernahmen für Jahre das klassische Mutter- und Hausfrauenmodell.

So zu leben, wünschen sich zwar immer weniger Frauen, aber sie tun es trotzdem. Nicht nur in Simones Generation, auch in der Generation ihrer Töchter. Den Widerspruch zwischen weiblichem Wollen und Handeln stellt auch das Bundesfamilienministerium fest. »Die praktizierte Lebensweise entspricht nicht dem

›eigentlichen‹ Lebensentwurf«, heißt es. »Wunsch und Wirklichkeit klaffen auseinander: der Mann macht (weiter) Karriere, während die Frau in die traditionelle Rolle der Mutter rutscht.«[17]

Und das passiert allzu oft schleichend. Gerade jüngere Frauen kennen die Fallen und nehmen sich vor, nur relativ kurz beruflich auszusetzen. Beim ersten Kind schaffen sie es vielleicht auch noch. Aber wenn sie dann für zwei oder mehr Kinder alleine zuständig sind, weil der Vater ungebrochen seinem Job nachgeht...

Frauen mit einem Kind bleiben im Durchschnitt 62 Monate zu Hause. Insgesamt lassen sich zwei gegenläufige Trends feststellen: Ein großer Teil der Mütter macht beim ersten Nachwuchs noch nicht einmal ein Jahr beruflich Pause. Während ein anderer Teil gleich für lange Zeit aussteigt. Gibt es in der Familie drei oder mehr Kinder, dauert die berufliche Abstinenz meist über zehn Jahre an. Insgesamt gehen Mütter hierzulande im Schnitt fast fünf Jahre keiner bezahlten Arbeit nach.[18]

»Das ist eine wunderschöne Zeit, die jede Frau zusammen mit ihren Kindern verbringen darf, aber man darf doch dabei die Realitäten nicht übersehen«, mahnt Helma Sick. »Jede Frau, die sich dabei auf Jahre hinaus vom Berufsleben zurückzieht, hat dadurch enorme wirtschaftliche Nachteile. Sie kann schlechter wieder in den Beruf einsteigen, sie hat Karrierenachteile, sie hat kein eigenes Geld, und sie zahlt nicht oder nur wenig in die Rentenversicherung ein.«[19]

Nun würde man denken, dass es hauptsächlich Mütter aus der Mittelschicht sind, die länger beruflich aussetzen. Sie haben vorher meist besser verdient, können möglicherweise auf ein finanzielles Polster zurückgreifen oder sind mit einem Mann zusammen, der genügend Geld nach Hause bringt. Doch das Gegenteil ist der Fall: Je besser die Bildung und Ausbildung, desto kürzer wird unterbrochen.

Vier Jahre sind es durchschnittlich bei Frauen mit höherer Bildung. Bei geringer Schulbildung und einfacher beruflicher Qualifikation bleiben Mütter im Schnitt zwei Jahre länger, also sechs

Jahre zu Hause.[20] Hier gibt es die meisten »arbeitsmarktfernen, familienorientierten« Frauen, wie es so schön heißt. Was allerdings – das darf man keineswegs unterschlagen – häufig auch an den wenig erfreulichen Arbeitsplätzen am unteren Ende der Einkommensskala liegt.

Eine wichtige Rolle spielt auch das weibliche Selbstverständnis. Wer als Frau eine gleichberechtigte Partnerschaft erwartet und dies im Alltag wenigstens stückweise durchsetzt, schafft es eher, Familie und Beruf unter einen Hut zu bekommen. Auch wenn dann immer noch der größte Teil der Doppelbelastung auf den weiblichen Schultern abgeladen wird.

In weniger privilegierten Milieus – wo es an Geld mangelt und manchmal auch an Bildung – wird das traditionelle Männer-Frauen-Ding sehr viel ausgeprägter gelebt. Obwohl die Haushaltskassen es meist gut brauchen könnten, werden Mütter kaum entlastet und unterstützt, wenn sie einer beruflichen Arbeit nachgehen wollen. Häufig belassen sie es dann bei wenigen Stunden in einem 450-Euro-Job.[21] Hier fallen aber bekanntlich keine Sozialabgaben an, und demnach wird auch nichts in die Rentenkasse eingezahlt. Das ist besonders bitter. Denn diese Frauen, die wenig haben und sich am dringendsten um ihre Zukunftssicherung kümmern müssten, können und tun es am wenigsten.

Im Gegensatz zu Frauen bleiben Männer dem Arbeitsplatz während ihres Berufslebens im Schnitt nur 19 Monate fern. Dabei vermuten Sozialwissenschaftler, dass die *freiwillige* Familienarbeit, die häufig als Grund für den Ausstieg angegeben wird, nicht selten eine verkappte Erwerbslosigkeit ist; nur so kommen die 19 Monate statistisch zustande.[22] Die Erwerbsarbeit aus familiären Gründen zu unterbrechen ist in der *normalen* männlichen Biografie nicht vorgesehen. Nur im Rahmen der Elternzeit gehen Männer auch mal freiwillig aus dem Job raus.

Insgesamt sind Frauen in der Arbeitswelt mit einem Wust an Problemen konfrontiert, von denen Männer gar nicht erst betroffen sind. Der doppelte Standard macht nicht halt vor den Türen der Fabriken, Unternehmen und Institutionen, in denen Menschen ihrem Job nachgehen. Weil weibliches Älterwerden einen anderen sozialen Stellenwert hat als das männliche, leiden Frauen auch im Berufsalltag unter den Vorurteilen.

Der *normale* Arbeitnehmer in Deutschland ist männlich, mittleren Alters, nicht behindert und kein Migrant. Wer nicht dieser Norm entspricht – Pech! Er hat ein Manko. Was sich beim beruflichen Aufstieg, der Leistungsförderung und dem Einkommen niederschlägt. Eine Erfahrung, die Frauen im Allgemeinen machen und Frauen im zweiten Lebensabschnitt im Besonderen.[23]

Denn Jungsein wird mit leistungsfähig und innovativ gleichgesetzt, mit Fitness, Flexibilität und Wendigkeit. Je schnelllebiger unsere Gesellschaft wird, desto wichtiger scheinen diese Eigenschaften zu werden. Wo alles im Fluss ist und sich verändert, wird flott bezweifelt, dass Ältere noch etwas zu bieten haben. Können die überhaupt noch mithalten und etwas beitragen, was zukunftsweisend, interessant und attraktiv ist?

Junge Mitarbeiter sind zwar auch nicht das, was man sich unter einem *Normalarbeitnehmer* vorstellt. Doch die Jugendzentriertheit in deutschen Unternehmen gleicht dieses Defizit aus, zumal wenn jung und männlich zusammenkommen. Eine Frau im mittleren Alter weicht hingegen doppelt von der Norm ab und wird deshalb als doppelt defizitär empfunden. Auch am Arbeitsplatz wird sie, im Vergleich mit Männern, früher als *alt* abgestempelt. Mit all den Folgen, die an diesem Werturteil hängen.

Die natürlichen Merkmale eines Menschen mutieren dabei zur Projektionsfläche: Alter und Weiblichkeit werden Fähigkeiten und Verhaltensweisen zugeordnet, die diesen Attributen weder innewohnen noch anhaften – und trotzdem können sie sich enorm auf die Chancen im Job auswirken. Dann sind Arbeitnehmerinnen angeblich weniger auf Leistung und den Beruf konzentriert, weil sie Frauen sind, und weniger lernbereit, flexibel und schnell, weil sie ein bestimmtes Alter erreicht haben.

Außerdem erfüllen Frauen, wenn sie älter werden, nicht mehr die herrschenden Attraktivitätskriterien. Doch die werden im Arbeitsbereich mit Leistung verknüpft. Wer gesellschaftlich als nicht mehr attraktiv gilt, kriegt beruflich angeblich auch weniger hin. Das klingt absurd, entspricht aber der gängigen Praxis.

Junge Leute haben das längst gefressen. »Da sitzt ein 27-jähriger Sozialpädagogikstudent vor mir und jammert, dass er unbedingt seinen Bauch wieder loswerden muss, weil er sich sonst auf dem Arbeitsmarkt nicht verkaufen kann«, berichtet die Hochschullehrerin Gertrud Backes. »Und seine Kommilitonin meint, wenn sie nicht endlich hier und da und dort abnimmt, hat sie weniger Chancen auf eine Stelle.«[24]

Der Körper ist ein Kapital, das sich in andere Formen von Kapital verwandeln lässt: in ökonomisches und soziales beispielsweise. Aber auch in erotisches.

Das hat die Soziologin Catherine Hakim, die an der London School of Economics lehrt, ausführlich untersucht. »Genau wie Intelligenz ist erotisches Kapital in jedem Bereich des Lebens – vom Sitzungssaal bis zum Schlafzimmer – ein wertvolles Gut. Attraktive Menschen ziehen andere Menschen an.« Sie seien im Privatleben erfolgreicher als andere, »punkten aber auch in Politik, Sport, Künsten und im Geschäftsleben«. Dabei könnten – wen wundert's – Männer finanziell sehr viel stärker von ihrem erotischen Kapital profitieren als Frauen. Männer gäben sich zwar weniger Mühe mit ihrem Äußeren, würden aber dennoch häufiger als attraktiv wahrgenommen. »Das erotische Kapital von Frauen scheint tatsächlich wesentlich weniger belohnt zu werden als das von Männern«, schreibt Catherine Hakim, »am deutlichsten zeigt sich das am Arbeitsplatz.«[25]

Schon im Allgemeinen können Frauen also ihre Attraktivität beruflich weniger nutzen als Männer. Wie ergeht es dann erst denen, die per se als unattraktiver gelten – den älteren Frauen?

Ob Frauen überhaupt Teil der Arbeitswelt sind und wie sie sich dort behaupten, wird durch ihr Alter beeinflusst. Der doppelte Standard spielt mit bei der Frage, wer dabei sein darf und wer nicht, wer erfolgreich ist und wer nicht. Im Soziologenjargon klingt das dann so: »Daraus lässt sich ableiten, dass der alternde Körper innerhalb der herrschenden geschlechtsspezifischen Attraktivitätsnormen eine negative Wirkungsmacht auf die Zuschreibung geschlechtsspezifischer Leistungen haben kann und die Bewertung der Arbeitsleistung älterer Frauen reguliert.«[26]

Alltagssprachlich übersetzt: Die älter werdende Frau genügt nicht mehr den gesellschaftlichen Vorstellungen von Attraktivität. Dieses Ungenügen wird auf ihre Leistung im Beruf übertragen und führt dazu, dass ihre Arbeit schlechter bewertet wird.

Und was macht dann eine Frau, die das untrügliche Gefühl hat, dass man ihre Arbeit geringer schätzt als die von jüngeren Kollegen? Vielleicht wird sie versuchen, bei nächster Gelegenheit zu tricksen, sobald sich die Möglichkeit bietet. Wie war das noch mit der Umfrage der Zeitschrift *Für Sie*, in der fast drei Viertel der Frauen zugaben, sie hätten aus Angst ihr Alter schon mal verschwiegen? 57 Prozent der Befragten gaben als Grund an: »Weil ich fürchte, im Job Nachteile zu haben.«[27]

Diese Furcht ist leider berechtigt. Schon bei der Jobsuche. Gäbe es hierzulande endlich die Chance, sich anonym auf eine Arbeitsstelle zu bewerben, ohne Foto und ohne Altersangabe – was für ein Fortschritt! Immerhin verbietet das Allgemeine Gleichbehandlungsgesetz, dass Arbeitgeber bereits mit der Stellenausschreibung bestimmte Personengruppen ausgrenzen. Steht da zum Beispiel »Gesucht wird eine junge, dynamische Führungskraft«, könnte eine ältere Bewerberin dagegen klagen, wenn sie gleich qualifiziert ist und abgelehnt wurde.

In den Betrieben werden die Unternehmenskultur, die Werte und Normen, von der größten Gruppe der Beschäftigten bestimmt. Auch die Personalpolitik orientiert sich an der dominanten Gruppe. Doch die besteht nur in Ausnahmefällen aus Frauen in mittleren Jahren, sodass diese in der Regel wenig Einfluss auf die Kultur im Betrieb haben und ihre Bedürfnisse auch von den Personalverantwortlichen selten berücksichtigt werden.

Das zeigt sich an einem Punkt besonders deutlich: Moderne Unternehmen denken zunehmend – nicht zuletzt wegen des demografischen Faktors – über das Potential von älteren Mitarbeitern nach. Grundsätzlich werden ja erfahrene Beschäftigte in den Betrieben durchaus geschätzt. Wegen ihrer Routine und Sachkenntnis, ihrer Arbeitsmoral, ihrer Fähigkeit, kompetent Probleme zu lösen. Deswegen investieren Arbeitgeber inzwischen eine ganze Menge in betriebliche Fortbildung, um diese Beschäftigten in ihrer Leistung zu unterstützen. Und umgekehrt sind Mitarbeiter, die daran teilnehmen, ihre Lernbereitschaft und -fähigkeit zeigen, ihre Lust an Veränderung und Neuanfang, besonders gefragt und prädestiniert, anschließend mehr Verantwortung zu übernehmen.

Doch ältere Frauen sind dabei kein Thema. Schon gar nicht, wenn sie in Teilzeit arbeiten, wenig verdienen oder keinen guten Schulabschluss haben. Als wären sie auch hier unsichtbar, werden ältere Frauen bei den Fortbildungsprogrammen so gut wie nicht berücksichtigt, geschweige denn, dass die Maßnahmen auf sie zugeschnitten wären.

Als Begründung führen Arbeitgeber die gebrochenen Beschäftigungsverläufe der meisten Frauen an. Gleichzeitig argumentieren sie, dass Frauen ohne Zusatzqualifizierung natürlich nicht aufsteigen könnten.[28] So verläuft Fortbildung in deutschen Unternehmen vor allem nach dem Prinzip: Wer hat, dem wird gegeben. Wer gut ausgebildet ist und besser verdient, wird auch weiterqualifiziert.

Diese mangelnde Bereitschaft, auch Frauen in der zweiten Lebenshälfte innerbetrieblich zu beteiligen, hat Folgen. Der Effekt, den Arbeitssoziologen beschreiben, kann einen das Fürchten lehren. Da haben ältere Frauen im Gegensatz zu gleichaltrigen Männern »geringer qualifizierte Tätigkeiten bei teilweise hoher Belastungsstruktur, höhere Arbeitsmarktrisiken sowie geringere

Arbeitsplatzsicherheit«[29]. Ist es da ein Wunder, dass im mittleren Lebensabschnitt sehr viel weniger Frauen als Männer überhaupt einer bezahlten Beschäftigung nachgehen?

Eigentlich werden die mittleren Jahre im Erwerbsleben dazu genutzt, um aufzusteigen, sich fest zu etablieren und mehr zu verdienen. Eigentlich. Denn so funktioniert es nur, wenn man wie Simones Arbeitskollegen ununterbrochen im Job bleibt. Wenn man in der entscheidenden Phase zwischen Mitte 30 und Ende 40 entweder jahrelang gar nicht oder nur eingeschränkt beschäftigt ist, trägt dieses Modell nicht mehr. Wie vieles im Arbeitsleben, sind auch die Aufstiegswege am männlichen Muster orientiert.

So haben Frauen in ihrer zweiten Lebensphase beruflich doppelt hart zu kämpfen. Weil sie Frauen und weil sie älter sind. Es ist ja keineswegs so, dass es ihnen nach einer Berufsunterbrechung an Fähigkeiten mangelt. Doch kehren sie in den Job zurück, müssen sie sich mit einer Unmenge an Vorurteilen herumschlagen, die ihnen ihre Leistungsfähigkeit und ihr Engagement absprechen.[30]

In Deutschland sind noch nicht einmal ein Drittel der Führungspositionen von Frauen besetzt, selbst wenn man die Chefinnen kleiner Unternehmen dazurechnet. Im mittleren Management sind Frauen nur zu 15 Prozent vertreten und in den Vorständen mit lächerlichen drei Prozent eigentlich nicht vorhanden. Damit liegt die Bundesrepublik deutlich unter dem Durchschnitt in der Europäischen Union.[31]

»Frauen, seid nicht so demütig!«, empfiehlt Sheryl Sandberg als Gegengift. Die Chefin des sozialen Netzwerks Facebook wird als eine der mächtigsten Frauen der Welt gefeiert, auf einer Stufe mit IWF-Chefin Christine Lagarde und Kanzlerin Angela Merkel. Eine Mittvierzigerin, die nicht nur ein eigenes Vermögen erworben hat, sondern sich trotz Spitzenjob eine Familie und Kinder leistet.

Frauen, egal ob Mütter oder nicht, sollten sich nicht ausbremsen lassen und sich auch selbst nicht ausbremsen, fordert Sheryl Sandberg. Nicht die Fehler machen, die sie selbst einmal gemacht habe: »Sie setzen sich in die zweite Reihe statt an den Verhandlungstisch, sie stecken in der Karriere zurück, schon lange bevor Kinder eine Rolle in ihrem Leben spielen. Sie überlassen den männlichen Kollegen die tollen Projekte und Jobs, weil sie denken, Männer könnten das alles besser. Sie zweifeln an sich und befürchten, dass sie das nicht alles schaffen, Beruf und Familie.«[32] Die Managerin hat festgestellt, dass allein die Frage, wie sie Familie und Karriere vereinbaren wollen, Frauen verunsichert. Ihr Fazit: »Wir Frauen müssen an uns glauben. Trauen Sie sich!«[33]

Diese Ermunterung haben Frauen hierzulande auch bitter nötig. Wenn sie es denn überhaupt schaffen, in die Führungsetage aufzusteigen, passiert das noch immer gegen Widerstände. Und dabei geht es mitnichten nur um die Topjobs in börsennotierten Unternehmen. Es geht auch um die Geschäftsführung eines Supermarkts, um die Leitung von Abteilungen in Ämtern und Behörden, um Verantwortung in mittelständischen Unternehmen. Vor allem für Frauen im mittleren Alter hat sich in den vergangenen Jahren so gut wie nichts an den miesen Aufstiegschancen geändert. Wohingegen Männer ja auch gern noch mit über 60 Jahren in Spitzenpositionen berufen werden.

Managerinnen 50plus heißt die Studie, die das Bundesfamilienministerium 2011 vorstellte. Dafür wurden Führungsfrauen zwischen Mitte 40 und Mitte 50 aus Deutschland, Österreich und der Schweiz befragt. Und was gaben sie völlig frustriert zu Protokoll: Ihr langjähriges Engagement, ihre ständige Weiterqualifizierung und ihr Verzicht im Privaten hat sich nicht ausgezahlt. Spätestens wenn sie 50 werden, scheint ihre Karriereleiter keine Sprossen nach oben mehr zu haben, egal, wie top im Job sie sind.

40 Prozent der befragten Managerinnen wollen sich von dem Windmühlenkampf dennoch nicht entmutigen lassen und trotz

aller Benachteiligung weiterstrampeln. 30 Prozent hatten zum Zeitpunkt der Studie bereits Konsequenzen gezogen, andere Stellen angenommen oder eigene Firmen gegründet. Die restlichen 30 Prozent gaben zu erkennen, Dienst nach Vorschrift zu machen oder gar innerlich gekündigt zu haben.[34]

Die Barrieren, die Frauen auf ihrem Weg nach oben zu überwinden haben, sind seit vielen Jahren rauf und runter beschrieben und analysiert. Fortschritt: kaum spürbar. Je höher man in die Hierarchien schaut, desto resistenter die Männerbünde. Aber das Problem beginnt ja, wie erwähnt, bereits viel weiter unten.

Dabei sind Berufsunterbrechungen auf allen Sprossen der Leiter ein Karrierekiller. Fast zwei Drittel der Frauen, die hierzulande Führungspositionen bekleiden, haben nicht länger als ein Jahr ausgesetzt. Frauen, die mehr als fünf Jahre zu Hause blieben, sind nur extrem selten in einem Leitungsjob zu finden.[35]

Trotzdem hält das Familienministerium eine erbauliche Botschaft bereit. Frauen sollten ihre Ambitionen doch nicht begraben, nur weil die Familie oder eine berufliche Auszeit sie bei der Karriere behindern. Denn: »Es gibt unter den Führungskräften zahlreiche Frauen, die es *trotzdem*, vielleicht sogar gerade *deshalb* geschafft haben.«[36]

Wie beruhigend. Warme Worte von sich zu geben ist ja auch so viel bequemer, als politisch zu handeln. Sollte sich das Ministerium verdammt noch mal nicht endlich darum kümmern, die strukturellen Hürden beiseitezuschaffen, die Frauen überall in der Arbeitswelt hindern? Die To-do-Liste wäre lang: Sie fängt beim gleichen Lohn an, geht über ausreichende Kita-Plätze und Ganztagsschulen und endet bei der gesetzlichen Frauenquote und einem veränderten Sozial- und Steuerrecht.

Berufsunterbrechung, Teilzeit, geringfügige Beschäftigung – diese Abweichung vom *Normalarbeitsverhältnis* wirft Frauen wirtschaftlich und karrieretechnisch häufig aus der Bahn. Auch wenn sie es manchmal erst als Langzeitfolge zu spüren bekommen.

Doch zu spüren bekommen sie es, egal, welcher sozialen Schicht sie angehören, und egal, mit welcher beruflichen und ökonomischen Perspektive sie ursprünglich gestartet sind.

Selbst eine Studienrätin, die den größten Teil ihres Lebens auf einer halben Stelle gearbeitet hat, wird im Alter zum Sozialfall, wenn sie von ihrer Pension leben muss. Und wenn dann noch Zeiten von Arbeitslosigkeit anfallen, die immer häufiger und immer länger werden, macht das die finanziellen Aussichten für später nicht freundlicher.

In der Altersgruppe der Babyboomer wie Simone waren zwei Drittel der Frauen schon einmal arbeitslos. Die westdeutschen im Schnitt 17 Monate, die ostdeutschen weitaus länger, im Durchschnitt fast vier Jahre. Was im Westen an der schlechten Arbeitsmarktlage seit den 1980er Jahren liegt und im Osten am Wegbrechen der Arbeitsplätze nach der Wiedervereinigung.

Arbeitslosigkeit ist für Frauen längst kein Randphänomen mehr, sondern eine Massenerfahrung. Unter anderem deshalb, weil sie häufig in Dienstleistungsbereichen beschäftigt sind, die irgendwann abgewickelt werden. Dort, wo die Zukunftsaussichten besser sind, zum Beispiel im technischen Umfeld oder in IT-Berufen, sind sie weniger vertreten.

Selbst wenn die Zeit ohne Job nur kurz ist, sind die negativen Auswirkungen auf die gesetzliche Rente spürbar. Auch im Westen ist die Situation schlimmer, als es auf den ersten Blick scheint. Denn ostdeutsche Frauen melden sich arbeitslos, wenn sie ihren Job verlieren; es ist für sie eine Frage der Ehre, als Arbeitnehmerinnen aufzutreten. Westdeutsche Frauen hingegen unterlassen die Meldung oft. Sie ziehen sich einfach vom Arbeitsmarkt zurück und tauchen so in der Statistik nicht mehr auf.[37]

Das Erschreckende dabei ist: Obwohl die wirtschaftlichen Perspektiven ja nicht unbedingt besser und die staatlichen Renten in Zukunft schrumpfen werden, scheint das auf Frauen wenig Eindruck zu machen. Jedenfalls nicht so, dass sie sich verstärkt auf sich selbst und die eigene Arbeitskraft verlassen statt auf das

Modell Hauptverdiener und Nebenverdienerin. Noch immer sind unendlich viele Frauen in jedem Alter von einem männlichen Versorger abhängig, weil sie nur wenig Berufs-, dafür aber fast die ganze Familienarbeit leisten. Und nicht selten haben sie sich dafür entschieden, weil sie glaubten, es gebe familiär keine andere Wahl. Mit dem Risiko, sozial abzusteigen, wenn es in der Beziehung kracht oder das Modell aus anderen Gründen nicht mehr funktioniert.

Zwar wird die Hausfrau ganz ohne Beruf immer seltener, aber Mütter aus allen Schichten leben im Alltag ein Muster, das sich vom klassischen Modell nur graduell unterscheidet. Da gibt es zum Beispiel die kleine Film- und Fernsehproduktion mit Sitz in Berlin und Hamburg. Sie wird von zwei Frauen gemanagt, die das Unternehmen gegründet haben und es seit Jahren erfolgreich führen. Ganz bewusst legen sie sehr viel Wert auf weibliche Mitarbeiter, und da beide Kinder haben, machen sie vieles möglich, wenn eine Kollegin Nachwuchs bekommt.

Allerdings machen die Firmenchefinnen allzu oft die gleiche Erfahrung: Sie holen eine junge, gut ausgebildete und begabte Journalistin ins Unternehmen, die sammelt Praxiserfahrung, arbeitet engagiert ein paar Jahre, wird schwanger, geht in Elternzeit – und kehrt nicht mehr zurück. Denn die junge Mutter will nach der Unterbrechung noch nicht einmal auf einer halben Stelle, sondern maximal zehn bis fünfzehn Stunden arbeiten. Das ist für den qualifizierten Job, den sie bis zur Schwangerschaft hatte, schlicht zu wenig und passt auch nirgendwo sonst ins Unternehmen. Mit solchen Fällen hatte die Firma in einem überschaubaren Zeitraum nicht einmal, nicht zweimal, sondern mehrfach zu tun.

Hinzu kommt, dass die jungen Mütter, obwohl sie einen Partner haben, die alleinige Verantwortung für die Kinder übernehmen; nur sie springen und der Vater nie, wenn das Kleine krank ist oder sich sonst jemand kümmern muss. Der Vater, seine Arbeit und sein Betrieb bleiben sakrosankt; die Mutter und ihr Arbeitgeber tragen den Ausfall. Diese ungleiche Lastenverteilung im Privaten und im Job halten junge Frauen auch heutzutage allzu oft für normal.

Sieht man sich die Begeisterung an, mit der sich viele Mütter ihrem Kind widmen, wird diese Haltung zwar verständlich. Doch das ändert leider nichts am Dilemma, dem sich die Frauen aussetzen. Sie allein schultern familiäre Pflichten, die eigentlich geteilt werden müssten. Und wenn sie beginnen, die Ungleichheit als Belastung zu empfinden, ist es oft ganz schön schwer, den Karren in eine neue Richtung zu schieben.

So haben Frauen in den vergangenen zehn Jahren nicht etwa zunehmend mehr, sondern immer weniger Zeit investiert, um eigenes Geld zu verdienen. Zwar ist die Zahl der weiblichen Beschäftigten gestiegen, aber ihr Arbeitsvolumen gesunken. Was daran liegt, dass immer weniger Frauen auf einer Vollzeitstelle arbeiten und immer mehr in Teilzeit.

Bei Müttern, deren Kinder in der Schule oder in einer Ausbildung sind, ist Teilzeit besonders ausgeprägt: 62 Prozent von ihnen arbeiten auf einer reduzierten Stelle. Im Vergleich dazu: Bei französischen Müttern sind es nur 26 Prozent.[38]

Betrachtet man die deutschen Arbeitnehmerinnen insgesamt, sieht es kaum besser aus. 45 Prozent machen Teilzeit. Bei Männern sind es noch nicht einmal zehn Prozent auf zeitreduzierten Stellen.[39] Und Minijobs haben ohnehin zugenommen und werden zu zwei Dritteln von Frauen erledigt.

Warum akzeptieren Frauen diese traditionelle Arbeitsteilung? Obwohl die Phase, in der Kinder eine intensive Betreuung brauchen, relativ kurz ist, richten Mütter allzu oft ihren gesamten Lebensentwurf danach aus. Angesichts der heutigen Lebenserwartung erscheint das besonders absurd. Manchmal macht es den Eindruck, als würden Frauen gar nicht über die Kinderzeit hinausdenken, sich gar nicht vorstellen, wie ihr Leben jenseits der 40, der 50 aussehen soll. Dabei würde es schon helfen, wenn sie sich einmal ausmalen würden, was eine Entscheidung im Hier und Heute für ihre Zukunft in zwei, drei Jahrzehnten bedeuten könnte. Würden sie genauso entscheiden, wenn sie ihr Leben von hinten her denken?

Wer über die krasse Rollenteilung hierzulande redet, darf das riesige Lohngefälle nicht vergessen. Noch immer verdienen weibliche Beschäftigte im Schnitt 23 Prozent weniger als männliche. Diese Lohndifferenz ist zwar nicht die größte, aber eine der größten in den OECD-Staaten.

Bei jungen Leuten ist das Lohngefälle noch ziemlich gering. Männliche und weibliche Berufseinsteiger unter 25 Jahren liegen nur zwei Prozent auseinander. Doch bei den 35- bis 39-Jährigen – in dem Zeitraum also, wo Frauen verstärkt den Beruf unterbrechen oder in Teilzeit gehen – schnellt die Differenz hoch. Dann verdienen Männer bereits 21 Prozent mehr. Diese Benachteiligung ist brachial und unverschämt.

Das liegt an den gebrochenen Arbeitsbiografien, aber nicht nur. Selbst wenn sie dem gleichen Job nachgehen wie Männer, werden Frauen mit Vorliebe unterbezahlt. Auch, weil sie sich bei Gehaltsverhandlungen aus Unkenntnis oder Scheu schnell zu billig verkaufen. Zudem arbeiten sie häufig in Branchen, in denen grundsätzlich schlecht verdient wird. Entsprechend weniger können sie dann zum Haushaltseinkommen beitragen.

Und noch ein Pferdefuß kommt hinzu: Sobald sich Frauen ein vormals männlich dominiertes Arbeitsfeld erobert haben, sinken dessen gesellschaftliches Ansehen und die Verdienstmöglichkeiten. Das ist in der Medizin deutlich zu beobachten. Seit der Arztberuf zunehmend verweiblicht, sind Einkommen und Karriere längst nicht mehr so erstrebenswert. Während die medizinischen Spitzenjobs noch immer von Männern besetzt werden.

Angesichts der Risiken, mit denen Frauen vor allem in der zweiten Lebenshälfte konfrontiert sind, wäre es mehr als angesagt, dass sie darauf bestehen, mit dem Partner in allen Belangen auf Augenhöhe zu bleiben.

Warum übernehmen sie stattdessen freiwillig das Risiko, finanziell abgehängt zu werden? Warum setzen sie ihre einmal erworbene berufliche Qualifikation leichtfertig aufs Spiel, statt stolz auf ihre Ausbildung zu sein? Wenn es schlecht läuft, können sie mit einem Teilzeitjob vielleicht gerade noch sich, aber keinesfalls die Familie ernähren, geschweige denn eine angemessene Altersvorsorge ansammeln. Würde die Berufs- und Familienarbeit einigermaßen gerecht geteilt, könnten Frauen der einseitigen ökonomischen Abhängigkeit entgehen. Spätestens nämlich, wenn der häusliche Laden implodiert, fällt ihnen ihre Unfreiheit auf die Füße. Das kann eine Trennung sein, aber auch Arbeitslosigkeit, Krankheit oder Tod des männlichen Hauptversorgers.

Klar, es ist unglaublich schwer, sich gegen die traditionellen Rollenerwartungen zu stemmen. Gegenüber dem Partner, der Familie, dem gesellschaftlichen Umfeld. Denn ohne Konflikte werden sich die eigenen Interessen kaum durchsetzen lassen. Jede Frau, die ihren eigenen Weg verfolgen will, braucht dazu Mut und einen hartnäckigen Willen.

Dabei geht es ja mitnichten darum, zu propagieren, dass der Markt einen hundertprozentigen Zugriff auf die weibliche Arbeitskraft haben soll – das muss an dieser Stelle betont werden. Es geht auch nicht darum, Teilzeit zu verteufeln; sehr viele Frauen wünschen sich die Möglichkeit, auf einer reduzierten Stelle zu arbeiten. Weniger Stunden im Job zu verbringen, stattdessen mehr Zeit für Familie, Freizeit und gesellschaftliches Engagement zu haben ist ein erstrebenswertes Zukunftsmodell – vorausgesetzt, es wird von Männern und Frauen gleichermaßen gelebt.

Schließlich müssen wir angesichts des hohen Alters, das viele Menschen erreichen werden, gesellschaftlich andere Lebensfahrpläne entwerfen. Und die Arbeitswelt entsprechend ausgestalten. Wir müssen wegkommen von einer Spaltung in Berufsleben hier und Rentnerexistenz da, die sich ausschließlich am kalendarischen Alter orientiert. Weg vom Beharren auf den drei Lebensphasen: Kindheit und Jugend, Erwachsensein, Alter. Es geht um gleitende Übergänge. Dann wäre es auch problemlos denkbar, im mittleren Leben die Erwerbsarbeit ohne gravierende Folgen zu unterbrechen, weil man sie ja nach hinten ausdehnen kann.

Doch heutzutage ballen sich Familiengründung und Berufsentwicklung in einem relativ kurzen Zeitraum. Und Frauen zahlen drauf. Lassen sie den Job links liegen und wählen das traditionelle Modell, machen sie sich ökonomisch abhängig und geben einen wichtigen Teil des Lebens auf, der ihnen Bestätigung und Anerkennung bringen kann. Entscheiden sie sich für die Gleichwertigkeit von Beruf und Familie, ächzen sie unter der Doppel- und Dreifachbelastung. Verzichten sie wegen ihrer Karriere auf Kinder, fehlt ihnen später vielleicht etwas im Leben.

Die Mischlösung, die von den meisten Frauen favorisiert wird, tut aber auch nicht gut. Zumal nicht in der derzeitigen Form: Ausstieg und Teilzeit auf der weiblichen Seite, nichts davon bei den Männern. Dieses Modell müsste einer Fifty-fifty-Lösung weichen. Beide Elternteile nehmen nacheinander eine Auszeit, beide gehen anschließend in Teilzeit. Dann müssen weder Mutter noch Vater so lange daheim bleiben, dass der Kontakt zur Arbeitswelt verloren geht. Und keiner von beiden müsste den Job so weit herunterfahren, dass Qualifikationen und Berufschancen leiden. Abgesehen davon könnten beide noch immer genug verdienen, um finanziell über die Runden zu kommen.

Hierzulande haben die meisten Arbeitnehmer ein Recht auf Teilzeit. Das ist im sogenannten Teilzeit- und Befristungsgesetz geregelt, das 2001 in Kraft trat. Damit wollte sich die damalige rot-grüne Bundesregierung eigentlich besonders arbeitnehmerfreundlich zeigen. Und vor allem Frauen haben das Gesetz begrüßt. Doch es ist tückisch, weil es ja nicht gleichzeitig die Nachteile beseitigt, die ein Teilzeitjob mit sich bringt. Allein von einer reduzierten auf eine volle Stelle zurückzukehren ist meist unmöglich. Einmal Teilzeit – immer Teilzeit, so lautet in der Regel das Urteil.

Insgesamt ist die Teilzeitlösung nur dann keine Falle, wenn Frauen und Männer gleichermaßen dieses Modell annehmen. Dann müssten sich auch die Verhältnisse in den Unternehmen ändern. Und einiges in den Familien. Alle familiären Arbeiten – ob mit Kindern, alten Menschen oder im Haushalt – sind sozial unendlich wichtig, werden aber kaum wertgeschätzt. Weder gesellschaftlich noch politisch noch privat und schon gar nicht pekuniär. Das wird sich erst ändern, wenn sie nicht mehr allein in weiblicher Verantwortung liegen. Auch Männer müssen diese Aufgaben übernehmen, dann wird Familien- und Hausarbeit garantiert die nötige Anerkennung erhalten.

So wie es jetzt läuft, kommt das System den Männern zugute. Auf allen Ebenen. Der Grund ist schlicht. Die Organisation der Berufswelt und die soziale Absicherung für das Alter orientieren sich daran, wie Männer arbeiten: praktisch ohne Unterbrechung. So sieht das männliche Berufsleben aus, so halten Männer es für normal, und an dieser Norm hat sich die Gesellschaft ausgerichtet. Männer sind die *Normalarbeitnehmer*, wie sie arbeiten, nennt sich folgerichtig *Normalarbeitsverhältnis*.

Frauen werden mit umgekehrten Vorzeichen betrachtet. Was Männer bei sich selbst für normal halten – beruflich nicht zu unterbrechen –, finden sie bei Frauen völlig unnormal. Nach wie vor erwarten sie, dass die Frau die Last der »familienbedingten Erwerbsunterbrechung« trägt, wie es in Begriffen des Bundesfamilienministeriums heißt. Für Männer spielt es ja bis heute keine Rolle, ob und wie viele Kinder sie haben oder ob es in der Familie Angehörige zu pflegen gibt. Diese Pflichten erledigen Frauen. Ein Normalarbeitsverhältnis kommt für sie deshalb häufig nicht in Frage.

Das aber sichert den Zugang zum gesetzlichen Rentensystem; die Norm, dass lebenslang gearbeitet und entsprechend verdient wird, spiegelt sich in der Rentenberechnung wider. Solange allein Frauen die unbezahlte Familienarbeit übernehmen, haben sie bei der Rente schlechte Karten.[40]

Und die Gemeinheit ist: Die Politik will daran auch in Zukunft kaum etwas ändern. Zwar plant die große Koalition aus Union und SPD, ab 2017 die sogenannte solidarische Lebensleistungsrente einzuführen. Die soll bekommen, wer als Kleinverdiener 40 Jahre lang Beiträge geleistet hat und dennoch nicht auf eine bestimmte Anzahl von Rentenpunkten kommt. Aber die Höhe einer Mindestrente ist nicht festgelegt. Und wie viele Frauen mit Kindern haben wohl 40 Jahre in die Rentenkasse eingezahlt?

Die Schauspielerin Maren Kroymann glaubt, dass es Politik und Gesellschaft sehr recht ist, dass Frauen stets zu wenig an ihre Altersvorsorge gedacht haben: »Wenn sie früher draufgekommen wären, dass sie beschissen werden mit den Renten, hätten sie es sich vielleicht nicht mehr gefallen lassen, allein die Kinder zu erziehen und für diese große Ungerechtigkeit dann auch noch bestraft zu werden.«[41]

Das Risiko, im Alter arm dran zu sein, soll durch privates Sparen abgefedert werden. Darauf drängen Politik und Versicherungswirtschaft. Und mal wieder wird auf den Einzelnen abgewälzt, was das Solidarsystem nicht mehr leisten will. Doch solange sich daran nichts fundamental ändert – durch ein Bürgergeld zum Beispiel oder ein bedingungsloses Grundeinkommen –, werden die Menschen, die nicht privat vorsorgen wollen oder können, ins Hintertreffen geraten.

Wer würde das mehr beklagen als die Versicherungen selbst? Ihnen spült der Verfall der Renten jede Menge Profit in die Kassen. Umso stärker propagieren sie die private Absicherung. Frauen sind für sie »Vorsorgemuffel«, die zu selten und zu wenig in ihren Ruhestand investieren: »Mehr als 40 Prozent von ihnen haben sich noch nicht um eine private Vorsorge gekümmert«, rügt die Branche. Männer hingegen werden gelobt, weil bereits drei Viertel von ihnen eine Zusatzvorsorge haben.[42]

Was da auf sie zukommt, machen sich viele Frauen nicht

klar. Auch nicht, dass sie bei der Rente besonders benachteiligt sind und spätestens in der zweiten Lebensphase etwas dagegen unternehmen müssen. Nur 15 Prozent der westdeutschen und 18 Prozent der ostdeutschen Frauen halten ihre private Altersvorsorge für völlig ungenügend und fürchten, dass auch die staatliche Rente nicht reichen wird.[43] Dabei müssen weitaus mehr mit schmalen Bezügen rechnen. Die westdeutschen Babyboomerinnen wie Simone werden im Schnitt eine Rente von 662 Euro erhalten, die ostdeutschen sogar noch weniger. Dabei gilt die Regel: Je mehr Kinder und je weniger Bildung, desto geringer die Rente.[44]

Allein von den Westfrauen, die heute zwischen 45 und 50 Jahre sind und überhaupt Rentenansprüche erworben haben, wird die Hälfte weniger als 600 Euro Alterssicherung erhalten. Das Existenzminimum in Deutschland wird derzeit mit knapp 700 Euro veranschlagt. Nur Arbeitnehmerinnen, die in Vollzeit beschäftigt sind und weniger als ein Jahr ohne Job waren, können nach heutigem Stand mit einer Rente von über 1000 Euro rechnen.

So zeigt sich ein regelrechtes Klassensystem unter den Frauen: auf der einen Seite diejenigen, die fast ohne Unterbrechung gearbeitet haben und später auf eine angemessene Rente bauen können; das sind häufig Frauen mit einer guten Ausbildung. Auf der anderen Seite diejenigen mit gebrochener Erwerbsbiografie, die Armut im Alter fürchten müssen; und darunter sind sehr viele, die weniger qualifiziert sind.[45]

Die Frage Teilzeitarbeit oder nicht stellt sich im Westen und Osten der Republik sehr unterschiedlich dar. Frauen in den neuen Bundesländern haben erst nach der Wende etwas von Teilzeit gehört. Ihnen ist der Beruf traditionell wichtig, sie verstehen sich nicht als Zuverdienerin. Zwar nehmen auch in Ostdeutschland die Teilzeitjobs zu, aber nicht so ausgeprägt wie im Westen und vor allem aus anderen Gründen. Frauen im Osten würden gerne mehr arbeiten, man lässt sie nur nicht. Fast zwei Drittel der Teilzeitarbeiterinnen betrachten den Job nur als Notlösung, weil sie keine volle Stelle bekommen.[46]

Dagegen sind im Westen, also bei der großen Mehrheit der Frauen, viele gar nicht auf eine volle Stelle aus. Die meisten, die einen reduzierten Arbeitsplatz haben, wollen es so. Als Begründung geben sie Kinder und andere familiäre Pflichten an.[47]

Doch selbst wenn die traditionelle Aufgabenteilung gewählt wird, könnten Frauen sich ein Stück besser absichern. Warum – ketzerischer Gedanke – wird aus dem Familieneinkommen keine Altersvorsorge für die Frau bestritten, wenn sie schon bereit ist, zu Hause zu bleiben und auf eigenes Geld zu verzichten?

Der Hund liegt auch hier ein gutes Stück im System begraben. Die deutsche Familienpolitik beruht darauf, dass ein Ehepaar gemeinsame Interessen verfolgt. Dass die Partner über die Verwendung des Einkommens und die Aufteilung der bezahlten und unbezahlten Arbeit einvernehmlich und gleichberechtigt entscheiden. Und zwar zu beiderseitigem Nutzen und Besten. Darauf ist die gesamte Steuer- und Sozialpolitik mitsamt den entsprechenden Leistungen ausgerichtet. Vom Ehegattensplitting bis zum Kindergeld.

Doch die Realität sieht ja häufig anders aus. Denn bei diesem Idealbild werden Interessenkollisionen und ungleiche Machtverteilung in der Beziehung völlig ausgeblendet. Und bei den entsprechenden Aushandlungsprozessen der Eheleute – wenn sie denn überhaupt stattfinden – ziehen Frauen allzu oft den Kürzeren. Weil ihre Position zu schwach ist, sie sich freiwillig zurücknehmen oder den Konflikt scheuen.

So findet Finanzberaterin Helma Sick in der Praxis dann Folgendes vor: »Der klassische Fall ist, dass der Mann drei Lebensversicherungen hat und die Frau gar nichts. Es gibt Versicherungen wirklich für alles und jedes, aber für die 50 oder 100 Euro monatlich für die Altersvorsorge der Frau reicht es dann nicht!«[48] Auch Helma Sick weiß: Noch viel zu häufig sind Frauen von der Vorstellung getrieben, dass sie für die Familie zurückstecken müssen. Etwas für sich zu fordern kommt ihnen gar nicht in den Sinn. »Dabei muss man als Frau doch auch schauen, wo man selbst bleibt.«[49]

Und so ist ein weibliches Schicksal wie das folgende fast schon an der Tagesordnung.

Anja war 25 Jahre verheiratet. Als sie mit ihrem Mann Georg eine Familie gründete, entschied sie sich bewusst für ein traditionelles Ehemodell. Sie gab ihren Beruf als Erzieherin auf, bekam drei Kinder, um die sie sich kümmern musste, und der Haushalt machte sich bei einer so großen Familie ja auch nicht von allein.

Georg, ein Finanzbeamter im höheren Dienst, hielt es für selbstverständlich, dass Anja die Familie managte und ihn von allen häuslichen Dingen frei hielt. Nie wäre er auf die Idee gekommen, beruflich zurückzustecken, aber bei seiner Frau sah er es als selbstverständlich an, dass sie wegen der Kinder auf einen Job verzichtete. Auch Anja bereute diese Entscheidung nicht, schließlich erwartete sie, durch das Gehalt und die spätere Pension ihres Mannes auf Dauer versorgt zu sein. Als die Kinder ins jugendliche Alter kamen, nahm sie eine halbe Stelle an, um wieder ins Berufsleben einzusteigen. Doch weil sie fachfremd war, blieb ihr Verdienst gering.

Nach 25 Jahren Ehe, das letzte Kind war gerade aus dem Haus, verließ Georg aus heiterem Himmel seine Frau. Er zog in eine andere Stadt und mit einer anderen Frau zusammen. Anja ist 50 Jahre alt, tief geschockt und verletzt. Und dazu mit der Sorge belastet, wovon sie in Zukunft leben soll.

Selbstverständlich begann sie sofort nach einer neuen beruflichen Perspektive zu suchen, um ein Leben zu führen, wie sie es sich vorstellte. Doch die Möglichkeiten sind begrenzt, zumal wenn man über 20 Jahre aus dem einmal gelernten Beruf raus ist. Selbst wenn sie einen halbwegs vernünftig bezahlten Job findet – reicht es für die Altersversorgung?

Noch immer gehen die meisten Frauen davon aus, dass sie auch dann im Alter versorgt sind, wenn ihre Ehe scheitert. Großer Irrtum! Weder kümmern sich Männer in der Regel um das finanzielle Auskommen der Ex, zumal dann nicht, wenn sie eine neue Familie gegründet haben. Noch kann eine Frau von dem Anteil leben, der ihr nach langjähriger Ehe von der Rente des Mannes zusteht, wenn der zu den Durchschnittsverdienern gehörte.

Wie die allermeisten Frauen hat Anja mit ihrem Mann nicht geregelt, was im Fall einer Trennung passiert. Wie dann die Familienarbeit bewertet wird, die sie über so viele Jahre geleistet hat. Sie hat das Risiko nicht gesehen – und wollte es wohl auch nicht. Willkommen im Club!

Dabei hat Anja noch Glück, dass ihre Kinder bereits erwachsen sind. Das größte Risiko, nach einer Trennung sozial und ökonomisch abzustürzen, haben alleinerziehende Mütter. Sie müssen plötzlich nicht nur die gesamte Erziehung schultern, sondern auch sehen, wo die Familie finanziell bleibt. Fast ein Drittel der alleinerziehenden Mütter ist hierzulande auf Sozialhilfe angewiesen, deren Kinder leben am häufigsten in Armut. Und davon sind durchaus auch Frauen aus dem Mittelstand betroffen, die vorher materiell relativ sorglos gelebt haben.

Obwohl inzwischen fast jede zweite Ehe auseinandergeht, wollen Frauen nicht gleich das Schlechteste annehmen. Deshalb verzichten sie meistens darauf, sich in einer Beziehung irgendwie abzusichern, und tappen damit immer wieder in die gleichen Fallen. Wie viele Frauen arbeiten ohne Gehalt oder mit einem 450-Euro-Job im mittelständischen Betrieb ihres Mannes voll mit – nur um beim Scheitern der Ehe festzustellen, dass sie sich damit keine Rechte am Unternehmen erworben und quasi umsonst gearbeitet haben? Wie viele Frauen haben die Ausbildung ihres Mannes finanziert – nur um dann ohne Ausgleich in die Wüste geschickt zu werden, sobald der Gatte Karriere gemacht hat? Wie viele Frauen ermöglichen ihrem Mann den beruflichen Aufstieg, indem sie ihm alle familiären und häuslichen Belastungen vom

Leib halten – nur um dann zu entdecken, dass er vor der Trennung noch schnell einen Teil des Vermögens beiseitegeschafft hat, weil er nicht teilen will, was *er* sich erarbeitet hat.

Bei all den Fällen spielt es letztlich keine Rolle, wer wen verlässt. Denn selbst wenn Frauen aus einer Beziehung aussteigen, macht das ihre finanzielle Situation ja keineswegs besser. Im Gegenteil: Sollten sie sich vor einer Trennung über ihre prekäre ökonomische Lage im Klaren geworden sein, kann sie das länger als erträglich in einer Ehe halten. Darüber hinaus ist ein verlassener Ex wohl wenig bereit, an die finanzielle Versorgung seiner Ehemaligen zu denken.

Helene ist Berufsberaterin um die 50 und sucht Hilfe bei einer Sexualberatung. Sie erzählt, dass ihr Mann und sie sich schon seit Längerem kaum noch begehren. Deshalb haben sie verabredet, ihre sexuelle Lust woanders auszuleben und diese Abenteuer gegenseitig zu tolerieren. Nur zu einer echten Beziehung dürften sich die Seitensprünge nicht auswachsen – so die Vereinbarung. Im Laufe der Therapie stellt Helene fest, dass sie sich in den vergangenen Jahren zur Alkoholikerin entwickelt hat. Immer wenn es ihr schlecht ging, verdrückte sich ihr Mann zu einer Geliebten und sie trank. Als ihr das klar wird, ist für sie eine Grenze erreicht. Sie stellt ihren Mann vor die Wahl: Ich oder deine Affären. Sie geht. Trennt sich unter Schmerzen, aber relativ schnell, weil sie es sich leisten kann. Finanziell ist sie unabhängig. Sie hat ihre Arbeit, ihr Gehalt und kann feststellen: Ich brauche ihn eigentlich nicht.[50]

Und was ist mit den Frauen, die sich so einen Schritt ökonomisch eigentlich nicht leisten können? Das seit 2008 geltende Unterhaltsrecht sichert den Ehepartner nach einer Scheidung nicht mehr ab. Der Anspruch auf finanzielle Unterstützung wurde radikal heruntergefahren. Diese Verschärfung betrifft fast immer Frauen, weil sie pekuniär meist schlechter dastehen als ihre Männer. »Einmal Zahnarztgattin, immer Zahnarztgattin – das gilt nicht mehr«, ließ sich SPD-Justizministerin Brigitte Zypries vernehmen, als das Gesetz verabschiedet wurde. Sie verkaufte es als großen Fortschritt, dass eine Frau, egal, ob sie vorher etwas verdient hat oder nicht, sich unmittelbar nach der Trennung um ihren eigenen Lebensunterhalt kümmern muss. Damit der Exmann entlastet wird.

Theoretisch klingt es ja ganz vernünftig, dass Frauen vom Versorgermodell loskommen und ökonomisch auf eigenen Beinen stehen sollen. Statt selbst arbeiten zu müssen, konnten ja Gattinnen bis dato selbst nach wenigen Ehejahren auf unendlich lange Unterhaltszahlungen pochen, um standesgemäß versorgt zu sein. Mit der neuen Regelung sollte der Mann die Möglichkeit haben, sich ein neues Leben aufzubauen, ohne auf Dauer durch unbillige Altlasten beschwert zu sein.

Doch in der Praxis entpuppte sich das neue Unterhaltsrecht als ein Männer-Bevorzugungs-Gesetz. Zum einen wurde alten Ehen kein Bestandsschutz eingeräumt, sodass die Voraussetzungen, unter denen sie einmal geschlossen wurden, nicht mehr galten. Damit war es völlig egal, ob – wie im Falle von Anja – sich eine Frau auf die eheliche Arbeitsteilung eingelassen hatte, weil sie ja davon ausgehen konnte, selbst bei einer Trennung gesetzlich abgesichert zu sein.

Zum anderen wurden Frauen nach einer 20-jährigen Ehe praktisch genauso behandelt wie nach einer zweijährigen. Eine Ehefrau, die ihrem Mann Jahrzehnte den Rücken freigehalten hatte, konnte keine größeren Ansprüche stellen als eine Jungverheiratete. Der Mann konnte gehen, sie musste für sich allein klarkommen. Aus die Maus.

Erst 2013, fünf Jahre nachdem diese Unterhaltsregelung in Kraft getreten war, bequemte sich die Regierung, sie streckenweise zu ändern. Und auch erst nach anhaltender öffentlicher Kritik. Seitdem können geschiedene Frauen, die wegen der Familienarbeit den eigenen Beruf über Jahre zurückgestellt haben, mit längeren Unterhaltszahlungen rechnen. Doch wie seit 2008 üblich, gilt die Einzelfallregelung. Im Zweifel muss jede Frau ihre Ansprüche vor Gericht durchkämpfen.

Wenn Paare sich scheiden lassen, passiert das, wie bereits erwähnt, nach 14 Jahren Ehe im Schnitt. Vor einem Vierteljahrhundert lag das weibliche Heiratsalter bei ungefähr 26 Jahren, inzwischen ist es auf 30 geklettert. Das heißt, all die Probleme, um die es hier geht, betreffen vorrangig Frauen ab dem 40. Lebensjahr. Zu einem Zeitpunkt also, wo viele Weichen bereits gestellt und viele Entscheidungen getroffen wurden. Kommt ein Umbruch, der alles durcheinanderschmeißt, macht das den anschließenden Neustart nicht einfacher.

Zum Beispiel, was den Beruf angeht. Ob unter ökonomischem Druck oder aus einem Bedürfnis heraus – der Wiedereinstieg in die Arbeitswelt nach einer längeren Pause ist so oder so schwierig. Und betrifft fast ausschließlich Frauen. »Wiedereinstieg in die Erwerbstätigkeit kommt für die meisten Männer allenfalls im Zusammenhang mit Arbeitslosigkeit vor und hat daher einen negativen Beigeschmack«, stellt das Bundesfamilienministerium fest.[51]

Wiedereinstieg ist ein Frauending, und zwar hauptsächlich für Frauen im mittleren Alter. Und wieder sind sie einem Problem ausgeliefert, das Männer nicht kennen, weil es ihnen in der Regel erspart bleibt. Ist es da verwunderlich, dass der Wiedereinstieg zum beruflichen und privaten Hürdenlauf wird und Frauen auch nicht auf gesellschaftliche Anerkennung hoffen können?

Stattdessen sind sie einem regelrechten Doublebind ausgesetzt. Denn entweder tun Arbeitgeber so, als wäre es völlig easy, sich nach einer längeren Familienzeit wieder in berufliche Strukturen einzufinden. Oder Unternehmen gehen pauschal davon aus, dass dieser Schritt eigentlich kaum gelingen kann, weil sie die Barrieren über- und die Frauen unterschätzen.[52] Dieser dissonante Blick auf Wiedereinsteigerinnen herrscht auch in der Öffentlichkeit vor und wird medial weit verbreitet.

Doch neben den Vorurteilen gibt es tatsächlich objektive Schwierigkeiten. Das Tempo, in dem sich die Wirtschaft wandelt, hat sich rasant erhöht. Und damit ändern sich auch die Unternehmenskulturen; betriebliche Umstrukturierungen sind an der Tagesordnung. Wer nach mehreren Jahren in seine alte Firma oder Branche zurückkehrt, erkennt sie oft nicht mehr wieder und muss sich neu einfinden.

Das heißt aber auch, dass einmal erworbene Qualifikationen sehr schnell ihren Wert verlieren können. Abhängig davon, wie lange eine Frau beruflich ausgesetzt hat, kann ein Wiedereinstieg für sie wie ein Neuanfang sein, bei dem sie unendlich viel lernen muss.

Darüber hinaus erwarten viele Arbeitgeber heutzutage eine frühkapitalistische Flexibilität von ihren Mitarbeitern. Da fordert der Chef, dass seine Leute kurzfristig verfügbar sowie jederzeit mobil sind, und erdreistet sich, E-Mails noch in der Nacht oder an den Urlaubsort zu schicken. Das macht schon Arbeitnehmer krank, die langjährige Erfahrung mit derartig absurden Zumutungen haben. Was ist dann erst mit den Frauen, die in der Familie mit einem ganz anderen Zeitmanagement und Rhythmus lebten? Im häuslichen Umfeld ticken die Uhren anders als in der Arbeitswelt, diese Umstellung will bewältigt sein.

All diese Schwierigkeiten machen sich Frauen nur bedingt klar. Vor allem nicht, wenn die Entscheidung in ihrem Leben ansteht, ob und wie lange sie beruflich aussetzen wollen. Mehr als zwei Drittel der Frauen hierzulande sind optimistisch und glauben, dass ein Wiedereinstieg eigentlich kein Problem darstellt. Dieses Selbstvertrauen ist in jedem Milieu verbreitet: 72 Prozent der Frauen mit höherer Bildung sind überzeugt, dass sie in der Arbeitswelt schnell wieder Fuß fassen können; bei Frauen mit geringerer Bildung sind es 65 Prozent.[53] Doch einmal mit der Realität konfrontiert, sind viele Wiedereinsteigerinnen ziemlich frustriert. Fast ein Drittel denkt über den Ausstieg aus dem Einstieg nach. Je länger sie zu Hause geblieben sind, desto eher kehren Frauen auch dorthin zurück.[54]

Das liegt nicht zuletzt daran, dass sie zu wenig Unterstützung in den Betrieben bekommen. Da werden Wiedereinsteigerinnen als Hausfrauen diskreditiert, die mit den Härten der Arbeitswelt – Konkurrenz, Geschwindigkeit etc. – nicht klarkommen. Da wird unabhängig von der Qualifikation im Kollegenkreis davon ausgegangen, dass sie beruflich den Anschluss verloren haben. Da fühlt sich ein Drittel der Wiedereinsteigerinnen aufs Abstellgleis geschoben und wie Mitarbeiterinnen zweiter Klasse behandelt, weil sie sich von den Chefs zu sehr geschont glauben.[55]

Arbeitgeber weigern sich, das Potential zu erkennen, das Wiedereinsteigerinnen mitbringen, und sind nicht bereit, die betrieblichen Strukturen zu ändern. Ihnen gerät zum Beispiel gern aus dem Blick, dass auch berufstätige Mütter sich in der Regel weiterhin um minderjährige Kinder kümmern; was bedeutet, dass sie sich nach den Zeiten von Kitas und Schulen richten müssen. Gleichzeitig haben Mütter mit dem Vorurteil der Kollegen zu kämpfen, dass sie eigentlich nur ihre Kinder im Kopf haben und nicht voll einsetzbar sind.

Unterstützung fehlt allerdings auch im privaten Bereich. So ein Wiedereinstieg betrifft die gesamte Familie, aber die Ehemänner ziehen nicht mit. Zwar sehen sich die meisten Frauen moralisch von ihrem Partner unterstützt, das war's dann aber auch schon. Sie werden trotzdem mit all den Erziehungs- und häuslichen Aufgaben belastet, als hätten sie keinen Job. Mehr als die Hälfte der Wiedereinsteigerinnen fühlt sich von ihren Männern in der Praxis alleingelassen. Fazit: Für Frauen ist der Wiedereinstieg in den Beruf eine große Sache; für die Männer an ihrer Seite ändert sich wenig oder so gut wie gar nichts.[56]

Frauen in den mittleren Lebensjahren machen viele einschneidende Erfahrungen – und nicht wenige hängen mit den Kindern zusammen. Wenn der Nachwuchs auszieht, ist ein wichtiger Abschnitt im Leben vorbei. Einerseits ist es ja genau das, was Eltern wollen: Die Kinder sollen erwachsen und selbstständig werden und in der Lage sein, auf eigenen Beinen zu stehen. Andererseits wirken Wohnung und Haus plötzlich einsam und verlassen, mit den Kindern ist auch ein Stück der täglichen Verantwortung und des Lebensinhalts gegangen.

Große Kinder, traurige Eltern. Das Nest ist leer, und zurück bleibt Gefühlstumult. Und weil der besonders heftig werden kann, gibt es für diese Krise auch einen Namen: Empty-Nest-Syndrom. Dieses Syndrom kann als eine Form der Abhängigkeit wie von Alkohol oder Tabletten auftreten. Und es betrifft vorrangig Frauen, denn sie sind es ja in der Regel, die sich seit der Geburt um die Kleinen gekümmert und dabei die eigenen Bedürfnisse hintangestellt haben.

Der Entzug, dem Mütter ausgesetzt sind, ist hart, es dauert, bis sie gelernt haben, die Prioritäten zu verschieben. Besonders wenn sie während der gesamten Erziehungszeit zu Hause geblieben sind. Und im Gegensatz zu den Kindern, die jenseits des Elternhauses ein neues Leben entdecken können, bedeutet das leere Nest für die Mütter häufig einen großen Verlust.

Die Traurigkeit darüber kann bis zu Depressionen führen. Zu Selbstzweifeln und Zukunftsängsten. Mütter überkommt leicht das Gefühl, jetzt sei ihr Leben eigentlich zu Ende. Um aus dieser Krise herauszukommen, müssen sie sich ein gutes Stück neu erfinden und andere Perspektiven entwickeln. Denn sonst kann der Verlust noch größer werden. In der Empty-Nest-Phase ist die Scheidungsrate besonders hoch – was aber keineswegs nur an den Frauen liegt.

Wie für fast jede Lebenslage gibt es auch hier die ultimativen Ratschläge, um die Traurigkeit zu übertölpeln: Die Ego-Sau rauslassen, malen-töpfern-fotografieren, Geld verprassen, Frühjahrs-, Sommer- und Herbstputz zusammenlegen, Garten umgraben, Wohnung renovieren, ohne Ende amerikanische Serien auf DVD schauen, Sex neu entdecken ...[57]

Oder eben wieder in den Beruf einsteigen. Wenn die Mutterrolle nicht mehr erfüllend ist, braucht das weibliche Selbstwertgefühl andere Nahrung. Durch Anerkennung im Job und eigenes Geld zum Beispiel. Dabei sind Wiedereinsteigerinnen nicht wild darauf, von zu Hause zu arbeiten. Schließlich geht es darum, endlich wieder den öffentlichen Raum zu erobern. Sie wollen draußen in der Welt sein, Kontakt mit Kollegen und Kunden haben, sich als Teil eines Teams begreifen und austauschen können. All diese Motive spielen neben dem finanziellen Aspekt und dem Stück neu gewonnener Unabhängigkeit eine große Rolle.[58]

Doch wie gesagt – der Wiedereinstieg gelingt nicht immer, und nicht alle Frauen, die einmal aus dem Beruf ausgestiegen sind, wollen oder können überhaupt wieder zurück in die Arbeitswelt. Denn häufig geht bei dieser weiblichen Altersgruppe die Belastung durch die Familie nonstop weiter. Das Kümmern um Kinder nimmt ab, das Kümmern um Eltern und Schwiegereltern nimmt zu. Viele Frauen werden zwischen den Generationen zerquetscht wie die Gurken auf einem Sandwich. Kaum sind sie aus der Kinderphase heraus, kaum glauben sie, wieder stärker an sich oder an einen Beruf denken zu können, kommt die ältere Generation ins Spiel.

Monika Schröder, Frauenärztin und Sexualtherapeutin, beobachtet, wie das bei ihren Patientinnen abläuft. »Da geht das Kind aus dem Haus und was kommt dann? Die Schwiegermutter. Entweder als Mitbewohnerin oder als Pflegefall. Und wer hat die Aufgabe, sich um die zu kümmern? Die Frauen. Denen wird genau vor Augen geführt, was altern heißt. Je älter sie selbst werden, desto öfter haben sie mit richtig alten Menschen zu tun und auch mit deren Problemen.«

Die Ärztin beobachtet, dass die Belastung bei ihren Patientinnen zur Krise führen kann, weil sie gesundheitlich und mental ausgezehrt sind. Und dann versteht Monika Schröder manchmal die Welt nicht mehr. »Frauen müssen doch auch mal egoistisch sein, selbst wenn es uns aberzogen wurde. Warum sagen sie nicht, was sie wollen? Warum sagen sie nicht: Ich habe mich um meine Mutter gekümmert, aber die Schwiegermutter, mein lieber Mann, die pflegst du. Du Sohn bist jetzt dran!«[59]

Doch wie bei der Kinderbetreuung stecken Frauen auch hier in der Falle. Sobald sie weniger verdienen als ihr Mann, ist offenbar entschieden, wer sich zu Hause kümmert. Dann pflegt die Frau – egal, ob es sich um Mutter oder Schwiegermutter handelt.

Vier Fünftel der Personen, die zu Hause einen Angehörigen betreuen, sind weiblich.[60] Zwar hat in den vergangenen Jahren die Zahl der pflegenden Männer ein wenig zugenommen; aber wenn überhaupt, sind sie erst dann dazu bereit, wenn sie in Rente gehen.

So rutscht die Sandwichgeneration der Frauen von der einen Carearbeit häufig umstandslos in die andere, nicht weniger anstrengende und fordernde. Wegen der Pflegearbeit kehren viele Frauen überhaupt nicht mehr in einen bezahlten Job zurück, oder sie arbeiten nach der Kinderphase für kurze Zeit, bis ihnen die Fürsorge für die Angehörigen keine Wahl mehr lässt, als die Berufsarbeit zu reduzieren oder ganz aufzugeben.[61]

Da wird seit Jahrzehnten öffentlich diskutiert, wie ätzend schwer es Frauen gemacht wird, Kinder und Beruf zu vereinbaren. Dieses Problem ist gesellschaftlich noch nicht ansatzweise gelöst, da steht schon die nächste riesige Herausforderung an: die Vereinbarkeit von Pflege und Beruf. Weil wir immer älter werden, sind in Zukunft immer mehr Menschen auf Betreuung angewiesen. Und auch hier baden Frauen aus, was sozial und politisch nicht auf die Reihe gebracht wird.

Dabei wird in der Gesellschaft und der Familie gern ignoriert, dass Pflege nicht nur physisch, sondern auch psychisch sehr belastend ist. Allein das Nebeneinander der Generationen und die daran hängenden Aushandlungsprozesse sind ja nicht immer leicht hinzukriegen. Sich zu fühlen wie die Gurke im Sandwich mag ja noch angehen, wenn man sich als 50-jährige Frau zwischen der 70-jährigen Mutter und der 30-jährigen Tochter behaupten muss. Wobei auch in dieser Konstellation durchaus das Problem auftauchen kann, wer von beiden den größeren Anspruch auf Unterstützung hat. Noch gravierender wird es allerdings, wenn das dann Jahrzehnte weitergeht und eine Frau einfach nicht aus der Sandwichposition herauskommt. Als 70-Jährige zwischen einer 90- und einer 50-Jährigen ständig zwischen dem Tochter- und dem Muttermodus wechseln zu müssen – wo bleibt da auf Dauer der eigene Raum? Wie lassen sich diese drei Leben gegeneinander abgrenzen, sodass jede zu ihrem Recht kommt? Das will lebenspraktisch erst mal bewältigt sein.

Insgesamt ist der Beistand, den die mittlere Generation gegenüber der jüngeren und der älteren leistet, doppelt so hoch wie die Hilfe, die sie selbst erhält. Den allergrößten Teil dieser Arbeit leisten Frauen.[62] Und wenn man bedenkt, dass wir alle älter werden und dadurch auch mehr Betreuung brauchen, wird diese Belastung gesamtgesellschaftlich nicht etwa weniger werden. Auch hier ist also nicht nur eine bessere öffentliche Versorgung gefragt. Es ist auch endlich an der Zeit, die Arbeitsteilung in der Familie neu zu überdenken und nicht immer nur reflexhaft den Frauen die Kümmererrolle zuzuschieben.

Nehmen wir die unschönen Verhältnisse mal kühl in den Blick: Wir haben hierzulande eine männerzentrierte Arbeitswelt, die es nicht zuletzt Frauen im mittleren Alter schwer macht, sich zu behaupten, genügend Geld zu verdienen und beruflich geschätzt zu werden. Es gibt eine lächerlich unzureichende Betreuung für Kinder in Kitas und Ganztagsschulen, katastrophale Verhältnisse in Einrichtungen für alte Menschen und immense Kosten bei einer menschenwürdigen aushäusigen Pflege. Zudem sehen es Männer noch immer nicht als ihren Job an, die Hälfte aller familiären Pflichten zu übernehmen. Diese Defizite gleichen Frauen aus, indem sie traditionell die Verantwortung für alles Familiäre übernehmen. Hinzu kommt der gefährliche Glaube an das Versorgermodell, dem viele noch immer anhängen. All das hindert

Frauen, sich ausreichend um ihren Beruf und ihre finanzielle Unabhängigkeit zu kümmern.

Dabei ist die gute Nachricht: Frauen, die heute 40 Jahre und älter sind, haben sich zunehmend von der Hausfrauenbiografie verabschiedet und im Arbeitsleben Fuß gefasst, was sich positiv auf ihre Alterssicherung auswirkt.

Die schlechte Nachricht: Es gibt auch den gegenläufigen Trend. Viele Unterbrechungen im Beruf, häufigere und längere Arbeitslosigkeit, ausgeweitete Teilzeitarbeit und mehr geringfügige Beschäftigungen. Das führt zu mageren gesetzlichen Renten, und damit steigt das Risiko, im Alter arm zu sein.

Sieht man sich diese Gemengelage an, wird noch einmal deutlich, wie wichtig der Beruf für Frauen ist. Und wie fahrlässig, ihn zu vernachlässigen und die materielle Eigenständigkeit hintanzustellen – selbst wenn die traditionellen Rollen dies noch immer erwarten. Frauen bliebe einiges erspart, wenn sie nie den Kontakt zur Arbeitswelt verlieren würden und anschließend nicht mit einem Wiedereinstieg zu kämpfen hätten.

Dabei geht der Wert des Berufs weit über die materiellen Aspekte hinaus. Wer in einem Arbeitsumfeld verankert ist, kann sich nicht nur auf die Gehaltsüberweisung am Ende des Monats freuen. Der Beruf stärkt das Selbstwertgefühl und die Eigenständigkeit. Es geht darum, seine Fähigkeiten zu zeigen und Bestätigung zu bekommen. Und der Kollegenkreis bietet einen sozialen Raum und kommunikativen Austausch. Selbstverständlich gibt es auch Stress und Unannehmlichkeiten im Job. Doch mit dem Beruf sind Frauen in der Welt. Es geht um ihre Teilhabe an der Gesellschaft!

Nicht zu vergessen: Wer einen Platz in der Arbeitswelt hat, lässt sich durch Katastrophen zu Hause wahrscheinlich nicht ganz so schnell aus der Bahn werfen. Durch Ehekrisen, Trennungen oder Probleme mit den Kindern. Das Leben draußen und das Leben drinnen beeinflussen sich gegenseitig. Von berufstätigen Müttern wird das Empty-Nest-Syndrom beispielsweise längst nicht so harsch erfahren, sie haben andere Dinge als die plötzliche Leerstelle, auf die sie sich konzentrieren können. Auch ein Ehemann, der mehr Zeit im Büro als zu Hause verbringt, lässt sich mit einem eigenen Job leichter ertragen. Hinzu kommen die unzähligen Verunsicherungen, die der doppelte Standard für Frauen bereithält. Da kann der Beruf stabilisieren, was an anderer Stelle ins Trudeln gerät.

Insgesamt gäbe es für viele Frauen weniger Kummer und Sorgen, wenn sie dies frühzeitig bedenken würden. Doch das ist rückwärtsgewandt. Wichtiger ist die Frage: Was hindert Frauen in den mittleren Lebensjahren denn daran, ihre Situation zu ändern?

Da kommt zweifellos der doppelte Standard ins Spiel. Er versucht, Frauen in die Kiste der einmal getroffenen Entscheidungen einzusperren, ihre Veränderungsmöglichkeiten zu leugnen und zu beschneiden. So weit der Status quo.

Da stehen wir also, wir Frauen in den mittleren Jahren, und fühlen uns zerrieben zwischen unserem Anspruch auf emotionale und finanzielle Sicherheit, zwischen Job und Familie, eigenen und fremden Ansprüchen. Und in diesem Zusammenhang müssen wir uns auch noch mit besonderen Gemeinheiten in der Arbeitswelt auseinandersetzen, nur weil wir weiblich sind und ein bestimmtes Alter erreicht haben.

Doch erinnern wir uns, was Helma Sick sagte. Sie ist zwar Finanzberaterin, aber wenn sie fordert, dass Frauen doch auch an sich denken müssen, meint sie es sicher in einem umfassenden Sinn. Denn genau darum geht es. Es hat nichts mit Lieblosigkeit zu tun, wenn wir auf einer gleichberechtigt geteilten Berufs- und Familienarbeit beharren. Und nichts mit Egoismus, wenn wir uns von unserem Ehepartner die jahrelange Haus- und Kinderarbeit finanziell absichern lassen, damit wir bei einer Trennung nicht als die Deppen dastehen. Abgesehen davon ist es ein großartiges Gefühl, sich nicht mehr auf einen Versorger verlassen zu müssen, sondern auch beruflich seine eigene Frau stehen zu können. Schon der Kinder wegen.

Wenn wir unser Leben insgesamt in den Blick nehmen und feststellen, dass uns so viel mehr Zeit bleibt als unseren Müttern und Großmüttern – haben wir dann nicht auch mehr Gelassenheit, anders zu planen? Frauen müssen lernen, ihr Leben von hinten zu denken! Das ist zunächst nur eine politische Forderung. Aber umgemünzt auf den Alltag heißt das doch: Wir stellen uns vor, wie wir in späteren Jahren leben wollen, und davon machen wir unsere Entscheidungen im Hier und Jetzt abhängig. Verändert das nicht sofort unsere Perspektive und auch unseren Mut, anders zu handeln? Selbst auf die Gefahr, Konflikte mit Mann, Partner, Familie zu provozieren?

Viele Entscheidungen in Sachen Berufs- und Hausarbeit, Kinder- und Altenpflege stehen in der zweiten Lebensphase an. Selbstverständlich können wir auch dann noch Weichen für die kommenden Jahrzehnte neu und anders stellen. Wir haben doch noch viel Zeit vor uns.

Männer verstärkt ins Haus, Frauen verstärkt in den Beruf! Das ist das Ziel. In der Arbeitswelt wird der doppelte Standard nicht überleben, wenn wir anfangen, die Rollen zu tauschen. Das ist sicher nicht der alleinige, aber ein wichtiger Ansatzpunkt, um die Verhältnisse zu ändern – in den Unternehmen, in der Politik, bei den sozialen Sicherungssystemen. Im Beruf klebt der doppelte Standard am sogenannten männlichen Normalarbeitnehmer. Zeigen wir doch, was in Zukunft normal bedeuten kann.

Wirren und Wandel

Über Fruchtbarkeit, Wechseljahre und das Tohuwabohu der Hormone

Frau Koch ist mit einer hübsch verpackten Schachtel auf dem Weg zu ihrem Therapeuten. Als sich die beiden gegenübersitzen – sie auf einer goldgelben Ottomane ohne Rückenstütze, die Beine ordentlich nebeneinander abgestellt, er bequem zurückgelehnt in einem bunt bezogenen Ohrensessel –, überreicht sie ihm ihr Präsent.

Therapeut: Frau Koch, Sie wissen doch ganz genau, dass Sie mir keine Pralinen mehr schenken dürfen (nimmt die Schachtel). Wir haben letzte Woche doch ausführlich darüber gesprochen.

Frau Koch: Aber ich weiß doch, wie gut sie Ihnen schmecken. (Lächelt verschwörerisch)

Therapeut: Ja, ja, das mag schon sein (reibt sich die Hände), aber es tut unserem Verhältnis nicht gut.

Frau Koch (freudig überrascht): Wir haben ein Verhältnis?

Therapeut (öffnet die Verpackung, wirft den Deckel beiseite): Wie war Ihre letzte Woche? Schulprobleme, Panikattacken? (Bringt seine Finger über dem Konfekt in Stellung)

Frau Koch: Ja. Jetzt auch nachts. Ich wach' auf, mein Herz klopft wie verrückt (drückt ihre Hände aufs Herz), ich habe Todesangst (gestikuliert mit den Armen).

Therapeut (entspannt, genießt die erste Süßigkeit)

Frau Koch: Und dann wird alles so schrecklich dunkel um mich herum. Ich stehe auf, ich lauf' durch die Wohnung (spricht schneller), ich versuche mich abzulenken ...

Therapeut (fingert eine Praline nach der anderen aus der Schachtel, beißt hinein)

Frau Koch: Aber ich habe solche Angst vor dem nächsten Schultag ... (Beugt sich beschwörend vor) Panik!

Therapeut (schließt die Augen, während die Süßigkeit in seinem Munde schmilzt)

Frau Koch: ... ich hab' Panik! Die Schüler, die starren mich an wie so Raubtiere (krümmt ihre Hände zu Pranken).

Therapeut (kaut mit geschlossenen Augen und abwesendem Gesichtsausdruck)

Frau Koch: ... mit so ganz schmalen Schlitzaugen (formt mit den Händen Schlitze). Die riechen das, wenn du Angst hast. Sie starren auf meinen Körper wie eine Schlange auf ihre Beute ... (atmet schwer aus) ... und dann macht es plötzlich (setzt eine Kunstpause, spricht lauter) Schnapp! (Krallt ihre Hände um einen imaginären Fang)

Therapeut (guckt überrascht und indigniert hoch)

Frau Koch (mit erschöpfter Stimme): Ein Schüler, Uwe Scholz (seufzt), der provoziert mich immer so, dass ich ... dass ich am liebsten weinen und davonlaufen möchte.

Therapeut (zählt die restlichen Pralinen)

Frau Koch: Aber ... aber das will er ja nur, dass ich ... dass ich wie ein Mäuschen so in Todesangst davonlaufe ... (atmet schwer ein)

Therapeut (mit schokoladeverschmierten Lippen und vollem Mund): Ehm, un wasch mochen Sche donn schenau?

Frau Koch (kindlich stolz): Ich ... ich tu' so, als würde ich was in meiner Aktentasche suchen (nimmt ihre Aktentasche vom Boden hoch, klappt sie auf). Ich stecke meinen Kopf ganz tief rein und atme in die Tasche (steckt den Kopf in die Tasche und atmet tief ein).

Therapeut (verdutzt): Sie stecken den Kopf in die Tasche ...?

Frau Koch: Äh (stellt die Tasche zurück auf den Boden, lächelt tapfer), das hab' ich als Tipp aus dem Internet.

Therapeut (nimmt den Deckel der Pralinenschachtel, um sie zu verschließen): Frau Koch, es könnte durchaus sein, dass Ihre Schweißausbrüche, Schlafstörungen, Angstzustände erste Anzeichen des Klimakteriums sind ...

Frau Koch (lächelt, guckt ungläubig, dann sehr munter): Nie im Leben!! Dazu bin ich viel zu jung!

Therapeut (wendet sich ab und kramt in seinen Karteikarten): Lassen Sie trotzdem bei Ihrem nächsten Frauenarztbesuch einen Östrogenspiegel machen.

Frau Koch (starrt den Therapeuten fassungslos an... ihr Lächeln ver-
lischt)[1]

Keine Sorge – Frau Koch ist nur eine fiktive Figur. Der Fantasie der Filmemacherin Doris Dörrie entsprungen und in der ZDF-Miniserie *Klimawechsel* zum Leben erweckt. Welche reale Frau würde schon angesichts ihrer Wechseljahre so abwehrend, so verstört und versteinert reagieren wie eine Frau Koch? Das ist doch nur Fiktion, nicht wahr?

Klimawechsel ist die Geschichte von vier eigenwilligen Lehrerinnen; alle arbeiten am selben Gymnasium, und alle haben auf die eine oder andere Art mit ihrer Menopause und Umbrüchen in ihrem Leben zu kämpfen. Die eine, weil sie verzweifelt versucht, Kind und Job unter einen Hut zu bringen, während ihr Freund es mit ihren Kolleginnen treibt. Die andere, weil sie dick ist und so schwitzt, dass ihr Mann – der sowieso gern was Jüngeres hätte – nachts fluchtartig das Bett verlässt. Die dritte, weil sie sich zwar frisch und fit fühlt, ihr Angetrauter aber Probleme mit seinen Jahren hat und sie nicht mehr richtig zusammenkommen. Und als vierte eben Frau Koch mit ihrer Schülerphobie, die sie erst überwinden kann, als sie eine Affäre mit einem der weniger schrecklichen Jugendlichen beginnt.

Nicht zu vergessen: Die gemeinsame Frauenärztin der Lehrerinnen, gespielt von Maren Kroymann. Mit ihr diskutieren die vier ihre klimakterischen Beschwerden, lassen sich schönheitsoperieren und kauen alles durch, was man gegen Hitzewallungen, Schlafprobleme und Stimmungstiefs so machen kann. Anschließend treffen sich alle beim Hormon-Yoga: »Wir lassen die Energie in den Eierstock fließen ...« – »Ähhm, in den linken oder den rechten Eierstock?«

Klimawechsel ist alles: eine Komödie, ein Tabubruch, ein Stück Aufklärung. Lustig, drastisch und herzerfrischend gemein. Nie zuvor hat man hierzulande etwas Vergleichbares zu diesem Thema sehen können; schließlich wird darüber sonst gerne geschwiegen. Die *Süddeutsche Zeitung* schrieb: »Es ist furios, fies und, jawoll, das Beste und Böseste, was das deutsche Fernsehen für diese Altersgruppe in den vergangenen Jahren produziert hat.«[2]

Für diese Altersgruppe? Unendlich viele Frauen leben in diesem Land, alle kommen irgendwann in die Menopause, rund sieben Millionen sind derzeit drin, viele schon wieder draußen. Ist es also nicht ein Thema für die breite Öffentlichkeit? Oder sind immer nur Männerbelange von allgemeinem Interesse? Bis *Klimawechsel* 2010 gezeigt wurde, waren die Wechseljahre in den Massenmedien nicht wirklich gesellschaftsfähig. Ein paar Kabarettistinnen haben sich ab und zu der Sache angenommen, das war's dann auch schon. Die Begleiterscheinungen des weiblichen Älterwerdens wurden schlicht tabuisiert, und bis heute ist die Debatte nur wenig offener geworden. Egal, wie viele Internet-Foren und Ratgeber es zu dem Thema inzwischen geben mag.

Es ist auch der gesellschaftliche Umgang mit den Wechseljahren, der es Frauen so viel schwerer als Männern macht, souverän ihrem mittleren Lebensabschnitt entgegenzusehen. Das Unsägliche, irgendwie Peinliche, das der Menopause noch immer anhaftet, färbt auf die älter werdende Frau als unsäglich und peinlich ab. Der doppelte Standard bedient sich nicht nur der Bilder, sondern auch der Biologie, um sein höllisches Spiel zu treiben.

»Feel the heat!« – »Cool to have hot flashes!« Selbst in den prüden USA kamen die weiblichen Zustände schon sehr viel früher ironisch gebrochen in die Öffentlichkeit und auf die Bühne. Frei nach dem Motto des Zeichentrickstars Homer Simpson: »Die Wechseljahre sind, wenn der Storch, der die Babys bringt, von einem Betrunkenen erschossen wird.«

Wer sich auf YouTube Ausschnitte aus *Menopause The Musical* ansieht, weiß, was gemeint ist. Da singen und tanzen sich vier Ladys mit umgeschriebenen Hits aus den 1960er und 1970er Jahren durch ihre Schlaflosigkeit und Schwitzattacken. Das Stück startete bereits 2001 in Florida, war ein Jahr später Off-Broadway ein großer Erfolg und wird mit ausverkauften Vorstellungen inzwischen seit Langem in Las Vegas gespielt. Zauberwort und Botschaft der Damen: »Ch-ch-change, change your mind!«[3]

Hierzulande ticken die Uhren anders. Noch 2007 konnte die Zeitschrift *Brigitte woman* ein Dossier herausbringen, das seinen Titel völlig zu Recht trug: *Tabuthema Wechseljahre*. Schon die Recherchen waren für die Redaktion mehr als das übliche Geschäft. Es war schwierig, Frauen zu finden, die offen über ihre Erfahrungen reden wollten. »Heute erklären Ihnen zehnjährige Mädchen ohne Weiteres, dass sie gerade in die Pubertät kommen, während es gesellschaftlich viel weniger akzeptiert ist, wenn eine erwachsene Frau über ihre Wechseljahre spricht.«[4]

Wechseljahre – der Kristallisationspunkt des weiblichen Älterwerdens. Wenn die Regelblutung ausbleibt, ist ein Meilenstein im weiblichen Leben erreicht. Zumindest körperlich. Wenn das Tohuwabohu der Hormone einsetzt, möchte die eine oder andere Frau vielleicht innehalten. Möchte zurückschauen auf die vergangene Zeit und nach vorne blicken auf das, was die Zukunft bringt. Aber dazu kommt es wohl selten. Das Klimakterium erwischt die allermeisten Frauen in einer sehr aktiven Phase. Privat und beruflich. Denn das Leben geht ja weiter wie bisher; es gibt keinen drastischen Bruch im Alltag wie beim ersten Kind oder beim Ausscheiden aus dem Beruf. Trotzdem geht es hier um einen enormen biologischen Umschwung, der erst mal bewältigt sein will.

Was ist das denn? Bitte nicht! Schlagartig wurde Annes Nacken nass, Schweiß sammelte sich auf ihrer Oberlippe, der Stirn und unter den Augen. Als wäre ein innerer Heizstrahler angesprungen, der ihr das Wasser nach außen trieb. Tapfer lächelte sie ihrer Kundin weiter ins Gesicht, doch ihr war zum Heulen zumute. Ist das peinlich! Hoffentlich hält die Wimperntusche... Da stand sie nun in ihrem schönen, kleinen Laden und hatte wirklich Besseres zu tun, als sich mit diesem Mist rumzuschlagen. Sie ahnte sofort, was es war. Aber hatte sie sich nicht vorgenommen, ganz unauffällig durch die Wechseljahre zu kommen?

Bisher hatte das auch geklappt. Blutungen hatte sie zwar schon länger nicht mehr, aber das machte nichts. Schließlich gab es ihren Sohn, den sie alleine großgezogen hatte; von der Kinderphase konnte sie sich problemlos verabschieden. Inzwischen war sie 53 und hatte kaum etwas von den aufgewühlten Hormonen bemerkt. Jeden Tag stand sie in ihrem Blumenladen und stürzte sich auf die Arbeit. Mit Mitte 40 hatte sie eine kleine Erbschaft gemacht, mit der Bank verhandelt und das Geschäft in der Fußgängerzone gekauft. Sie war eine begeisterte, fantasievolle Floristin und froh, endlich eigenständig zu sein. Aber das Geld kam nicht von alleine rein. Damit die Laufkundschaft von ihrem Schaufenster angezogen wurde, die Stammkäufer blieben und Daueraufträge reinkamen, musste sie richtig ranschaffen.

Und jetzt wurde sie eiskalt überfallen. Sie fror. Auf die plötzliche Hitze folgte eine plötzliche Kälte. Auch die machte sich von innen an sie heran. Die Kundin war endlich weg. Anne raste in einem Tempo in die Toilette, wie früher, wenn ihre Tage ganz plötzlich einsetzten. Im Spiegel glänzte ihr Gesicht noch feucht, doch das Make-up hatte gehalten, sie musste nur dringend nachpudern. Wieso jetzt?, dachte sie. Meine Frauenärztin sagt, es ist alles in Ordnung.

Bei den Schwitzattacken blieb es nicht. Vor allem, wenn sie im Geschäft auftraten, waren sie zwar ziemlich lästig, aber Anne lernte, sie einigermaßen zu überspielen. Schlimmer waren die Nächte. Sie wachte auf, als hätte sie einen Hitzschlag bekommen, schmiss alle Decken von sich und lag lange wach. Seit Neuestem trug sie Schlafanzüge, um nicht gleich das Laken nass zu schwitzen. Wenn sie nach so einer Nacht um fünf aufstehen musste, um auf dem Blumengroßmarkt neue Pflanzen zu besorgen, fuhr sie wie im Tran durch die Stadt. Aber sie merkte noch etwas anderes. Ihre Grundstimmung hatte sich verändert. Es gab Situationen, da hätte sie sich früher rie-

sig gefreut; jetzt spürte sie wenig. Als würde sie hinter einer Milch-
glasscheibe leben und alles nur noch gedämpft wahrnehmen. Das
machte ihr wirklich zu schaffen.
Das geht vorüber, sagten ihre Freundinnen. Das geht vorüber, sagte
ihre Ärztin. Das geht vorüber, tröstete sich Anne. Aber schön war es
nicht.

Die Menopause trifft unausweichlich alle Frauen. Und allzu häufig sehen sie der Wendezeit mit deutlichem Unbehagen entgegen.
Nicht nur, weil sie keinen Bock haben, nachts schlaflos und nass
geschwitzt wie Anne in die Kissen zu beißen. Denn vielen bleibt
diese Erfahrung ja erspart. Ein Drittel der Frauen merkt körperlich gar nichts vom hormonellen Durcheinander, ein Drittel hat
wenig Beschwerden, ein Drittel leidet.

Doch auf den körperlichen Umschwung, der an sich ja schon
eine Herausforderung besonderer Art sein kann, wird gesellschaftlich noch einiges draufgeladen. Die Ängste, die Frauen mit
diesem Lebensabschnitt verbinden, gehen weit über physische
und psychische Symptome hinaus. Die Menopause eignet sich
hervorragend, um sie mit Zuschreibungen aller Art aufzuladen.

»Keine Frau in unserer Gesellschaft erfährt auch nur ein
Quäntchen Wert- oder Prestigesteigerung, weil sie zu menstruieren aufhört«, schreiben Sabine Hamm und Ursula Meiners. Die
eine ist Medizinerin, die andere Soziologin, gemeinsam haben
sie einen aktuellen Ratgeber zum Klimakterium herausgegeben.
»Die Gesellschaft stellt dafür keine Regeln, Traditionen oder Ri-
tuale zur Verfügung.«[5]

Zumindest keine positiven. Denn was ein Übergang in eine
andere Lebensphase ist, wird gern als Inbegriff des Verlusts
denunziert: an Jugendlichkeit, Attraktivität, Sex-Appeal und
Leistungsvermögen. So als wäre das Ende der Fruchtbarkeit nicht
der Beginn von etwas Neuem, sondern der Anfang vom Ende.
Wo die Weiblichkeit ans Gebären gekoppelt wird, bleibt eben
nur der Schatten einer Frau, wenn sie dazu nicht mehr taugt.

Spätestens mit der Menopause werden Frauen gezwungen, älter zu *sein,* egal, wie jung sie sich fühlen.

Wechseljahre als Endzeitmenetekel – selbst die feministische Philosophin Simone de Beauvoir vertrat diese Sicht auf die Dinge. Die Krise der Menopause trenne das weibliche Leben in zwei Teile. Und diese Unterbrechung gebe der Frau die Illusion eines ›neuen Lebens‹.

Der Neubeginn also nichts als Chimäre? Ein hartes Urteil aus den Fünfzigerjahren. Doch wie viele Frauen fühlen sich wohl noch heute ihrer Weiblichkeit beraubt, sobald sie nicht mehr menstruieren? Und wie viele betrachten die Wechseljahre als einen tragischen Einschnitt?

Die drei Freundinnen Paula, Klaudine und Sophia schwanken noch, wie sie diesen Lebensabschnitt einordnen und bewerten sollen.

Klaudine: Lasst uns mal über was wirklich Nerviges reden: Wechseljahre …

Sophia: Ich habe ja bis vor Kurzem gedacht, dass ich damit nie Probleme bekommen werde, weil ich ein gutes Körpergefühl habe und nichts mit der ganzen Miesepetrigkeit zu tun haben will. Dann aber haben einige Freundinnen solche Geschichten erzählt … Wachen jede Nacht auf, laufen rum und schlafen dann in der Arbeit fast ein. Das macht mürbe! Oder Schweißausbrüche. Eine erzählte, sie konnte sich die Strümpfe auswringen …

Klaudine: … allein die Vorstellung!

Sophia: Bitte, ich will niemals so schlimme Schwitzattacken kriegen! Vielleicht auch noch in der Öffentlichkeit. Eine grauenhafte Vorstellung!

Paula: Einigen meiner Freundinnen ging es ähnlich. Nachts die klatschnasse Bettwäsche austauschen – nicht nur das Laken! Ihre Männer sind schon ganz auf die Seite gerückt, das ist ja für beide unangenehm.

Sophia: Aber dazu kommt eben die Unsicherheit: Wie geht man denn damit um, wenn man Symptome bekommt?

Paula: Wisst ihr was über Hormonpflaster? Welche Risiken das hat? Viele Frauenärzte kennen sich damit überhaupt nicht aus. Das finde ich beängstigend...

Klaudine: Und dann rein äußerlich. Natürlich werden meine Brüste nicht straffer im Laufe der Jahre, natürlich wird meine Haut nicht weicher, und natürlich kriege ich Falten und so weiter. Finde ich nicht so toll.

Paula: Aber ich habe Freundinnen jenseits der Menopause, die unheimlich attraktiv und sehr erotisch sind. An den Wechseljahren kannst du kein Vorher-Nachher ablesen, gar nicht!

Klaudine: Ich habe über das Thema kürzlich noch aus einem anderen Grund nachgedacht. Ich bin jetzt 45, habe mir gerade die Spirale rausnehmen lassen und überlegt, ob ich mich sterilisieren lassen soll – ich habe ja schon zwei Kinder und will keines mehr. Aber dann war mir klar: Nee, dieses Stück Frau-Sein will ich behalten.

Paula: Ich hab auch jahrelang gesagt: Bin ich froh, dass ich meine Tage noch habe. Ich möchte an dieser Stelle noch Frau sein. Jetzt langsam kann ich loslassen. Wenn es jetzt aufhören würde, wäre es in Ordnung. Vor zwei, drei Jahren hätte ich es nicht okay gefunden.

Klaudine: Genau. Solange es irgendwie geht, will ich die Möglichkeit haben, doch noch ein Kind zu kriegen – obwohl ich mir doch so sicher

*bin, dass ich keines mehr will. Ist das nicht absurd? Die Wechseljahre
sind der natürliche Gang, aber den Weg dahin abkürzen will ich nicht.*

*Sophia: Mir würde es einfach auch schwerfallen, den bisherigen Le-
bensabschnitt loszulassen...*[6]

Menstruation oder Schwangerschaft, Geburt oder Klimakterium – in unserem Kulturkreis gibt es eine lange Tradition, alles
rund um die weibliche Sexualität und Fruchtbarkeit als krankhaft
zu stigmatisieren, abzuwerten, zu unterdrücken, zu beschimpfen,
zu bestrafen und auszubeuten.[7] Das weibliche Blut – egal, ob
es fließt oder nicht mehr fließt – war schon immer unheimlich.
Ausdruck des negativ Weiblichen schlechthin, der Sünde und
göttlichen Strafe, der monatlichen Blödigkeit und Unreinheit,
der Bosheit und des Gifts, des verbrecherischen weiblichen We-
sens und so weiter und so fort.[8]

Über Jahrtausende betrachteten Denker und Gelehrte die mit
Regelblutung und Menopause geschlagene Frau als eine zivilisa-
torische Fehlkonstruktion.[9] Die Menstruation war das monatli-
che Zeichen für Krankheit und Minderwertigkeit. Die Menopause wurde zum Inbegriff des Verfalls mitsamt anschließender
Verderbtheit.[10] Die Idee, die dahintersteckt: Ein gesunder Körper
verändert sich nicht; er ist von Kontinuität und nicht von Wech-
sel geprägt. Gesundheit wird mit Stabilität, Gleichgewicht und
dem angeblich unveränderlichen männlichen Körper verbunden.
Alles andere gilt als pathologisch.[11]

Noch vor 100 Jahren haben sehr viel weniger Frauen als heute
die Wechseljahre überhaupt erlebt. Die Lebenserwartung war
wesentlich geringer, viele Frauen starben, bevor ihr Körper so
weit war, nicht wenige im Kindbett. Was dem Wahn rund ums
Blut keinen Abbruch tat. Der flaute erst nach den Weltkriegen
ab.[12] Doch die Scham war damit nicht ausgerottet. Auch nicht
die Peinlichkeit. Und erst recht nicht die abschätzige Haltung gegenüber den Wechseljahren.

Denn irgendwo im kollektiven Gedächtnis schwirren die abwertenden Bilder noch immer herum und können klammheimlich wirken. Ideen sterben ja nicht, weil sie offiziell nicht mehr gelten. Sie nisten sich in der sogenannten Volksseele ein, bewahren ihre Keime und können bei passender Gelegenheit wieder hervorbrechen.[13]

Zum Beispiel auf der anderen Seite des Atlantiks in der Fernsehserie *Sex and the City*. Samantha, die PR-Beraterin, die gern alles Mögliche ausprobiert – auch sexuell –, ist völlig fertig. Ihre Periode ist ausgeblieben, und sie denkt: Alles vorbei, jetzt kommen die Wechseljahre! Das versetzt sie derart in Panik, dass sie mit ihrem peinlichen Nachbarn, den sie normalerweise nicht mit der Kneifzange anfassen würde, ins Bett steigt. Während sie verzweifelt mit ihm rummacht, bekommt sie ihre Tage. Samantha ist überglücklich. Sie ist doch noch eine junge, fruchtbare Frau! Warum muss sie sich mit diesem Loser von Nachbarn einlassen? Samantha rafft ihre Sachen zusammen, verschwindet aus der Wohnung und lässt den Lückenbüßer verdattert und sauer zurück. Seine elfenbeinfarbene Satinbettwäsche ist ruiniert.

Frust, weil die Wechseljahre drohen? Die Frauenärztin und Sexualtherapeutin Monika Schröder stellt immer wieder fest, dass nur wenige ihrer Patientinnen wissen wollen, wann bei ihnen die Menopause ansteht. »Wenn Frauen fragen, haben sie sich bereits mit dem Thema beschäftigt oder sich mit Freundinnen darüber unterhalten. Längst nicht alle beobachten sich und ihren Körper so genau und registrieren die Anzeichen.«[14]

Nüchtern betrachtet geht es ja um nichts anderes als einen biologischen Vorgang. Schon bei der Geburt sind Eizellen im weiblichen Körper angelegt, ab der Pubertät können sie befruchtet werden. Heute setzt bei Mädchen mit elf, zwölf Jahren die Regelblutung ein. Dieser Zeitpunkt hat sich deutlich nach vorne verschoben, noch vor 100 Jahren kamen Mädchen im Schnitt erst nach dem 14. Lebensjahr in die Pubertät.

Etwa 40 Jahre dauert die Zeit der Fruchtbarkeit an – deutlich länger als früher. Im Hundertjahresvergleich menstruieren Frauen heute fünf Jahre länger. Deshalb ist es auch nichts Ungewöhnliches mehr, wenn 40-Jährige noch Kinder bekommen. Manche fangen dann überhaupt erst an, sich Nachwuchs zu wünschen.

Unter Prominenten gibt es eine ganze Reihe stolzer später Mütter. Die Schauspielerin Halle Berry bekam ihr erstes Kind mit 41, ihr zweites mit 46 Jahren. Sängerin Carla Bruni war 44, als ihre Tochter Giulia zur Welt kam. Und die italienische Rocksängerin Gianna Nannini verursachte einen Skandal, als sie mit 54 Jahren ihr erstes Kind zur Welt brachte. Wobei der Skandal – jenseits aller medizinischen Fragen – ja wohl hauptsächlich darin liegt, dass Frauen sich ähnlich wie Männer das Recht herausnehmen, noch lange fruchtbar zu sein. Als die Musicaldarstellerin Ute Lemper mit 48 Jahren ihr viertes Kind gebar, brachte sie einige der Motive später Mütter auf den Punkt: »In den Zwanzigern wäre ich unfähig gewesen, eine gute Mutter zu sein. Jetzt hat sich meine Karriere gesetzt, ich bin finanziell abgesichert.«[15]

Bei den meisten Frauen setzen die Wechseljahre zwischen dem 45. und 50. Lebensjahr ein. Der hormonelle Umschwung ähnelt dem in der Pubertät oder der Schwangerschaft – nur mit umgekehrten Vorzeichen. Die Regelblutung bleibt aus, die fruchtbare Phase geht zu Ende. Nicht etwa, weil die Eizellen aufgebraucht sind, davon sind bei der Geburt rund 200 000 auf Lager. Sondern weil es keinen Eisprung mehr gibt und sich keine Eizelle mehr in der Gebärmutter einnisten kann.

Apropos Gebärmutter. Dieses Organ scheint heftige Aggressionen auf sich zu ziehen. Oder eignet es sich einfach besonders gut, wenn Ärzte am weiblichen Körper rumschrauben wollen? Jedenfalls wird die Gebärmutter mit Vorliebe rausgerupft. Massenhaft. Vor allem Frauen nach der Menopause wird bei allen möglichen Diagnosen geraten, sich doch einfach den Bauch ausräumen zu lassen. Die Entfernung der Gebärmutter gehört zu den häufigsten Eingriffen in der Gynäkologie. Rund 130 000 Mal pro Jahr wird Frauen in Deutschland dieses Sexualorgan entnommen.

Viel zu oft, sagen Kritiker. Die Frau und ihre Geschlechtlichkeit werde bewusst verstümmelt. »Es sieht so aus, dass zwei Drittel der Gebärmutterentfernungen medizinisch nicht indiziert sind. Das bedeutet, dass sich 80 000 bis 90 000 Frauen jährlich den Strapazen einer Gebärmutterentfernung überflüssigerweise unterziehen«, sagt Barbara Ehret-Wagener, Frauenärztin und Gründungsmitglied des Arbeitskreises Frauengesundheit.[16] Den Uterus herauszuschneiden sei nur bei Krebs wirklich notwendig, alle anderen Krankheiten und Beschwerden könnten anders behandelt werden.[17]

Natürlich spielt Geld dabei eine Rolle. So ein Eingriff bringt einem Krankenhaus über 3000 Euro ein. Barbara Ehret-Wagener vermutet, dass eine ganze Reihe Kliniken schließen müssten, wenn diese lukrativen OP ausblieben. Selbst bei psychischen Beschwerden würden viele Frauen zu einer Totaloperation gedrängt. Wegschneiden als Ausweg aus Lebenskonflikten.[18]

Der Boom begann in den Siebzigerjahren.[19] Nach anhaltender Kritik gingen die Totaloperationen in den Neunzigerjahren zwar zurück. Doch mittlerweile hat sich der Trend schon wieder umgekehrt. Seit es auch mit einem endoskopischen Eingriff möglich ist, die Gebärmutter zu entfernen, steigen die Zahlen wieder an.[20] Der Bauch der älter werdenden Frau bleibt umkämpftes Gebiet.

So wie auch ihre Wechseljahre. »Die Wechseljahre sind kein ›Ungeheuer‹, vor dem sich Frauen fürchten müssen. Sie sind kein ›Gesundheitsrisiko‹ oder gar eine Zeit des ›(Hormon-) Mangels‹«, schreiben Sabine Hamm und Ursula Meiners. Die Autorinnen zeigen die diffusen Ängste auf, mit denen Frauen beim Älterwerden konfrontiert sind. Aber auch die realen Konflikte und Stressfaktoren, die in den mittleren Lebensjahren bewältigt sein wollen. »Viele Frauen kommen aber überhaupt nicht auf die Idee, ihre klimakterischen Beschwerden in Beziehung zu ihrem Leben mit all diesen Ängsten und Belastungen zu setzen.«[21]

In der Regel vergehen bemerkenswerte sieben Jahre von dem Zeitpunkt, wenn der Körper beginnt, die Hormonproduktion umzustellen, bis zur Menopause. Dann geben die Eierstöcke endgültig ihren Dienst auf und lassen die Eizellen nicht mehr reifen. Anschließend dauert es ungefähr noch einmal sieben Jahre, bis der Körper die Umstellung bewältigt hat, sich auf den neuen Modus einrichtet und alles wieder im Gleichgewicht ist.[22]

Dazwischen kann es für eine Frau heftig abgehen oder auch nicht. Der Prozess kann kontinuierlich verlaufen oder in Schüben. Mit mal mehr, mal weniger Melancholie. Sehr schön poetisch hat die amerikanische Schriftstellerin Siri Hustvedt diese Wechselstimmung eingefangen: »Perioden. Die Veränderung. Keine Kinder mehr. Die Babys nebenan. Es gibt eine sehnsüchtige Traurigkeit, wenn die Fruchtbarkeit endet, ein Sehnen, nicht danach, zu den Tagen des Blutens zurückzukehren, aber ein Sehnen nach der Wiederholung an sich, nach dem stetigen monatlichen Rhythmus, nach dem unsichtbaren Ziehen des Mondes, dem du einst gehörtest.«[23]

Ganz erstaunlich ist, wie sehr sich das Phänomen Wechseljahre in den einzelnen Kulturkreisen unterscheidet. Hauptsächlich für Frauen in den europäischen Ländern und Nordamerika kann die Hormonumstellung zur Leidenszeit werden. Das lässt sich sehr deutlich an einem Symptom wie den Hitzewallungen zeigen. In den USA leiden drei Viertel der Frauen darunter. In Deutschland etwa die Hälfte. In Hongkong ist nur jede zehnte Frau betroffen. Bei den Mayaindianern keine einzige.

Auch die Frauen in Japan haben traditionell wenig Probleme. Für Hitzewallungen gibt es noch nicht einmal einen japanischen Begriff. Doch seit die Pharmaindustrie mit Präparaten gegen klimakterische Beschwerden auf den dortigen Markt vorgedrungen ist, klagen auch Japanerinnen verstärkt über Symptome. Wenn auch immer noch in geringerem Maße.[24]

Offenbar gibt es einen Zusammenhang zwischen den jeweiligen gesellschaftlichen Rollenbildern und dem Erleben der Wechseljahre. In den westlichen Ländern hängt der soziale Status und das Prestige einer Frau traditionell an ihrer Gebärfähigkeit; ist damit Schluss, liegt es nahe, dass sie selbst einen Verlust empfindet und sozial als etwas Mangelhaftes wahrgenommen wird.[25]

Menstruation, Klimakterium und Menopause können eben nicht als rein organische Phänomene betrachtet werden; dazu wurde kulturgeschichtlich stets zu viel Wind um die weibliche Natur gemacht. Hier geht es um komplexe Einflüsse, die einen biologischen Vorgang sozial und psychologisch aufladen.[26] Die Menopause und alles, was an ihr hängt, ist eben auch ein gesellschaftliches Produkt.

Pro familia, die Deutsche Gesellschaft für Familienplanung, Sexualpädagogik und Sexualberatung, sagt es so: »Grundsätzlich gilt, je mehr Ansehen das Älterwerden und die alte Frau in einer Kultur genießen, desto unbeschwerter und gelassener können Frauen den Wechseljahren entgegensehen und sie durchleben.«[27]

Dieser Sicht kann Adelheid Kuhlmey, Medizinsoziologin und Altersforscherin an der Berliner Charité, viel abgewinnen. »Aus unseren Untersuchungen wissen wir, dass ein Mensch mit einem negativen Altersbild schwerer mit den Jahren zurechtkommt. Einer mit einem positiven Altersbild lebt sogar länger. Das lässt sich auf die Menopause übertragen. Schließlich sind wir unserem biologischen Schicksal nicht einfach nur unterworfen. Wir können uns verhalten.«[28]

Auch Frauenärztin Monika Schröder stützt diese Argumentation. »Es fängt doch schon damit an, dass die Menstruation als Krankheit betrachtet wird. Diese Haltung übertragen Mütter auf ihre Töchter. Wann werden die Mädchen zum Frauenarzt geschickt? Wenn das erste Mal die Regel kommt. Ich kann nur sagen: Nee, wieso denn? Ist das eine Krankheit?«

Das Verhältnis zum eigenen Körper spiele dabei eine entscheidende Rolle. »Ob die Menstruation als natürliche Begleiterscheinung angesehen wurde oder als dauernder Störenfried – diese Haltung setzt sich in den Wechseljahren fort. Dabei geht es nicht darum, dass ich damit gleich die Symptome beeinflusse. Natürlich kann ich auch Hitzewallungen kriegen, wenn ich die Sache relativ gelassen angehe. Aber das Entscheidende ist doch, wie ich dann damit umgehe. Muss ich es wirklich schrecklich und unendlich peinlich finden, wenn mir heiß ist und ich vor anderen rot werde?«[29]

Nein, muss ich nicht. Trotzdem ist das leichter gesagt als getan. Denn einerseits hat Monika Schröder ja recht. Warum soll verschämt verschwiegen und versteckt werden, was doch mehr als die Hälfte der Menschheit ereilen kann? Aus den Zeiten, wo ein schwangerer Bauch nicht öffentlich gezeigt werden durfte, sind wir doch auch seit Langem raus. Aber ist es für die einzelne Frau dennoch nicht wahnsinnig schwer, auf die Reaktionen der Umwelt zu pfeifen? Und ein krebsrotes Gesicht samt Bächen von Schweiß souverän zu ertragen? Schließlich sind diese Ausbrüche ja schon ohne Publikum von einem widrigen Körpergefühl begleitet.

Wenn Frauen ihre Wechseljahre als Krankheit begreifen, ziehen sie auch einen gewissen Gewinn daraus, meint Monika Schröder. Einerseits erleben sie diese Phase als Bedrohung, sie haben Angst und fühlen sich beeinträchtigt. Andererseits verschafft ihnen das Leiden aber auch Aufmerksamkeit im privaten Umfeld. Selbst Zickigkeit und Gereiztheit lassen sich mit Hinweis auf den körperlichen Ausnahmezustand rechtfertigen.

Das gegenteilige Verhalten gibt es aber selbstverständlich auch. Zu finden bei Frauen, die alles ertragen, was sie für einen biologisch-natürlichen, weil weiblichkeitsstiftenden Vorgang halten. Ob prämenstruelles Syndrom, Regelschmerzen oder klimakterische Beschwerden – was die Natur bereithält, kann keinesfalls böse sein und ist auch kein Grund zum Jammern, so die Naturgläubigen. Nichts soll den elementaren Gang der Dinge beeinflussen, schon gar nicht eine Medikamentengabe. Alle Erfahrungen müssen durchlebt und erlitten werden.

Wahrscheinlich lädt weder die Alles-Natur-Gläubigkeit noch das Alles-Krankheit-Modell wirklich zur Nachahmung ein. Überhaupt scheint jede dogmatische Haltung in diesem Zusammenhang völlig fehl am Platz. Mit Ideologie wurde der weibliche Körper stets genug überfrachtet, die hilft niemandem weiter. Schließlich muss jede Frau für sich selbst entscheiden, wie sie am besten klarkommt, während ihr Körper Schwerstarbeit leistet. Auch der grässlich aufgesetzte Optimismus diverser Ratgeber ist dabei eher anstrengend. Sollte man hier nicht lieber auf einen wohlverstandenen Pragmatismus setzen als auf letzte Wahrheiten?

Dabei darf nicht übersehen werden, dass nicht wenige Frauen die Menopause als Befreiung erleben. Sie verabschieden sich gern von der Gebärfähigkeit und sind glücklich, dass keine Schwangerschaft mehr droht. Vielleicht ging ihnen auch nur das Gedöns um die Regelblutung auf die Nerven. Die Pille kann auf den Müll, Tampons, Binden etc. fliegen aus der Handtasche. Kein PMS mehr, jederzeit Sex, Schwimmen und Sauna geht immer. Mit den Wechseljahren entstehen neue Freiräume, die sich genießen lassen.

Doch dann gibt es Frauen wie Bettina, die sich zwar befreit fühlen, aber sofort neue Zwänge aufbauen. Die 52-Jährige ist Personalchefin in einem mittelständischen Unternehmen, effizient, organisiert und leistungsorientiert. Bei ihr hat die Selbstoptimierung längst auch die Wechseljahre erreicht. Und damit steht sie keineswegs alleine da. Doch wenn das dann nicht funktioniert, gibt's jede Menge Frust.

»Ich habe gedacht, ich bin doch eine starke Frau, da gehe ich durch wie nix, und jetzt fühle ich mich so schlecht. Kann nachts nicht schlafen, kann mich kaum konzentrieren und dann diese Schweißausbrüche… Dabei habe ich mich und meinen Körper doch im Griff! Ich bin doch nicht wie meine Mutter, die galt ja in der Familie als hysterisch, wenn sie plötzlich alle Fenster aufriss. Außerdem tue ich doch alles, was man tun muss, damit mir so was nicht passiert: Trinke kaum noch Kaffee, wenig Alkohol, mach' Sport, geh' in die Sauna…«[30]

Für Frauen wie Bettina ist es offenbar schwer zu ertragen, wenn ihr Optimierungsprogramm ins Leere läuft. Wenn die Natur, egal, wie sehr sie sich anstrengen, ihren eigenen Plan hat und sich widersetzt. Aber wie sollte es auch leicht sein, mit anstrengenden Symptomen zu leben?

»Ich hielt einen Vortrag vor tausend Menschen und dachte plötzlich: Ey, jetzt sehen alle da unten, dass dir der Schweiß den Rücken runterrinnt. Das kam von einem Tag zum anderen. Mein Leben hatte sich nicht verändert. Die Anforderungen an das, was ich tue, hatten sich nicht verändert. Das, was ich machen wollte, hatte sich nicht verändert. Aber mein Körper hatte sich ein Stück verändert. Ich spürte plötzlich Phänomene, von denen ich dachte: Was machen die jetzt mit mir? Natürlich kommt dann die Frage, nehme ich jetzt eine Hormonpille und mache all dies weg? Oder sage ich mir: Das ist ein natürlicher Zustand, den lasse ich nicht pathologisieren. Dann muss ich aber auch lernen, damit umzugehen.«[31]

Hormone – ja oder nein? Die Medizinsoziologin Adelheid Kuhlmey stellt hier die Gretchenfrage für alle Wechseljahrsfrauen. Schließlich geht es nicht nur um ein Medikament, es geht um einen Glaubenskrieg. Der entzweit Freundinnen, spaltet die Ärzteschaft und verunsichert Patientinnen. Während der Hormonumstellung wird zunächst weniger Progesteron, anschließend weniger Östrogen produziert; Pharmaforscher haben dafür künstliche Ersatzstoffe entwickelt, die den Hormonschwund ausgleichen sollen.

Ab Ende der 1960er Jahre wurden die künstlichen Botenstoffe gegen alles und jedes verschrieben, was mit klimakterischen Beschwerden zu tun hatte. Doch sie sollten noch weit mehr bewirken. Hormone wurden auch gegen Alterserscheinungen im Allgemeinen und Besonderen eingesetzt. Gegen Krankheiten wie Schlaganfall, Krebs und Alzheimer beispielsweise. Aber auch gegen Falten und eine Erschlaffung der Haut.

Hormone als Wunderwaffe gegen die *Krankheit Menopause* und die *Krankheit Altern*. Die sogenannte Hormonersatztherapie wurde zu einer Lifestylefrage. Das Zeug sollte geschluckt werden, um bei Leistung und Aussehen weiter mithalten zu können. Das Medikament einzusetzen war eine Statusfrage. Dabei wurden die mittleren weiblichen Jahre erneut als unzulänglich abqualifiziert, die älter werdende Frau war ein *Hormonmangelwesen*.

Handelte es sich hier um eine Form des Sissi-Syndroms? Also um eine Krankheit, die nur erfunden wurde, um einem Medikament den entsprechenden Markt zu verschaffen? Jedenfalls war das weibliche Mangelbewusstsein für die Pharmaindustrie so gut wie ein Topf voll Gold. Bis zu Beginn der 2000er Jahre hielt die Goldgräberlaune bei den Konzernen an. Und die Deutsche Menopause Gesellschaft, eine Expertenvereinigung, die sich der Hormonersatztherapie verschrieben hat, half dabei kräftig mit; sie schürte die Angst vor den Wechseljahren und den unabsehbaren Schäden, die sie angeblich hinterließen.[32] Mit dem Effekt, dass nur wenige Patientinnen im entsprechenden Alter ihren Frauenarzt ohne Hormontablette, -pflaster oder -gel verließen.

Dann kam der Einbruch. Zunächst stellten Untersuchungen fest, dass die künstlichen Hormone das Risiko einer Thrombose erhöhen. Anschließend fand man heraus, dass sie auch vermehrt zu Brustkrebs führen. Und zu guter Letzt verbreitete 2002 eine großangelegte Studie aus den USA bei Patientinnen weltweit Angst und Schrecken. 16 000 Frauen hatten sich an einer Untersuchung der *Women's Health Initiative* beteiligt. Diejenigen Versuchspersonen, die Hormone schluckten, bekamen nicht etwa weniger, sondern mehr Herz-Kreislauf-Probleme. Zusätzlich waren sie häufiger an Brustkrebs und Thrombose erkrankt. Und auch was Alterserscheinungen wie Demenz anging, hatten ihr Gedächtnis und ihre Wahrnehmung eher gelitten als zugelegt. Hormone als medizinisches Allheilmittel? Dieser Nimbus war zerstört.

»Die Wechseljahre an sich bedürfen keiner besonderen Behandlung, wenn keine störenden Beschwerden auftreten«, erklärt pro familia. »Hormone verlangsamen nicht den allgemeinen Alterungsprozess und haben auch keinen Einfluss auf viele andere, den Wechseljahren zugeschriebene Beschwerden wie Müdigkeit und Erschöpfung, depressive Stimmung oder Reizbarkeit.«[33]

Doch unverdrossen behauptete eine Vorstandsfrau der Menopause Gesellschaft noch 2005, dass Frauen jünger und knackiger blieben, wenn sie Hormone schluckten. »Ja. Das beobachte ich einfach in meiner Praxis. Wobei meine Wahrnehmung natürlich auch dadurch beeinflusst ist, dass Hormonanwenderinnen häufig auch sonst sehr viel für ihr Erscheinungsbild tun: Sie gehen oft zum Friseur, sind gepflegt und schick angezogen. Dennoch, und ich sage das eigentlich nicht gern: Frauen, die lange Hormone nehmen, wirken irgendwie vitaler und auch ein bisschen fitter...«[34]

Gut frisiert, schick und gepflegt? Es ist schon erstaunlich, was Hormone so alles bewirken sollen.[35] Doch die Menopause-Vorstandsfrau hat auch noch ein feministisches Argument parat: »Die Antibabypille stellt einen viel gigantischeren Eingriff in den Hormonhaushalt dar. Dennoch werden diese Risiken eher akzeptiert. Ich fürchte, das liegt daran, dass die Pillenmädchen eine andere Lobby haben. Die Pille gibt es für den Spaß am Sex. Aber in den Wechseljahren wird gesagt: Jetzt soll sie mal die Hitzewallungen ohne Hormone ertragen. Das ist doch total frauenfeindlich.«[36]

Doch selbst die härtesten Hormonbefürworter können nicht leugnen, dass das Medikament nicht nur gesundheitliche Risiken birgt, sondern noch ein weiteres Manko hat: Denn die Symptome werden nicht behandelt, sondern nur in eine Art Schlafzustand versetzt. Sobald Frauen auf die Pillen verzichten, können die Körperreaktionen wieder einsetzen. Selbst wenn sie über viele Jahre Hormone genommen haben und denken, sie seien über das Klimakterium weit hinaus, kann es wieder losgehen mit Schwitzattacken, Schlaflosigkeit und so weiter. »Beim Absetzen der Hormone treten oft wieder die ursprünglichen Beschwerden auf«, schreibt pro familia, »da die Umstellung auf ein neues hormonelles Gleichgewicht durch die Behandlung nur verschoben wird.«[37]

Bei so vielen schlechten Nachrichten für die Hormonverfechter war es vorauszusehen, dass der Untersuchung der *Women's Health Initiative* in den Jahren darauf neue Studien folgten. Die sollten das Medikament wieder ins rechte Licht rücken und das alte Geschäft aufleben lassen. Doch der Wunderglaube an die künstlichen Botenstoffe ist eindeutig dahin. Aus dem Heilmittel wurde für viele Frauen ein Teufelszeug.[38]

Dabei muss man bei aller Kritik an der skrupellosen Profitgier der Pharmalobby festhalten: Hormone sind weder Wunderwaffen noch reines Gift. Sie sind Arznei, und wie alle Medikamente haben sie Risiken und Nebenwirkungen. Heute empfehlen Ärzte die Einnahme meist nur dann, wenn eine Frau sich während der Wechseljahre deutlich beeinträchtigt fühlt.

Da gibt es die eine, die ihre Hitzewallungen ganz gut aushält, und die andere, für die sie eine totale Zumutung sind. Da kommt dieselbe Frau an einem Tag mit ihrem Stimmungstief zurecht, und am nächsten Tag will sie es nicht mehr ertragen. Wer will diesen Frauen vorschreiben, was sie zu tun oder nicht zu tun, was sie zu schlucken oder nicht zu schlucken haben? Es geht um Aufklärung. Und dann um die eigene Entscheidung. Doch ob mit oder ohne Hormone – der Körper muss sich in den Wechseljahren neu einstellen, an diesem Prozess führt kein Weg vorbei. Und bis sich alles zurechtruckelt, braucht es eben auch Zeit und Geduld.

Was Monika Schröder an der ganzen Debatte irritiert: Da gibt es Frauen in ihrer Praxis, die an heftigen Schlafstörungen, Hitzewallungen und depressiven Verstimmungen leiden. Hormone wollen sie keinesfalls nehmen. Doch wenn sie dann wegen ihrer Probleme zu einem Neurologen oder Psychiater gehen und von ihm Antidepressiva verschrieben bekommen, haben sie kein Problem, die Pillen zu schlucken.[39]

Haarausfall, Gewichtszunahme, Schweißausbrüche – Frauenärztin Monika Schröder stellt fest, dass die meisten ihrer Patientinnen offen über ihre Beschwerden reden. Nur über einen Punkt reden sie nicht: Sex. »Über die körperlichen Veränderungen, die beim Sex Probleme machen können, muss ich aktiv aufklären. Zum Beispiel, dass der Scheideneingang enger wird oder die Scheidenhaut trockener und weniger elastisch. Was zu Schmerzen und Brennen führen kann.«[40] Dagegen lasse sich zwar mit Salben etwas unternehmen; aber auch regelmäßiger Sex oder Selbstbefriedigung tue der Feuchtigkeitsproduktion der Schleimhäute gut.

Doch jenseits der organischen Fragen geistert ja noch immer das Vorurteil durch die Lande, dass Frauen mit ihrer Fruchtbarkeit auch ihre Libido abhandenkommt. Dabei geht die Lust keinesfalls, wenn die Menopause kommt. »Mit nachlassender Fruchtbarkeit denken Frauen mehr an Sex, sie haben häufiger sexuelle Phantasien, die zudem heftiger sind, sie sind eher bereit zum Geschlechtsverkehr und berichten über häufigeren Geschlechtsverkehr als andere Altersgruppen«, hält die Soziologin Eva Illouz fest.[41]

Das sexuelle Begehren bleibt im Laufe des Lebens nicht einfach konstant. Und selbst *wenn* die erotische Leidenschaft während der Wechseljahre in den Hintergrund rückt, kann das viele Ursachen haben. Vielleicht liegt es am zunehmenden Alter, aber auch Stress und vieles andere sind Lustkiller.

»Für manche Paare ist allein die theoretische Möglichkeit ›jetzt machen wir ein Kind‹ bereits lustfördernd«, berichtet Monika Schröder. »Wenn dieser Faktor wichtig war und dann wegfällt, kann es durchaus schwierig werden.« Frauen denken dann häufig, es sei ihr Versagen. »Frauen machen es zu ihrem Problem. Irgendwo haben sie mal gehört oder gelesen, dass sie nicht mehr richtig funktionieren, wenn sie nicht wild sind auf Sex.«

In diesem Fall sei es doch günstig, findet die Ärztin, wenn die Partner ungefähr gleich alt seien. Schließlich altere der Mann ja auch, habe vielleicht weniger Lust oder müsse mit Erektionsstörungen klarkommen. Wenn beiden bewusst sei, dass sich ihre Sexualität verändere, könnten sie sich darauf einstellen und gemeinsam nach neuen erotischen Wegen suchen. Das sei doch schon mal ganz praktisch.

Wenn Frauen unglücklich sind, weil sie nicht mehr so heftig begehren, will die Ärztin und Sexualtherapeutin es genauer wissen: »Für wen ist das ein Problem? Für Sie, für Ihren Partner?« Bedrückt der Zustand nicht die Patientin, sondern deren Mann, versucht Monika Schröder die Frau zu stärken. »Auch zu seiner Unlust kann man ja stehen. Entscheidend ist, mit dem Partner mal offen zu reden. Denn wenn körperliche Beschwerden und mangelnde Lust zusammenkommen, kann es tatsächlich schwierig werden, weil die Sexualität einschläft.«[42]

Flaute beim Sex? Damit schlagen sich weiß Gott nicht nur Frauen in den Wechseljahren herum. Seit einigen Jahren träumt die Pharmaindustrie von einem Viagra für Frauen. Anlass ist eine Studie mit über viertausend Teilnehmerinnen, bei der mehr als die Hälfte über Probleme in ihrem Sexualleben klagten. Nun soll gefälligst eine Lustpille her, um die weibliche Libido anzukurbeln; in den Laboren der Arzneimittelhersteller wird heftig geforscht.[43] Das Szenario stellen sich die Entwickler wahrscheinlich so vor: Er will, aber kann nicht. Sie kann, aber mag nicht. Beide greifen in ihre Nachttischschublade, werfen eine Pille ein und ab geht's wie Schmidts Katze.

Die Pharmabranche ist überzeugt, dass der Bedarf für eine

Lustpille da ist. Doch das Forschungsunterfangen gestaltet sich schwierig. Zum einen, weil weibliche Erregung schwer durch Medikamente zu steuern ist. Zum anderen, weil Unlust viele Ursachen haben kann, die sich durch künstliche Stimulantien nur bedingt austricksen lassen.

Manchmal ist es eben noch immer ein Geheimnis, wie Körper und Seele zusammenhängen und sich gegenseitig die Bälle zuspielen. Zum Beispiel muss Sex mit Liebe bekanntlich nichts zu tun haben. Doch umgekehrt beeinflusst die Liebe nicht nur den Sex, sondern auch, was die Sexualorgane so treiben. Und das ist manchmal schon ziemlich erstaunlich.

Eigentlich ist der Normalfall: Wenn die Regelblutung seit vielen Monaten ausgeblieben ist, bleibt es auch dabei. Die Menopause hat eingesetzt und damit ist der fruchtbare Lebensabschnitt beendet. Doch Menopause heißt ja nicht umsonst *Pause*. Denn manchmal nimmt der Körper diesen Begriff wörtlich und legt nach der Unterbrechung wieder los.

»Ich habe noch kürzlich zwei solcher Fälle gehabt«, berichtet die Gynäkologin Monika Schröder. »Da hat bei meinen Patientinnen die Regelblutung wieder angefangen, obwohl sie um die 50 waren und mindestens ein Jahr keine mehr hatten. Als ich sie untersuchte, war ich ziemlich perplex: Die Frauen waren nicht krank, sondern da ist hormonell noch mal richtig was losgegangen. Und als ich dann fragte: ›Sind Sie frisch verliebt? Haben Sie einen neuen Partner?‹ – stimmte es tatsächlich.«[44]

Wissenschaftler führen dieses kleine Wunder auf das limbische System zurück, das im Gehirn für Gefühle und Triebe zuständig ist. Dieses System ist beteiligt, wenn in unserem Körper hormonell etwas abläuft. Zum Beispiel, wenn die Botenstoffe, die Stress auslösen, zum Einsatz kommen. Aber auch die Hormone, die für die Eierstöcke zuständig sind, werden vom limbischen System mitgesteuert. So kann eine Frischverliebte eben durchaus nochmal fruchtbar werden. Die Liebe macht's möglich.

Sind hormonelle Umbrüche nur Sache der Frauen? Mitnichten. Auch Männer kommen ins Klimakterium. Aber weil der Prozess bei ihnen schleichend verläuft und nicht an einem Tatbestand wie der ausbleibenden Menstruation dingfest gemacht werden kann, wird allgemein so getan, als wären nur Frauen betroffen. Und welcher Mann hat schon Interesse, ein Thema aufs Tapet zu bringen, das womöglich Zweifel an seiner unveränderlichen Männlichkeit und unendlichen Jugendlichkeit aufkommen lassen würde?

Der Mediziner Joachim Strienz, der sich als Männerarzt versteht und auf Vorsorgeuntersuchungen bei männlichen Patienten spezialisiert ist, hat damit sehr eigene Erfahrungen gemacht. »Meist sind es Frauen, die die Sache ins Rollen bringen«, berichtet er. »Sie beobachten Veränderungen bei ihrem Mann und drängen ihn, sich untersuchen zu lassen. Vielleicht nehmen auch die Männer bestimmte Anzeichen wahr, aber sie schieben es in der Regel auf äußere Einflüsse. Auf Stress und so.«

Doch statt Stress können es eben die Wechseljahre sein. Die treten auch beim männlichen Körper auf, selbst wenn dies niemand so nennt. Auch bei Männern wird die Hormonproduktion mit dem Alter weniger, nur wollen das die meisten nicht wissen. Joachim Strienz: »Männer haben keine Ahnung von Hormonen! Über bestimmte medizinische Fragen sind viele ziemlich gut unterrichtet. Aber Hormone sind irgendwie unheimlich. Männer sprechen nicht über Hormone. Das gibt es einfach nicht!«

Der Arzt zählt eine ganze Reihe Symptome auf, die auf eine hormonelle Umstellung hindeuten können: zum Beispiel, wenn ein bislang fitter Mann nicht mehr so leistungsfähig ist. Das kann seinen Beruf betreffen, aber auch die sportliche Ausdauer und Energie. Seine Entscheidungsfreude nimmt ab, er wird zögerlicher, nachdenklicher, grüblerischer. Stimmungsschwankungen machen ihm zu schaffen, er ist sexuell unlustig, legt an Gewicht zu und kriegt Probleme mit dem Stoffwechsel. Selbst Hitzewallungen kann er zu spüren bekommen.[45]

All das ist öffentlich kaum bekannt. Und auch noch wenig erforscht. So wie unsere Gesellschaft gestrickt ist, hat sie es genial verstanden, an dieser Stelle den Deckel draufzuhalten. Oder hat schon mal jemand von *Andropause*, *Klimakterium virile* oder *PADAM* (partielles Androgendefizit des alternden Mannes) gehört?

Beim Mann können die hormonellen Veränderungen bereits ab Ende 30 einsetzen. Anders als bei Frauen erstreckt sich dieser Prozess über einen sehr langen Zeitraum. Und weil sich die Symptome sehr individuell äußern, bringen Männer ihre Menopause auch nicht mit dem Älterwerden in Verbindung, erzählt Joachim Strienz. Der Begriff Wechseljahre sei in diesem Zusammenhang sowieso tabu. »Wechseljahre ist negativ besetzt. So weit sind wir gesellschaftlich noch nicht, dass wir auch beim Mann das Kind beim Namen nennen können. Deshalb spreche ich lieber von einem zu niedrigen Hormonspiegel.«[46]

Wahrscheinlich dürfte der Arzt aber durchaus den Begriff der Midlife-Crisis verwenden. Der ist für die meisten Männer okay, die Sinnkrise gilt fast als Auszeichnung. Männer in der Midlife-Crisis, mit all den Lebenskonflikten, genießen Narrenfreiheit. Es wird geradezu erwartet, dass sie nicht nur ihr bisheriges Dasein hinterfragen, sondern richtig aufdrehen und zum Ego-Shooter werden: die Familie ablegen, die Frau tauschen, den alten Job hinschmeißen und nie mehr kalt duschen. Alles Krise.

Doch selbst wenn diese Heldentaten nur durch verwirrte biochemische Botenstoffe ausgelöst werden, selbst wenn verstärkte Machorituale nur ein Zeichen für abnehmendes Testosteron sind – Männer sehen da keinen Zusammenhang. Joachim Strienz macht immer wieder die Erfahrung, dass »kein Mann auf die Idee kommt, seine Midlife-Crisis könnte etwas mit Hormonen zu tun haben«.[47]

So sieht die Gesellschaft in der älter werdenden Frau eine von Gott, der Welt und den Wechseljahren in Frage gestellte Kreatur. Während der Mann in der Midlife-Crisis als Infragesteller von Gott, der Welt und der Bestimmung seiner Spermien auftreten darf.

Ob und wie die Veränderung des männlichen Hormonhaushalts behandelt werden soll, ist umstritten. Ähnlich umstritten wie die Therapie bei Frauen. Testosteronspritzen und -pflaster gibt es schon länger. Doch seit vor einigen Jahren ein Gel erfunden wurde, das nur auf die Haut aufgetragen werden muss, freuen sich die Pharmafirmen. »Flugs wurde, passend zum Produkt, eine neue Volksseuche ausgerufen«, verkündet 2013 *Der Spiegel*. Und beschreibt, wie Männer zu Opfern werden, indem ihnen die Menopause angedichtet wird.[48]

Seuche klingt hübsch alarmistisch, und überhaupt kommt das Thema im *Spiegel* sehr kritisch daher. Doch wenn hier tatsächlich eine riesige Propagandamaschinerie den männlichen Teil der Bevölkerung bedroht, warum hört und liest man davon so wenig? Kann es denn eine Volksseuche geben, von der geschätzte 90 Prozent der Männer noch nie gehört haben, geschweige denn, dass sie sich mit ihren Freunden oder Ärzten darüber austauschen?

Der Spiegel stellt fest: a) Bei dem angeblichen Männerleiden »Wechseljahre« handele es sich nicht um ein Leiden, erst recht nicht um eine Krankheit. b) Es gebe keinen verbindlichen Grenzwert für Testosteron, dieser Wert sei willkürlich festgelegt. c) Der männliche Hormonspiegel sinke nun mal im Laufe des Lebens, wenn auch nur »leicht«, das sei ganz natürlich. d) Testosteronmedikamente könnten mehr Schaden als Nutzen anrichten und Prostatakrebs fördern. Und e) In Wahrheit hänge das männliche Wohlbefinden doch gar nicht vom Hormonspiegel ab.[49]

Erstaunlich, oder? Noch immer wird die weibliche Menopause gesellschaftlich als Mangelkrankheit behandelt. Jahrzehnte hat es gedauert, bis Hormontherapien gegen klimakterische Beschwerden überhaupt problematisiert wurden. Nach wie vor wird für Frauen in den Wechseljahren die Endzeitrechnung aufgemacht. Doch bei Männern braucht der hormonelle Einfluss aufs Älter-

werden nur mal angedeutet zu werden, schon stehen die Vertei-
digungslinien: Umstandslos wird hinter medizinischen Befunden
das ökonomische Kalkül enttarnt und Hormonumbrüche werden als lächerlich irrelevant für den männlichen Lebensverlauf
abgetan.

»Die Wechseljahre des Mannes sind ein Lehrstück dafür, wie
sich Pharmafirmen und Ärzte neue Märkte erschließen«, schreibt
Der Spiegel.[50] Damit hat das Blatt wahrscheinlich recht. Trotzdem bleibt die Frage, wem oder was außer der Pharmalobby
wohl sonst noch Einhalt geboten werden soll. Fürchten Männer,
ihnen würden mit schwindendem Testosteron ihre Jugendlichkeit, Attraktivität, Sex-Appeal und Leistungsfähigkeit abgesprochen? Dass es ihnen, Gott bewahre, so ergeht wie bislang nur
den Frauen?

Was würde wohl passieren, wenn die männlichen Wechseljahre
tatsächlich ein großes gesellschaftliches Thema wären? Würde
sich dann der Blick auf die weibliche Menopause verändern?
Würde sie vielleicht nicht mehr zu einem Verlustszenario aufge-
bläht mit der beraubten und reduzierten Frau in der Hauptrolle?

Da stehen wir also, wir Frauen in den mittleren Jahren, und wissen: Die Wechseljahre sind kein Lebensabschnitt, in den wir einfach nur reinspazieren und am Ende genauso wieder heraus-
kommen. Es ist eine Zeit des Wandels – egal, ob wir nun die
typischen Beschwerden bekommen oder frei davon bleiben. In
der Menopause muss sich unser Bauch und unser Kopf noch einmal neu sortieren, wie er das schon einmal in unserer Jugend
getan hat. Was ist daran verkehrt?

Warum sollen wir uns und diesen Prozess verstecken? Mehr
als die Hälfte der Menschheit teilt schließlich irgendwann unser
Schicksal. Das ist nicht nur ein Trost, das ist auch eine Kampf-
ansage an ein noch immer wirksames Tabu.

Den meisten von uns bleiben am Ende ihrer Fruchtbarkeit

rund 30 weitere Lebensjahre. Das ist mehr als ein Drittel unserer durchschnittlichen Lebenszeit. Und heutzutage haben wir die Chance, einen großen Teil dieser Zeit ganz aktiv und mittendrin und lustvoll zu erleben. Wollen wir uns diese Aussicht tatsächlich versauen, indem wir uns suggerieren lassen, wir könnten nur noch auf Sparflamme laufen? Sinnlich, erotisch, sexuell? Und uns irgendwie weniger als Frau fühlen? Von alleine kämen wir doch gar nicht auf die Idee. Wir wachen doch nicht eines Morgens auf und sind eine weniger begehrenswerte Frau, nur weil wir keine Tampons mehr brauchen. Außerdem gewinnen wir auch ein Stück Freiheit! Das Leben nach der Menopause ist vielleicht anders, aber schlechter?

Schönheit und Scham

Über Sex, kosmetische Chirurgie
und den Körper als Kampfzone

David und Paul sind ein schwules Paar. Sie haben eine langjährige Beziehung, leben aber nicht in derselben Stadt. Der 44-jährige David ist Fotograf, der 45-jährige Paul arbeitet als Bühnenbildner. Sie reden über das Älterwerden – was es für Homosexuelle bedeutet und wo die Parallelen zu den Erfahrungen von Frauen liegen.

Paul: Alle zittern vor dem Älterwerden. Ein Riesenthema ...

David: ... älter zu werden ist für Schwule das Schlimmste. Fast ein Tabu. Alle möglichen Leute lassen sich liften, straffen und tun so, als sei es ganz furchtbar, nicht mehr 20 zu sein.

Paul: Irgendwie konnten wir das Jungsein verlängern, bis wir 40 waren. Aber jetzt kippt es doch. Man merkt es an der Reaktion anderer Menschen.

David: ... das Alter zu zeigen ist fast ein Frevel ...

Paul: Ich fand mich immer schon zu alt. Schon mit Anfang 20 dachte ich: Mist, im nächsten Jahr werde ich 23, dann muss ich wirklich Sport machen, sonst ist es aus.

David: Was ist aus?

Paul: Dann werde ich nicht mehr gesehen, nicht mehr wahrgenommen. Ich löse mich auf.

David: So reden viele Frauen auch.

Paul: Das kann ich total nachvollziehen. Wenn ich nicht attraktiv gefunden oder wahrgenommen werde, gibt es mich nicht. Mich gibt es nur dann, wenn ich gesehen werde.

David: Du lebst doch nicht nur durch die Anerkennung von außen…

Paul: Trotzdem merke ich die Veränderung. Früher bin ich einem bestimmten Typ Mann auf der Straße oder im Club immer aufgefallen. Dann kam die Zeit, als diese Typen mich zwar ansahen, aber schnell wegguckten. Heute sehen sie mich gar nicht mehr. Ja, man wird unsichtbar.

David: Bist du deshalb gekränkt oder einfach nur sauer?

Paul: Weder noch. Ich will die ja gar nicht kennenlernen, aber ich finde es einfach schade, dass etwas weniger wird, was vorher da war.

David: Also doch so was wie Verlust…

Paul: Selbst wenn es mir nichts bringt, möchte ich nicht drauf verzichten. Älterwerden hat mit dem Verlust von Möglichkeiten zu tun.

David: Aber du gewinnst ja auch was.

Paul: Natürlich, das auch. Ich würde ja nicht tauschen wollen. Insgesamt ist es mir lieber, älter und lebensklüger zu werden.

David: Ich muss aufpassen, dass ich da ehrlich bin. Dass mich das Älterwerden nicht beschäftigt, wäre gelogen. Vergangenes Jahr habe ich eine Urlaubsvertretung in einem Team mit fünf, sechs Kollegen gemacht; ich kannte keinen. Irgendwann erzählte ich, wie alt ich bin. Die waren höchstens Mitte 30 und ich fast zehn Jahre älter. Da habe ich in den Augen der Kollegen für einen Moment das blanke Entsetzen gesehen. Auf so etwas habe ich wirklich keine Lust!

Paul: Viele Freunde in unserem Alter, ohne Beziehung, kriegen jetzt Stress.

David: Ja, ab 40 fangen sie an, sich wegen des Alters Sorgen zu machen, ab 49 kommt die Panik.

Paul: Ich hab' kürzlich einen 53-jährigen Bekannten getroffen, der einen jüngeren Freund hat. Mein Bekannter ist unglücklich in der Beziehung, sagt aber: Ich würde ja Schluss machen, doch in meinem Alter werde ich keinen anderen mehr finden.

David: Ob heterosexuelle Männer auch diese Probleme haben?

Paul: Denen ist das doch völlig egal. Die Älteren merken gar nicht, dass sie unattraktiv geworden sind – und dass sie meilenweit von dem entfernt sind, was sie von den Frauen fordern.

David: Weil sie es sich leisten können. Hetero-Männer sind und waren die Mächtigen. Und sie haben weniger Angst, alleine zu bleiben.

Paul: Wegen des feinen Unterschieds. Ein alleinstehender Mann wird bedauert, aber niemand denkt: Der ist alleine, weil ihm charakterlich etwas fehlt. Eher, dass ihm das Schicksal etwas genommen hat. Aber bei einer Frau, die allein ist, hat man immer das Gefühl, die ist verlassen worden, weil mit ihr was nicht stimmt.

David: Aber das liegt doch auch an den Frauen selbst. Eine Frau, die ihren Kerl verlässt und damit glücklich ist, wird das auch ausstrahlen. Und dann wird man sie beneiden, dass sie diesen Schritt gemacht hat.

Paul: Inzwischen sind junge heterosexuelle Männer allerdings auch unter Druck und wissen das. Weil Frauen jetzt mehr erwarten.

David: Stimmt, bei uns in der Stadt sieht man fast keine jungen Typen mit Schwabbelbauch oder Schlabber-T-Shirt mehr. Heute wird von jedem erwartet: Melde dich im Sportstudio an und tu was!

Paul: Ich kenne kaum Frauen, die sich gehen lassen.

David: Aber einige über 40 sind auch sehr angestrengt und tun alles, um nach außen Jugendlichkeit vorzutäuschen: Fitness, Diät, Botox…

Paul: … das ist ein richtiger Kampf.

David: Eine Freundin von mir hat immer gesagt: Man muss sich entscheiden: Will man dick und faltenfrei sein oder dünn und faltig.

Paul: Es ist ja auch schwierig. Wie soll man denn in Konkurrenz treten mit den jungen Frauen, die den Männern gefallen?

David: Es sei denn, man ist Madonna. Sie strahlt aus, dass sie sich nimmt, was sie will.

Paul: Das billigt man einer Königin ja auch … Aber im Ernst: Eine Bekannte von mir wurde noch mit 60 Jahren Chefin des Familienunternehmens, nachdem ihr Mann gestorben ist. Sie fand das ganz normal, denn sie war ja von Haus aus schon auf der Chefetage. Weil sie sich so selbstverständlich als Chefin sah, war sie dann auch im Blick der anderen die Autorität. Das ging reibungslos. Es hat wirklich viel mit Selbstbewusstsein zu tun. Sollte man älteren Schwulen vielleicht auch wünschen. Kennst du den Spruch: Es gibt nichts Schlimmeres, als schwul, arm und alt zu sein?

David: Ja, aber man kann »schwul« auch durch »Frau« ersetzen. Der arme, alte Hetero-Mann hat es dagegen leichter, weil er oft noch eine Frau hat, die sich um ihn kümmert ...

Paul: Der schwule Alte wird vielleicht keinen jungen Mann haben, der ihn umsorgt ...

David: ... außer wenn er reich ist. Das könnte helfen! Das siehst du doch x-fach in der Schwulenwelt.

Paul: Frage also, was macht man eigentlich, wenn man nicht mehr als attraktiv gilt und kein Millionär ist?

David: Damit haben Schwule das gleiche Problem wie Frauen.

Paul: Vor allem die Schwulen, die sich in der Szene rumtreiben. Wo man seinen und den Wert der anderen taxiert. Also, wer nicht sofort auffällt ...

David: ... die reinste Fleischbeschau ist das ...

Paul: Klar ist das hart, denn die Szene ist ja wichtig. Die Schwulengemeinschaft ist ja manchmal wie eine Ersatzfamilie, mit der du viel Zeit verbringst. Dort nicht akzeptiert zu werden kann einen irrsinnigen Druck erzeugen.

David: Aber was doch bei Schwulen ganz typisch ist: Du willst nicht unbedingt jemanden kennenlernen, sondern ein möglichst attraktiver Mann soll dich gut finden, damit du weißt, dass du in der gleichen Liga spielst. Ich spiegele mich im anderen und vergewissere mich dadurch meiner selbst.

Paul: Als Männer sind Schwule gesellschaftlich zwar in einer besseren Position als Frauen, trotzdem fühlen sie sich manchmal ziemlich klein. Und wenn sie durch gutes Aussehen ein Stück Macht bekommen können, nutzen sie die auch. Schönheit ist eine Währung.

David: Und jeder hat Angst, sie zu verlieren. Bei den älteren Schwulen gibt es zwei Gruppen. Die eine ist völlig überpflegt. Die hat so eine Aura von Kosmetikstudio um sich herum und tut alles, um ihr Äußeres noch irgendwie hinzukriegen. Und es gibt die anderen, die gut altern. Die tun auch was, machen aber nicht den Riesenaufstand.

Paul: Und langsam fängt es auch an mit den Schönheits-OPs. Schwule Männer, die irgendwie zu dicke Lippen haben ...

David: ... schließlich will der schwule Mann an allem rummanipulieren ... deshalb gibt's Eiweißnahrung und Sport. Haare sollen da wachsen, aber da keinesfalls ...

Paul: Aber bestimmt lassen Schwule keine Penisverlängerung machen. Ein Hetero-Mann mag ja denken: Die Frau findet mich viel besser, wenn es zwei Zentimeter mehr sind. Und der Schwule weiß, na ja ...

David: Also, ich würde auf keinen Fall etwas aufspritzen oder wegmachen lassen, das Ergebnis wäre nur grauenhaft. Es passt dann einfach alles nicht mehr zusammen.

Paul: Ich hoffe wirklich, dass ich nie spontan was Kleines ausprobiere. Du bist beim Arzt und der sagt: Du siehst absolut gut aus, wirklich, aber mit einer Minisache kann ich dich noch attraktiver machen. Auf keinen Fall schneiden, nein, nein, das machen wir nicht, ist doch

Quatsch, nur ein bisschen spritzen ... hoffentlich lass ich mich nie darauf ein.

David: Schlimm finde ich, was prominente Frauen alles mit sich veranstalten. Das ist regelrecht Verrat. Verrat an den Frauen, die das nicht mitmachen wollen.

Paul: Und wie ist es bei Männern? Verraten die andere Männer?

David: Gute Frage. Ich finde es einfach dumm ... damit machst du dich total lächerlich.

Paul: Männer stehen eben nicht so unter Druck wie Frauen. Das ist einfach so.

David: Also, ich will mit 60 nicht aussehen wie 40. Das ist bescheuert, da lügt man sich doch in die Tasche.

Paul: Ich glaube, auch Frauen haben mehr Möglichkeiten, sich zu wehren, als ihnen bewusst ist. Und mehr Chancen bei jüngeren Männern, als sie denken. Eine selbstbewusste Frau, die sich schätzt und mag, kommt doch in jedem Alter gut an.[1]

Älterwerden aus der Sicht eines homosexuellen Männerpaars. Und bei aller Vorsicht vor Verallgemeinerungen scheint sich zu zeigen: In der Welt von Schwulen werden Erfahrungen mit dem Älterwerden gemacht, die den weiblichen scheußlich ähneln. Was David und Paul aus homosexueller Perspektive beschreiben, erscheint teils als übereinstimmende, teils sogar als verschärfte Version der Zwänge, denen Frauen in den mittleren Jahren ausgesetzt sind. Vor allem in der Konzentration auf den Körper und sein Sozialprestige. Auch in der schwulen Community hat Jungsein einen Marktwert an sich, Älterwerden ein Stigma. Wo das

Begehrtwerden an normierte Attraktivität gekoppelt ist, verliert, wer der Norm nicht entspricht.

Manchmal hilft es ja, woandershin zu schauen, um die eigene Lage besser zu erkennen. Lenken wir also erneut den Blick auf das *doing aging*. Bei Männern, die gleichgeschlechtlich leben, zeigt sich in spezifischer Weise, wie Altern *gemacht* wird. Der Mechanismus, mit dem ältere Homosexuelle abqualifiziert werden, gleicht dem, den die Mehrheitsgesellschaft gegenüber älteren Frauen anwendet. Es gelten frappierend übereinstimmende Werturteile und Herabsetzungen.

Wie im Brennglas zeigt sich auch hier, wie wenig Alter, Altern und Älterwerden biologisch vorbestimmt und durch die Natur festgelegt sind. Es entsteht im sozial-kulturellen Raum. Dabei ist es eine Frage der Macht und nicht per se des Geschlechts, wer wie bewertet wird. Das höllische Spiel kann sowohl zwischen Männern und Frauen als auch zwischen Männern untereinander ablaufen. Die jeweils mächtigere Gruppe muss sich bei den Spielregeln nur einig sein, ihre Haltung in der Praxis einüben und ihre sozialen Codes durchsetzen.

So wird das Altern durch Übereinkunft in der kleineren schwulen Welt *gemacht* und ebenso in der größeren heterosexuellen. Daran ist ein Habitus geknüpft, der Verhaltensmuster und Einstellungen prägt und die Wahrnehmung bestimmt. Ein älterer Homosexueller scheitert dann nicht nur am persönlichen Geschmacksurteil des anderen Schwulen, wenn der ihn als Partner unakzeptabel findet, sondern wird als Vertreter einer Gruppe abgelehnt, die insgesamt als unattraktiv gilt. Die Münzen der Währung Schönheit sind sowohl in der heterosexuellen als auch in der schwulen Welt vorgestanzt; neue müssen erst noch geprägt werden.

Hier stellt sich die Frage, ob es anders ist, wo Frauen gleichgeschlechtlich leben. Die Schauspielerin Maren Kroymann liebt Frauen. Hat Älterwerden in der lesbischen Community eine andere Bedeutung als bei Heterosexuellen oder Schwulen?

Ich glaube, dass ich es als lesbische Frau leichter habe, älter zu werden. Wir Lesben frönen nicht so einem Jugendkult wie Schwule zum Beispiel. Die gucken auf ihr eigenes Geschlecht, wie ein Heterosexueller auf eine Frau guckt. Ein junger Lover bedeutet Prestige. Die schwulen Jungs bekommen richtig Stress, wenn sie niemanden haben, mit dem sie leben und alt werden können.

Älterwerden ist am schwierigsten für schwule Männer und heterosexuelle Frauen, weil beide extrem am Körper gemessen werden. Während ich die Erfahrung mache, dass junge Lesben eine etwas strenge, ältere Frau, die schlau ist, super finden. Die ist für sie attraktiv! Natürlich ist auch wichtig, dass sie noch halbwegs gut aussieht, aber ihnen gefällt das Ältere an sich. Lesben übernehmen in der Regel nicht einfach die gesellschaftlichen Vorurteile, sie schauen auf etwas anderes. Sie schätzen Autorität, sie schätzen auch Brain. Attraktivität ist bei uns Lesben nicht automatisch an Jugend gekoppelt.[2]

Maike und Uta sehen es ähnlich. Die beiden sind ein lesbisches Paar und leben seit zwei Jahren zusammen. Die 48-jährige Uta ist Ingenieurin, die 50-jährige Maike arbeitet als Rechtsanwältin.

Maike: Älterwerden? Natürlich steh' ich nicht hundertprozentig drüber, aber irgendwie schon. Bei uns herrschen andere Eitelkeitscodes. Ich glaube einfach, dass ich auch weiterhin attraktiv sein werde, vielleicht sogar interessanter, als ich es jemals war. Weil ich mehr Selbstbewusstsein habe, mehr Persönlichkeit und auch mehr zu erzählen.

Uta: Ich kenne sehr viele Paare, wo beide Frauen in einem ähnlichen Alter sind. Die sind zusammen älter geworden und werden es ziemlich sicher auch weiterhin tun. Das macht doch Mut.

Maike: Ich denke, was für heterosexuelle Frauen die Schönheit ist, ist für viele von uns Sport. Da wollen wir irgendwie gut sein. Deswegen ist es zum Beispiel auch wichtig, beim Älterwerden die Fitness zu bewahren und nicht verlebt auszusehen.

Uta: Das klingt jetzt natürlich arrogant – aber ich glaube, wir Lesben gucken ganzheitlicher. Ich zum Beispiel finde Intelligenz hochgradig erotisch. Und jemand Schlauen gegenüber zu haben, das ist aufregender als irgendeine Supertaille oder Oberweite und was weiß ich.

Maike: Ich fürchte auch nicht, dass du mich verlassen wirst, weil ich älter werde. Und selbst wenn – es laufen ja auch noch genug andere herum. Ich bin sicher, dass ich dann eine neue Partnerin finden würde.

Uta: Ja, das ist überhaupt keine Frage. Also, wenn du bereit bist und offen für eine Beziehung, dann findest du draußen eine. Das hängt für mich an Geduld und Offenheit und an sonst nix. Das strahlst du aus, und dann ist es völlig unerheblich, ob du graue Haare hast, ob die gefärbt sind oder nicht.[3]

Einblicke in einen Teil unserer Gesellschaft, in dem einiges anders zu laufen scheint, als es heterosexuelle Frauen kennen. Und ein weiterer Beleg dafür, wie Älterwerden gemacht wird. Das bedeutet aber auch, dass wir es nicht mit einem in Stein gemeißelten, sondern mit einem gesellschaftlichen Phänomen zu tun haben – und damit ist es veränderbar! Was ist attraktiv, was schön und begehrenswert? Letztlich geht es hier nur um Begriffe, die mit einem beliebigen Inhalt gefüllt werden können.

Was uns als schön erscheint, hängt davon ab, was wir als schön verabredet haben. Objektive Schönheit? Alles Ansichtssache. Schönheit ist eine Währung, die wie jedes andere Zahlungsmittel gesellschaftlich festgelegt wird. In den Niederlanden gab es mal eine Zeit, da konnte mit Tulpenzwiebeln gezahlt werden; die Pflanzen waren so wertvoll, dass sie sogar zum Spekulationsobjekt taugten. Und so wie Tulpenzwiebeln innerhalb eines definierten Systems zum Zahlungsmittel wurden, haben westliche Gesellschaften körperliche Merkmale zur Schönheitswährung erklärt.

Dabei hat sich vielleicht ein ästhetischer Grundsinn herausgebildet, zum Beispiel die Vorliebe für ein symmetrisches Gesicht und einen ebenmäßigen Körper. Aber das war's dann eigentlich auch schon. Fast alles andere unterliegt den sich verändernden Normen eines Kulturkreises und den jeweiligen Moden. Dabei geht es auch immer um Prestige – Schönheit muss man sich leisten können – und darum, sich zu unterscheiden. Braungebrannte Haut konnte nur bei blässlichen Europäern, die den ganzen Tag drinnen am Schreibtisch hocken, begehrenswert werden; in einer hungernden Gesellschaft wird ein magerer Körper nie erstrebenswert sein. So erscheint der Maßstab für Schönheit erstaunlich willkürlich und entfaltet dennoch eine unendliche Wucht. Frauen müssen nach Schönheit streben und Männer sollen nach schönen Frauen streben.[4]

Frauen in der westlichen Welt haben heutzutage mehr Macht, Einfluss und Geld als jemals zuvor. Auch mehr Freiheit. Und doch ist ihr körperliches Selbstwertgefühl wahrscheinlich geringer als das ihrer patriarchal gebeutelten Großmütter. Der Zwang, den geltenden Idealen von Attraktivität zu entsprechen, macht einen Teil der gewonnenen Selbstbestimmung wieder zunichte. Wie heißt es doch: Frauen *sind* Körper, Männer führen den eigenen Körper an der Leine spazieren. Es gibt einen enormen Zwang für Frauen, diesem dummen Satz zu entsprechen.

Und dann betrachtet eine Frau in den mittleren Jahren ihre dünner gewordene Haut im Gesicht, die mal wieder vor Trockenheit spannt. Jedes winzige Äderchen ist im Vergrößerungsspiegel zu sehen und muss unbedingt abgedeckt werden. Jede kleine gemeine Linie auf der Oberlippe, in die sich der Lippenstift so gerne hineinfrisst, zeigt die Niederlage gegenüber den Jahren. Soll ihr das einfach egal sein, oder fängt sie jetzt an, sich deswegen zu quälen?

»Von Schönheitsnormen beherrscht, ist diese Schattenebene stets präsent als ein Strudel aus Selbsthass, zwanghaftem Kreisen um – subjektiv so empfundene – körperliche Unvollkommenheiten,

Angst vor dem Älterwerden und vor Kontrollverlust.«[5] So beschreibt die amerikanische Autorin Naomi Wolf in den 1990er Jahren den *Mythos Schönheit*. Indem unsere Gesellschaft sich in eine Medienwelt verwandelte, indem die Kosmetik- und Modeindustrie unseren Kosmos kaperte, wurde die physische weibliche Erscheinung zunehmend wichtiger. Der Mythos Schönheit lebt, so Naomi Wolf, weil hinter ihm handfeste wirtschaftliche und politische Interessen stecken und die Absicht, Frauen unter Kontrolle zu halten.

Seit dieser Analyse sind 20 Jahre vergangen; zwei Jahrzehnte, in denen westliche Frauen noch einmal an Eigenständigkeit hinzugewonnen haben. Doch seit dieser Zeit bezieht sich die weibliche Identität nicht etwa weniger, sondern noch stärker auf den Körper. In der Hypermoderne ist der Körper wie niemals zuvor zum Maßstab und Ausdrucksmittel für den weiblichen Platz in der Welt geworden.[6]

»Diesem Druck kannst du dich gar nicht entziehen, ständig wird dir vor die Nase gehalten, wie du auszusehen hast«, ärgert sich die 25-jährige Geschichtsstudentin Julia aus Berlin. »In der Werbung werden 16-jährige Lolitas auf 25-Jährige getrimmt. Wie soll man denn da mithalten? Da wird uns Frauen ein Ideal vorgegaukelt, das wir gar nicht erfüllen können, und trotzdem stecken wir alle mit drin und hecheln dem hinterher. Auch bei mir muss immer alles stimmen, Haare, Make-up, Klamotten.«[7]

Und die 20-jährige Mathematikstudentin Annett ergänzt: »Du bist ständig dabei, dich zu vergleichen. Vor allem mit Mädchen in deinem Alter, die du häufig im Fernsehen siehst. Außerdem habe ich an der Uni gerade die Erfahrung gemacht, dass Kommilitoninnen, die nicht so attraktiv sind, schwerer einen Praktikumsplatz finden als andere. Aber das liegt vielleicht auch daran, dass ihnen das nötige Selbstbewusstsein fehlt. Es ist einfach sehr wichtig, gut auszusehen oder besonders gestylt zu sein.«[8]

Das war tatsächlich nicht immer so. Was unter anderem daran liegt, dass schön sein früher anders verstanden wurde. Noch im vorletzten Jahrhundert war Schönheit etwas Körperliches *und* Geistiges. Der innere Liebreiz, Moral und Charakter hatten ihren eigenen Wert. Die Rede war von der schönen Seele. Und auf diese Art Schönheit ließ sich ja auch Einfluss nehmen: Frauen aus der Mittelschicht hatten die Möglichkeit, ihren Charakter und ihre Moral im Laufe des Lebens herauszubilden. Schönsein hatte nicht unbedingt etwas mit erotischer Ausstrahlung zu tun oder damit, besonders herausgeputzt zu sein. Im Gegenteil. Im viktorianischen England zum Beispiel war übermäßiger Putz sogar ziemlich verpönt, denn das Äußere sollte nicht die wahre, innere Schönheit überdecken.[9]

Doch dieser Begriff von Schönheit ist lange passé. Zu Beginn des 20. Jahrhunderts kamen Puder und Schminke, Lippenstifte und Cremes massenhaft auf den Markt. Um sie auch massenhaft an die Frau zu bringen, »befreite die Werbeindustrie die Schönheit vom Charakter«, stellt die Soziologin Eva Illouz fest. »Die Kosmetikindustrie bewarb den Körper als ästhetische Oberfläche, die mit einem moralischen Verständnis von Personalität nichts mehr zu tun hatte.«[10] Filme, Zeitschriften und die gesamte Kulturindustrie halfen bei diesem Unterfangen.

»Heutzutage gehört bereits jungen Frauen ihr Körper von Anfang an eigentlich nicht. Nur an der Oberfläche. Da findet eine Überformung und Verfremdung von außen statt. Über Medien, Umwelt, Freundeskreis«, beobachtet die Soziologin Gertrud Backes. »Und wenn ich meinen Körper schon sehr früh als Gegenstand betrachte, der sich nach diesen Erwartungen ausrichtet, der schön auszusehen hat und schön zu gebrauchen ist, dann wachse ich hinein in diese Sichtweise. Ich entwickle ein entfremdetes Körpergefühl.«[11]

Die Konzentration auf die Fassadenästhetik installierte ein neues Reiz-Reaktions-Schema, denn zunehmend zählte der erste, schnelle Eindruck. Die innere Schönheit aufzuspüren wurde zu mühsam, der Prozess verkehrte sich in sein Gegenteil: Heute wird vom reizvollen Äußeren auf das verborgene Ich geschlossen. Attraktivität wird zum Indiz für den inneren Wert.[12]

»Der neue Schönheitskult«, schreibt Eva Illouz, »verband Make-up explizit mit Sex-Appeal, indem er Kosmetik, Weiblichkeit, Konsum und Erotik nahtlos miteinander verschmolz.«[13] Das weibliche Ich wurde untrennbar damit verkoppelt und so seine Sexualisierung vorangetrieben. Jugend und Schönheit traten nun in Form von Erotik und Sexualität auf.

Seitdem muss der schöne Körper auch Sexyness ausstrahlen, er ist ein Oberflächenobjekt der Begierde geworden. Sexuelle Anziehungskraft ist die neue Kategorie und der neue Wertmaßstab, der Frauen angeblich das verschafft, was sie begehren: Liebe und Anerkennung. Sexuelle Begehrlichkeit wird zu einem zentralen Kriterium bei der Partnerwahl.[14]

Gleichzeitig ist der schöne Körper auch ein Mittel, um gesellschaftlich aufzusteigen. Frauen wissen das. So lässt sich mit jedem Gang zur Kosmetikerin auch am Sozialstatus arbeiten. Deshalb ist es im Prinzip nicht verwunderlich, dass in Städten mit hoher Arbeitslosigkeit die Nagel- und Fitnessstudios boomen. Vielleicht ist es der Wunsch, sich kleine Fluchten zu verschaffen, der die Kundinnen dorthinein treibt, vielleicht sind es aber auch rationale Überlegungen.

Der Körper der Frau als Ort der politischen und sozialen Auseinandersetzung mit dem Selbst, als Inbegriff der sexuellen Identität.[15] Diese Entwicklung ist vor allem für Frauen in mittleren Lebensjahren fatal. Die Gesellschaft war ihnen zwar nie wohlgesonnen, doch je stärker ihr sozialer Wert an den Körper gebunden ist, desto stärker auch an dessen Verfall – der ja angeblich bereits mit der ersten Falte einsetzt. Die Abwertung des weiblichen Älterwerdens klammert sich gern an äußere Faktoren, um objektiv begründet zu erscheinen.

Und das Tückische ist: Die gesellschaftliche Erwartung bringt

Frauen dazu, den Boden für ihre Herabsetzung zu bereiten und den Grundstein für ihren Identitätsverlust zu legen. Denn wenn Frauen das Selbst auf ihre körperliche Erscheinung gründen, machen sie sich von äußerer Anerkennung abhängig. Und bekommen mit zunehmenden Lebensjahren ein Problem. Die Kettenreaktion setzt ein: älter werdende Frau = nachlassende körperliche Attraktivität = weniger Anerkennung = weniger Liebe + Sex = Identitätsverlust.

Der Angriff auf das Ich naht, sobald der Körper als weniger begehrenswert gilt. Durch unser auf Schnelligkeit gedrilltes Auge, beim flotten Abchecken und Entscheiden, kommt nur zum Zuge, was sich äußerlich präsentiert. Wer bist du? Mit wem habe ich es hier zu tun? – Diese Fragen werden in Sekunden aufgeworfen und durch das Oberflächenangebot beantwortet. Mit inneren Werten lässt sich gegen diesen Mechanismus nicht punkten.

Mit dieser Drohkulisse sieht sich eine Frau in den mittleren Jahren konfrontiert. Sie registriert ihre körperlichen Veränderungen, während die Gesellschaft und die Schönheitsindustrie ihr einbläuen, dass sie sich nun hässlich fühlen muss. Um dem zu entgehen, soll sie die Zeichen der Zeit abwehren, mit allen Mitteln.

Und wenn es stimmt, was der österreichische Kulturphilosoph Robert Pfaller beobachtet, wird gerade eine neue Front aufgemacht. Robert Pfaller weist darauf hin, dass unsere Kultur derzeit tiefengesäubert wird – von allem, was irgendwie lustvoll, aber angeblich bäh ist: Rauchen, Alkohol, fettes Essen, Rausch. Stattdessen: Fitness, Verzicht, Sport und Gesundheit.[16] In der angestrebten puritanisch-reinlich-entseuchten Welt ist jede Art von Verfall ein Sakrileg. Wo es um Entkörperlichung geht, passen die Zeichen eines gelebten Lebens so gar nicht ins Bild hinein. Und Verfallsspuren werden bekanntlich in erster Linie bei Frauen registriert.

»Ich arbeite in einem Fitnessstudio und beobachte, wie sehr Frauen kämpfen, um sich jung und fit zu halten«, erzählt die Marketingberaterin Anna-Maria, die auch als Personal Trainerin arbeitet. »Sie machen alles, um schlank zu werden oder ihre Figur zu behalten. Manche wickeln sich komplett in Plastikfolie ein, um stärker zu schwitzen und mehr Fett zu verbrennen. Ich selbst war früher ja auch sehr figurfokussiert, heute bin ich Gott sei Dank gelassener. Aber dennoch… Frauen stehen einfach sehr unter Druck.«[17]

Und sei es nur durch die verdammten grauen Haare. Ein ständiger Nerv, wenn die Ansätze durchkommen. Also nichts wie ab zum Friseur. Inzwischen ist doch jede Haarfarbe erlaubt, warum darf dann eine halbwegs gepflegte Frau nicht einfach mit grauem Kopf rumlaufen, selbst wenn sie keine Oma sein will?

Der Körper der Frau darf nicht altern! Sonst kann sie beim höllischen Spiel, das der doppelte Standard treibt, alles verlieren: Wertschätzung, Liebe und Sex. Je stärker der Wert des Körpers an seine sexuelle Ausstrahlung gekettet ist, desto mehr hat die älter werdende Frau zu verlieren, weil sie nicht mehr als sexuelles Wesen gilt.

Und was daran besonders hinterhältig ist: Eine Frau, die verinnerlicht hat, dass man ihr ab einem bestimmten Alter die Sexualität aberkennt, hat es unendlich schwer, sich selbst eine positive Sexualität zuzuerkennen. Genau das aber gehört zur weiblichen Freiheit und Selbstbestimmung unabdingbar dazu! Die Auseinandersetzung mit dem doppelten Standard ist immer auch eine Auseinandersetzung mit dem weiblichen Körper und seiner Sexualität.

Frauen in mittleren Jahren sind zwischen ihrem Anspruch auf Autonomie und ihrem Bedürfnis nach Anerkennung hin- und hergerissen. Wollen sie selbstbestimmt und eigenständig entscheiden, müsste es ihnen völlig wurscht sein, ob sie ein gesellschaftlich gefordertes Schönheitsideal erfüllen oder nicht; zählen dürfte nur ihr eigener innerer Kompass. Doch gleichzeitig können sie ohne Wertschätzung und Liebe ja nicht gut leben. Und beides wird ihnen versprochen, wenn sie die äußeren Normen zu ihren inneren machen. Sie ahnen ja, dass hier gelogen wird, doch das hilft nicht aus dem brutalen Dilemma. Selbstzweifel und Unzufriedenheit folgen auf dem Fuße. Was also sollen sie tun?

Vom doppelten Standard getrieben, fühlen sich unendlich viele Frauen in diesem Spannungsfeld. Welche Möglichkeiten gibt es, damit umzugehen? Das fragen sich auch Sophia, Klaudine und Paula.

Paula: Schönheits-OP, soll man oder soll man nicht? Dieses Thema treibt schon viele in unserem Alter um. Und wenn wir unter uns Freundinnen darüber sprechen, geht es neben dem eigentlichen Eingriff auch häufig um die Frage: Für wen macht man es eigentlich? Für sich selbst? Für die Außenwelt? Damit man von Männern wieder gesehen wird?

Sophia: Für den eigenen Mann oder Partner macht man es auf jeden Fall nicht, denn die Männer sagen alle: Hä? Wenn du dir die Schlupflider richten lässt, würde ich den Unterschied wahrscheinlich nicht sehen. Mach's, aber ich find's nicht gut.

Klaudine: Und wie verhalten sich deine Freundinnen jetzt?

Paula: Es gibt nicht wenige, die denken: Wenn ich mich freiwillig operieren lassen will, dann doch wohl, weil ich einen Leidensdruck spüre. Wenn sie dem nachgehen und merken, dass sie den Leidensdruck gar nicht so stark empfinden, kommen sie in ein Dilemma und fragen sich: Ist es die Gesellschaft, sind es die Männer, die mich dazu bringen? Na ja, ich denke, sie kommen ins Grübeln, weil sie nicht wissen, ob sie es für sich machen oder für die Männer.

Klaudine: Ich kann mir gar nicht vorstellen, mich operieren zu lassen. Inzwischen finde ich selbst die Körperstellen an mir ganz okay, die ich früher schaurig fand.

Sophia: Obwohl sie schlimmer geworden sind...

Klaudine: Auch eine schöne Begleiterscheinung des Älterwerdens...

Sophia: Schönheitsoperationen finde ich komplett daneben – außer wenn Menschen wirklich sehr leiden. Aber um ein bisschen dickere Lippen zu haben, hier die Falten weg, da ein bisschen strammer – die haben sie doch echt nicht mehr alle.

Paula: In den USA lassen sich Teenager Intim-OPs schenken. Zum Beispiel, um ihre Klitoris zu kürzen. Teenager! Und ältere Frauen lassen sich die Schamlippen straffen.

Sophia: ...wahrscheinlich auch, um jugendlicher zu wirken, mehr Möglichkeiten zu haben...

Paula: Wie furchtbar, den Druck zu spüren, sich auch an intimen Stellen nochmal auf jung runterbeamen zu müssen. Dabei ist doch die Erfahrung – je älter und reifer wir werden, desto selbstbewusster und schöner ist unsere Sexualität.

Klaudine: Manche Frauen glauben wohl, dass sie sich ihren eigenen Körper aneignen, indem sie ihn neu zusammenbauen!?

Sophia: Dabei geht es doch eher darum, darauf zu achten, was ich esse, was ich trinke, wie ich mit Sport und Bewegung umgehe.

Paula: Stell dir vor, du fasst deine Brüste an und die sind so eine gelee-artige Masse, die sich ganz anders anfühlt als echte Brüste und mit deinem eigentlichen Körper nichts zu tun hat...

Klaudine:... interessante Vorstellung...

Sophia: Die Mutter einer Bekannten hat sich mit Mitte 70 die Brüste operieren lassen ...

Klaudine: Mit Mitte 70?

Paula: Ist irgendwas in ihrem Leben passiert?

Sophia: Nein. Sie wollte es schon immer mal machen lassen ...[18]

So skeptisch wie die drei Freundinnen ist die deutsche Öffentlichkeit insgesamt, wenn es um kosmetische Eingriffe geht. In den Medien kommt das Thema einigermaßen verquer daher. Frauen dürfen hierzulande zwar genauso wenig altern wie in anderen westlichen Ländern auch, aber etwas machen lassen – sei es operativ oder per Spritze – sollen sie gefälligst nicht. Alles, was nicht authentisch ist, wirkt anrüchig. Natürlichkeit heißt das Credo für deutsche Frauen. Und wer sich dabei an finstere Zeiten erinnert fühlt, liegt mit dieser Assoziation vielleicht gar nicht daneben. Gleichzeitig ist die Journaille aber die Erste, die das jugendlich-frische Aussehen eines Stars feiert, solange die Operationsnarben gut versteckt sind.

Um sich jung zu halten, wird jede Art von sportlicher Körperqual für völlig okay gehalten, gesellschaftlich sogar gefordert, damit wir mit zunehmendem Alter den Krankenkassen weniger auf der Tasche liegen. Dazu gesunde Ernährung und ausreichend Schlaf ... alles Dinge, die Disziplin und Leistung erfordern und nicht wirklich Spaß machen. Fett absaugen zu lassen, statt es sich abzutrainieren? Geht gar nicht!

Während die Öffentlichkeit so oder so ähnlich debattiert und einer ziemlich verlogenen Moral das Wort redet, hat sich Fettabsaugen dennoch an die Spitze der kosmetischen Eingriffe katapultiert und wird noch häufiger gewünscht als Brustoperationen. In jeder Stadt entstanden nach den Nagel- die Botoxstudios; und selbst Feld-Wald-und-Wiesen-Gynäkologen offerieren ihren Patientinnen, sie im Intimbereich aufzuhübschen. Für all diese Angebote muss es ja wohl Kundinnen und Kunden geben, sonst wären sie längst verschwunden.

Bei aller Vorsicht, mit der Umfragen zu genießen sind, werfen auch sie ein Schlaglicht auf die Verhältnisse. 2011 wollte die Zeitschrift *Petra* von 1000 Frauen wissen: Würden Sie zehn Punkte Ihres Intelligenzquotienten opfern, wenn dafür ein Schönheitsmakel verschwände? Ja, antworteten fast drei Viertel der Befragten.[19] Mit anderen Worten: Sehr viele Frauen glauben, dass sie mit Intelligenz wenig, mit einem attraktiven Äußeren jedoch viel gewinnen können. Was sagt das eigentlich über unsere Gesellschaft?

Die Zahlen sprechen für sich. Hierzulande werden mit ästhetischer Medizin jährlich geschätzte fünf Milliarden Euro umgesetzt.[20] Und so sind wir auf dem besten Wege zu einer Körper-Klassengesellschaft. Auf der sonnigen Seite präsentieren sich die Schönen, weil sie die Mittel haben, in ihre Körperaktie zu investieren. Auf die Schattenseite sind all jene verbannt, denen das Geld zur Selbstverbesserung fehlt.

Bereits junge Frauen glauben, dass sich eine Investition in den Körper lohnt, und lassen sich von Chirurgen zurechtbasteln. Doch am deutlichsten zugelegt hat in den vergangenen Jahren die Altersgruppe der 41- bis 50-jährigen Frauen.[21] Mit dem Kampf gegen die Spuren der Jahre boomt das Geschäft der Branche. Nachdem der doppelte Standard die älter werdende Frau erfolgreich zum Mängelexemplar abgewertet hat, bemächtigt sich die Schönheitsindustrie der weiblichen Zweifel, und die Medizin schreibt sich die Auferstehung des Fleisches auf die Fahnen.[22]

Dabei hat sich die Kampfzone unglaublich ausgeweitet. Inzwischen sind praktisch alle Teile des Körpers in die Konfrontation einbezogen. Was bedeutet, dass die älter werdende Frau nicht nur gegen Falten und Pfunde antreten soll, sondern auch gegen die Druckspuren auf ihren Füßen, die hängenden Muskeln an den Oberarmen und, und, und…

Da steht eine Frau mal wieder in einer dieser Umkleidekabinen, die sowieso nur geschaffen wurden, um Kundinnen jenseits der 40 fertigzumachen. Eben hat sie sich noch ganz frisch gefühlt, doch kaum ist sie hinter dem Vorhang verschwunden, sieht sie aus, als wäre ihr kotzübel. Dieses Licht! Was sind das bloß für Rollen am Bauch, die sich unter der Strumpfhose abzeichnen, die waren doch heute Morgen nicht da. Und wieso sieht der Hintern in der Hose so traurig aus, obwohl ihm doch niemand etwas getan hat…

Früher wurde über schöne Kleider konkurriert, da konnte die Frau mittleren Alters noch anders mithalten. Heute läuft die Konkurrenz direkter: über den zunehmend nackten Körper. Und da sind die Schönheitskriterien wesentlich schwerer zu erfüllen als über Stoffe und Schnitte.

Wenn es üblich wird, bestimmte Körperteile öffentlich zu entblößen – wie zum Beispiel die Füße in Flip-Flops –, bildet sich sofort eine Norm heraus, wie diese auszusehen haben. Als Victoria Beckham es vor einigen Jahren wagte, ihre etwas verkrumpelten Füße nackt auszuführen, wurde sie von der Boulevardpresse hämisch aufgefordert, sich gefälligst ästhetischer zu präsentieren.

Je mehr Haut gezeigt wird, desto eher kommen zum Beispiel auch Körperteile ans Licht, die bei Frauen mit zunehmendem Alter zu Cellulite neigen. Diese Veränderung des Fettgewebes, wegen seiner Oberflächenstruktur auch Orangenhaut genannt, tritt gern an Oberschenkeln und Hintern auf und lässt Frauen schnell hysterisch werden, wenn sie Anzeichen der gefürchteten Dellen bei sich entdecken. Dabei geht es hier weder um eine hinderliche noch gefährliche Veränderung des Bindegewebes und erst recht nicht um eine Krankheit.

Da fahren zwei langjährige Freundinnen in den Süden, mit Sonne und Swimmingpool und allem Drum und Dran. Doch als sie sich bei den Liegen am Beckenrand treffen, erscheint die eine in knielangen Shorts und Top. Weiter ausziehen will sie sich nicht, im Badeanzug sehen lassen schon gar nicht. Das schaue doch völlig unmöglich aus, meint sie, diese Kraterlandschaft an den Beinen wäre so was von unterirdisch, die könne sie doch keinem Menschen zumuten.

Als Ursula Andress, das erste Bond-Girl, mit üppigem Busen und kräftigen Beinen supererotisch aus dem Ozean stieg, mäkelte niemand an ihren Oberschenkeln herum, obwohl die bereits bei der jungen Frau verdächtig nach Cellulite aussahen. Das war in den Sechzigerjahren. Inzwischen steht Orangenhaut auf der tiefroten Liste des No-Go im Schönheitszirkus. Aus gutem Grund: Fünf Milliarden Dollar werden jedes Jahr weltweit für Zeug ausgegeben, das angeblich gegen Orangenhaut hilft. Schon deshalb muss Cellulite eine Verunstaltung bleiben – dabei gibt es medizinisch überhaupt kein Mittel dagegen.[23]

Sobald sich die Schönheitsindustrie einem Körperteil widmet, liefert sie dessen Attraktivitätskriterien gleich mit. Das Bewusstsein für den Makel – ein Spiel ohne Grenzen. So hat erst die Mode, das Schamhaar zu entfernen, die Form der Vulva in den Blick gerückt.

»Frauen, die sich enthaaren, entfernen gewissermaßen ihre sekundären Geschlechtsmerkmale«, stellt Aglaja Stirn fest, Expertin für Psychosomatische Medizin in Kiel und Hamburg. »Sie verwandeln sich rein optisch in präpubertäre Körper. Damit signalisieren sie vor allem eines: Reinheit und Ungefährlichkeit.« Die weibliche Sexualität wird so vom Triebhaften gereinigt. »Mit Haaren assoziiert man Tierisches: Schmutz, Geruch, Unreinheit.«[24]

Wo die nackte weibliche Scham sich kleinmacht und zurücknimmt, hat die Enthaarung bei Männern den gegenteiligen Effekt. Ein Penis, der nicht in Haare eingebettet ist, wirkt präsenter und offensiver.[25] Wie eine männliche Glatze obenrum kann die männliche Glatze unterrum eine brutalisierende Wirkung erzeugen. Und dieses Resultat ist gewollt.

Wenn Frauen sich enthaaren und dadurch plötzlich zu sehen

ist, was früher verborgen war, können sie plötzlich Zweifel überfallen. Schnell haben sie das Gefühl, dass sie nicht so geformt sind, wie es sein soll. Und dann bekommen sie Probleme, sich beim Sex und in der Sauna zu zeigen.

Dabei gibt es überhaupt keine wissenschaftlichen Untersuchungen, wie das weibliche Genital eigentlich auszusehen hat. Es gibt keine Norm für die weibliche Vulva, weil es keine Messdaten gibt. Ob sie sich zwischen Ländern und Ethnien unterscheidet – das weiß kein Mensch. So viel Unkenntnis gibt es natürlich beim Penis nicht. Der wurde bereits seit dem 18. Jahrhundert rauf und runter vermessen – vor allem im Rahmen von Musterungsuntersuchungen beim Militär.[26] Beim besten Stück des Mannes gibt es eine klare Vorstellung, was der Norm entspricht und was eine Abweichung ist. Das weibliche Geschlecht darf eigentlich aussehen, wie es will. Eigentlich.

In Südkorea, einem Land, das bei Schönheits-OPs ganz weit vorne liegt, lässt sich angeblich jede dritte Frau zu ihrem 60. Geburtstag eine Generalüberholung ihrer Genitalien schenken. Das Ziel bei diesen Eingriffen ist dort wie hierzulande: den Eindruck einer jugendlichen, vorpubertären Vulva zu erzeugen. Glatte äußere Schamlippen, die die inneren fest umschließen. Der sogenannte *Brötchen-Look*. Klingt verdammt nach pornografischen Vorstellungen und der perversen Fantasie von Kinderschändern. Und tatsächlich hat die Pornoindustrie dieses Idealbild ja auch geprägt und eindeutig Maßstäbe gesetzt.[27]

Die Psychoanalytikerin Ada Borkenhagen, die auch als Professorin in Magdeburg lehrt, beschäftigt sich seit Langem mit diesen Themen. Zu ihren wissenschaftlichen Arbeitsschwerpunkten gehören Schönheitschirurgie und Intimmodifikationen, also Eingriffe rund um die Genitalien. Sie betrachtet es durchaus zwiespältig, wenn Frauen den privatesten Bereich ihres Körpers manipulieren, ist aber nicht grundsätzlich dagegen. »Durch die Rasur des Schamhaars und die Entblößung der Scham ist das weibliche

Genital sichtbarer und benennbarer geworden. Und das lässt sich durchaus auch als ein emanzipatorischer Akt begreifen.«

Insgesamt sieht Ada Borkenhagen die Schönheitschirurgie – ähnlich wie die Seelenheilkunde – als eine Form der Psychotherapie an. »Die eine verspricht eine Schönheitskur für den Körper, die andere für die Seele. Beide zusammen gehören zum Selbstverbesserungsprogramm des modernen Menschen. Eine Persönlichkeitsentwicklung wird ja auch gern über Bilder einer körperlichen Veränderung gezeigt, denn beides gilt heutzutage als Arbeit an der eigenen Identität.« Da brauche man doch nur an den Marathonläufer Joschka Fischer zu denken und an sein Buch *Mein langer Lauf zu mir selbst*.[28]

Ada Borkenhagen kennt die Zwangslage von Frauen, wenn sie mit ihrem Älterwerden hadern und überlegen, durch künstliche Mittel dagegenzuhalten. Nimmt frau damit ihren eigenen Körper in Besitz, indem sie über seine Erscheinung entscheidet? Oder handelt sie fremdbestimmt, weil sie einem gesellschaftlich aufoktroyierten Anspruch folgt? Selbstermächtigung oder Unterwerfung?

»Ich denke, beides stimmt«, sagt Ada Borkenhagen. »Es ist eine Selbstermächtigung, weil ich heute als Frau nicht mehr mit einem bestimmten Mangel leben muss, sondern aktiv etwas dagegen tun kann, wenn ich die wirtschaftlichen Mittel habe. Aber gleichzeitig unterwerfe ich mich natürlich den Schönheitsnormen.«[29]

In ihren Untersuchungen hat die Wissenschaftlerin festgestellt, dass es Frauen sehr wichtig ist, einen Eingriff als ganz persönlichen Entschluss darzustellen. Das gehöre einerseits zur Rechtfertigungsstrategie, andererseits stelle sich aber tatsächlich häufig heraus, dass diese Frauen sehr selbstbewusst seien und sich im Leben insgesamt zu behaupten wüssten.[30]

Und noch eine weitere Beobachtung macht Ada Borkenhagen: Die Frauen quälen sich möglicherweise nur mit einem bestimmten Schönheitsfehler, den sie verändern wollen.[31] Manchmal sind es nur die Lider, die mit den Jahren schwerer werden und auf die Augen drücken, was einer Frau missfällt; wird das korrigiert, ist sie mit ihrem Aussehen wieder zufrieden.

Die Psychoanalytikerin unterscheidet vier Typen von Menschen, die sich wegen ihres Äußeren unters Messer legen. Und das sind zum allergrößten Teil Frauen. Über 80 Prozent der kosmetischen Operationen finden am weiblichen Körper statt. Da sind die einen, die *nur* den Alterungsprozess aufhalten und ihre Identität dabei keineswegs verändern wollen. Die zweite Gruppe, das können auch jüngere Frauen sein, will *nur* eine ganz bestimmte Sache verändern, etwas, was sie als Makel empfindet. Diese beiden Gruppen bilden den größten Teil der Patientinnen. Bei ihnen besteht eine gute Chance, meint Ada Borkenhagen, dass sie durch eine gelungene Operation tatsächlich glücklicher werden.

Hinzu kommen zwei eher pathologische Typen: Die einen, die durch das Skalpell zu jemand anderem werden wollen und meist davon träumen, so auszusehen wie ein Star; wie Madonna beispielsweise oder eine Barbiepuppe. Und solche, die an einer sogenannten körperdysmorphen Störung leiden. Das sind Menschen, deren inneres Bild von sich so hässlich ist, dass sie es heftig ablehnen und durch ihr äußeres Bild korrigieren wollen. Doch das Drama ist – sie sind nie zufrieden. Denn das hässliche Innere bleibt ja unverändert, und so folgt eine Operation auf die nächste. Michael Jackson war so ein Fall.

Ada Borkenhagens Botschaft: Schönheitsmedizin ist nicht das Böse. Kein unmittelbarer Angriff auf die Persönlichkeit, solange die Identität nicht durch diese Eingriffe bestimmt wird. Außerdem findet sie es unzulässig, den Patienten mangelndes Urteilsvermögen zu unterstellen. Statt Moralpredigten brauche es einen vernünftigen Verbraucherschutz, damit die Branche kontrolliert wird und die Konsumenten wissen, was für Risiken sie erwarten und welche Qualitätsmaßstäbe sie einfordern können.[32]

Was ist Natur, was ist Kultur, wo ist die Grenze? Es ist ein Stück Freiheit, dass Frauen sich mit Körperfragen auseinandersetzen und ihre Grenzen und Möglichkeiten verschieben können. Aber das Problem beginnt, wenn das eigene Handeln nicht im Zusammenhang mit den gesellschaftlichen Machtverhältnissen gesehen und die Dynamik des doppelten Standards unterschätzt wird. Wie soll eine Frau selbstbestimmt entscheiden, wenn sie gleichzeitig unter Druck gesetzt wird?

Da stehen wir also, wir Frauen in den mittleren Jahren, und hören die Botschaft des Mythos Schönheit. Nicht überraschend spielt sie dem doppelten Standard in die Hände: Du darfst dich in deinem älter werdenden Körper nicht wohlfühlen, raunt es. Spürst du nicht die Geringschätzung, die dir öffentlich entgegengebracht wird? Opfere deine Kraft im Kampf gegen die Spuren der Jahre, dann bist du ausreichend beschäftigt.

Aber haben wir nicht eine eigene Botschaft dagegenzusetzen? Schließlich können wir einiges bieten: Die Zeit hat uns nicht schwächer, sondern stärker gemacht. Wir haben dazugewonnen – an Persönlichkeit, Selbstbewusstsein, Erfahrung, Souveränität. Wir wissen doch um unsere Ausstrahlung und Attraktivität. Überall, wo wir in diesem Land zusammenkommen, machen wir die gleiche Erfahrung: Es gibt unendlich viele hinreißende Frauen in unserem Alter. Warum sollten wir unsere Weiblichkeit verstecken mit unseren 40, 50, 60 Jahren, statt sie zu zeigen?

Die Schönheitsindustrie verlangt Unterwerfung, aber wer hindert uns, ihr System nach unseren Vorstellungen zu nutzen? In einem dialektischen Prozess sozusagen. Ist es nicht ein Akt der Subversion, sich ihrer Mittel zu bedienen und damit unsere Position zu stärken? Warum sollen wir nicht souverän mit allen Waffen kämpfen, die uns zur Verfügung stehen? Warum sollen wir uns nicht schön machen? Auch das ist Selbstbestimmung.

Wir können in Sachen Schönheit locker alle Register ziehen – oder es einfach lassen. Mal sind wir aufgebrezelt, mal schlicht, mal elegant, mal sportlich, mal schlumpig. Das ist unsere Freiheit! Das höllische Spiel ums Älterwerden macht uns immer wieder unsere Scham, aber nicht unsere Schönheit bewusst. Sie zu zeigen ist unsere Rebellion.

Das Wie bestimmen wir

Was soll sein?

Da stehen wir also, wir Frauen in den mittleren Jahren. Hilft es uns zu wissen, dass Älterwerden *gemacht* wird? Dass wir *alt gemacht* werden? Es hilft nicht nur, es zeigt uns eine völlig neue Perspektive. Denn wir sprechen hier nicht über biologisches Altern, das für alle Menschen eine Herausforderung ist. Wir sprechen über die soziale und kulturelle Überformung dieses Prozesses – ein gesellschaftliches Verfahren, das sehr unterschiedliche Maßstäbe an die weiblichen und männlichen Jahre anlegt. Und dem weiblichen Älterwerden einen bitteren Beigeschmack geben will.

Doing aging, wie es viele Frauen erleben, lässt sie allzu oft mit Unbehagen, sogar mit Angst auf die zweite Lebensphase blicken; in den Jahren jenseits der 30 drohen Sorge, Widerwillen oder gar Scham. Diese Vorstellung erzeugt eine Menge Druck im weiblichen Kessel. Bisher wird gesellschaftlich vorausgesetzt, dass Frauen irgendwie damit leben, dass sie ihre Ansprüche, Erwartungen und Gefühle einer sozialen Realität anpassen, die ihr Älterwerden abwertet. Doch wollen wir die Struktur, die uns da vorgesetzt wird, wirklich auf Dauer akzeptieren?

Das organische Altern ist Kismet – für alle Menschen unaufhaltbar. Doch warum sollten Frauen es weiter hinnehmen, wenn das soziale Älterwerden die Dinge noch schwerer macht und sich als weiblicher Fluch entpuppt? Trotz allen emanzipatorischen

Gedankenguts sind Frauen noch immer mit einem doppelten Standard konfrontiert, der ihnen Lebenschancen nimmt, sie verschwinden lässt, sie zu Getriebenen macht, in ein hinterhältiges Doppelspiel lockt. Dabei wird auf ihre Kosten privatisiert und psychologisiert, was ein soziokulturelles Phänomen ist und kollektiv erfahren wird.

Die systematische Abwertung des weiblichen Alterns hat die großartige amerikanische Publizistin Susan Sontag bereits vor 40 Jahren beleuchtet. In ihrem Essay *The Double Standard of Aging* prägte sie den entscheidenden Begriff für den zugrunde liegenden gesellschaftlichen Mechanismus und verurteilte ihn als *instrument of oppression,* als Unterdrückungsinstrument. Seit Susan Sontags hellsichtiger Analyse hat sich die Welt für Frauen unendlich verändert, sie sind unabhängiger, selbstbestimmter und freier geworden. Wie kann es dann sein, dass beim Älterwerden das alte Unterdrückungsinstrument noch immer erfolgreich eingesetzt werden kann?

Der scheele Blick des doppelten Standards hat sich in unsere Kultur, unsere Gesellschaft, unser soziales Zusammenleben, das individuelle Bewusstsein eingeschrieben. Seine Macht entsteht über Bilder und Stereotype, über Vorurteile und Zuschreibungen und gestaltet unsere Lebenswirklichkeit und unser alltägliches Handeln. Die Übermacht der kulturellen Bilderwelt macht Frauen alt, wo Männer einfach älter werden.

Doch was gemacht wird, kann auch anders gemacht werden. Das ist die gute Nachricht.

Jeder von uns weiß, wie lange es manchmal dauert, bis wissenschaftliche Erkenntnisse ins allgemeine Bewusstsein einsickern. Und noch länger dauert es, bis sich daraus eine andere Erzählung, neue kulturelle Bilder und eine veränderte soziale Praxis ergeben. Von der Schöpfungsgeschichte, in der ein Gott den Menschen aus Lehm formte, über Darwin und den zum Teil bis heute anhaltenden bizarren Streit, ob der Mensch vom Affen abstammt, bis zum Evolutionscomic auf YouTube war es ein weiter Weg. Zeigt aber, welche Entwicklung jahrtausendealte Vorstellungen nehmen können.

Dabei gibt es neben der guten auch die weniger gute Nachricht: Einen gesellschaftlichen Wandel herbeizuführen ist verdammt harte Arbeit. Es geht um die Veränderung eines kulturellen Selbstverständnisses, das seit Ewigkeiten eingeschliffen und eingeübt wurde. Und nicht zufällig wird dabei auch ein uraltes Spiel aus dem Geschlechtertheater aufgeführt. Um dessen Drehbuch neu zu schreiben, braucht es zunächst einmal Erkenntnis. Widerstand. Empörung!

Denn das höllische Spiel, von dem hier die Rede ist, hat komplizierte und verwirrende Regeln. Und wie sich in den vorausgegangenen Kapiteln gezeigt hat, stecken alle mit drin: Frauen und Männer, Politik und Institutionen, Medien und Märkte. Doch umgekehrt heißt das auch: Wo alle mit drinstecken, können auch alle etwas davon haben, wenn sich das Spiel verändert. Können profitieren vom neuen Drehbuch und der Chance auf ein gleichermaßen faires Älterwerden für Frauen und Männer. Für die einzelne Frau ist diese Perspektive eine seelische und soziale Notwendigkeit. Für die Gesellschaft in vielerlei Hinsicht ein Fortschritt.

Man stelle sich einmal vor, was dieser Schritt für Politik und Institutionen bedeuten könnte ...

Würden wir nicht alle profitieren, wenn von dieser Seite klargestellt wäre, wie *systemrelevant* Frauen in den mittleren Jahren für das soziale Zusammenleben sind? Sie stiften den Kitt zwischen den Generationen, managen die Familien, kümmern sich um die Jungen und Alten. Es wäre allen geholfen, wenn sich diese Leistung bei den sozialen Sicherungssystemen und im Arbeitsrecht niederschlagen würde. Wenn Frauen mit fairen Unterhaltsregelungen rechnen könnten und mit einer selbstverständlichen

Entlastung im Alltag – durch Kinderbetreuung, Ganztagsschulen und die Unterstützung bei Pflegearbeiten. Der doppelte Standard, der die Ungleichwertigkeit des weiblichen gegenüber dem männlichen Älterwerden institutionalisiert, kann doch kein politisches Zukunftsmodell sein.

Oder für die Arbeitswelt…

Sowohl Frauen als auch der Wirtschaftssektor hätten etwas davon, wenn sich die Kultur und das Selbstverständnis in Unternehmen ändern würden. Wenn Frauen auch in der zweiten Lebensphase problemlos die Möglichkeit hätten, in der Arbeitswelt ihren Platz zu finden. Egal, ob sie Mütter oder kinderlos sind, egal, ob sie im Beruf unterbrochen haben oder nicht. Sollte es nicht ein ökonomisches Ziel sein, das Potential dieser Frauen zu fördern, ihnen Ein- und Aufstiegschancen zu geben und ihnen eine Entlohnung zu sichern, die der von Männern in nichts nachsteht? Oder kann sich die Wirtschaft etwa leisten, weiter auf diese Ressourcen zu verzichten?

Oder für die Medien…

Wäre es nicht ein Gewinn für uns als Mediennutzer und -nutzerinnen, wenn wir mal all die klugen 50-, 60-, 70-jährigen Frauen zu sehen und zu hören bekämen, die öffentlich etwas zu sagen haben? Welche soziale und kulturelle Bereicherung, sie in gleichem Maße präsent zu finden wie Männer gleichen Alters! Wenn Medien die gesellschaftliche Vielfalt spiegeln wollen, brauchen sie die weibliche Sicht auf die Welt. Wenn Medien uns Vorbilder präsentieren, kann es doch wohl nicht sein, dass hauptsächlich Männer als Orientierung dienen. Zumal nicht beim Altern. Da braucht es mediale Vorzeigefrauen, mit denen das weibliche Publikum gemeinsam älter werden kann.

Oder für die Schönheits- und Modeindustrie…

Wir Frauen sind eine große und einflussreiche Gruppe von Konsumentinnen. Es liegt in unserer Macht, diese Industrie dazu zu bringen, uns und unsere Bedürfnisse ernst zu nehmen. Dass sie in Zukunft mit unserer Vielfalt rechnet und endlich aufhört, uns mit stereotypen körperlichen Normen zu traktieren. Wir wollen kein Diktat, das alle weiblichen Wesen auf jugendlich trimmt. Beautyterror, Jugendlichkeitswahn und Zwang zum Verbasteln sind kein Maßstab für Schönheit, sondern ein Ausweis von Beschränktheit. Da dürfen wir ja wohl mehr erwarten! In einer Zeit, die sich zunehmend mit Älterwerden und Altern auseinandersetzt, kann sich doch niemand auf solche Armutszeugnisse berufen, wenn es um die Frage geht: Wer ist schön?

Oder für den Umgang mit den Wechseljahren ...

Wäre es nicht für alle eine Erleichterung, wenn wir uns die Wechseljahre nicht schwerer, sondern einfacher machen könnten? Wenn wir die biologischen Veränderungen offen betrachten und sie aus ihrer verschämt-verschwiegenen Ecke holen würden? Dies wäre ein Gewinn ganz sicher nicht nur für Frauen, denn auch Männer kommen ja in die Wechseljahre und trauen sich nicht, es sich einzugestehen oder anzusprechen. Wäre die weibliche und männliche Hormonbetroffenheit gleichermaßen öffentlich Thema, ließen sich auch die aufgeblasenen Verlustszenarien entzaubern, mit denen sich Frauen in der Menopause rumschlagen. Schließlich ist es doch für alle – ob männlich oder weiblich – anstrengend genug, sich in dieser Zeit auf einen neuen Abschnitt im Leben einstellen zu müssen.

Oder für den Verschwindefluch ...

Gehen wir doch mal davon aus, dass Frauen ungeachtet ihres Alters im öffentlichen Raum ihren Platz hätten. Wäre das nicht ein anderes weibliches Sein in der Welt? Und ein gesellschaftliches Surplus? Niemand kann doch allen Ernstes behaupten, es ginge mit rechten Dingen zu, Frauen in mittleren Jahren quasi talibanmäßig wegzuradieren. Sie kollektiv mit einem Verschwindefluch zu belegen und unter einer Tarnkappe verschwinden zu lassen. Im öffentlichen Raum wahrgenommen zu werden, zu partizipieren, gehört zu den fundamentalen Rechten in sozialen Gemeinschaften. Wer will der älter werdenden Frau verwehren, was hierzulande jeder grundsätzlich fordern kann: gesellschaftliche Teilhabe auf Augenhöhe!

Und wie steht es mit uns Frauen selbst? Welche Aussichten würden sich uns mit einem eigenständigen Blick auf unsere Jahre bieten? Ohne den negativen Einfluss eines doppelten Standards? Es ist notwendig, aber nicht leicht, eine selbstbestimmte weibliche Perspektive zu entwickeln. Denn Frauen selbst sind ja am *doing aging* beteiligt, darin liegt ein besonders perfider Dreh des höllischen Spiels. Wie schauen wir Frauen in den mittleren Jahren auf uns und auf andere Frauen unseres Alters? Legen nicht auch wir häufig die abwertenden Maßstäbe an, unter denen wir gleichzeitig leiden? Wenn wir hier unser Handeln verändern, erobern wir uns ein ganzes Stück Autonomie. Wir haben zwar kaum Vorbilder, die uns zeigen, wie wir uns und unsere Lebensfahrpläne neu entwerfen können. Aber da müssen wir wohl beginnen, welche zu schaffen.

Bisher gestaltet sich das weibliche Älterwerden wie eine permanente – aber unfreiwillige! – Mutprobe. Archaisch und gnadenlos wie so viele Übergangsriten. Nur dass dieser Ritus uns am Ende noch nicht mal die Aufnahme zu einer privilegierten Gruppe beschert, sondern aufs gesellschaftliche Abstellgleis führt. Mit der Gefahr, dass dort Zweifel und Kummer warten. Die Zumutungen, die die Gesellschaft für Frauen in den mittleren Jahren bereithält, lassen sich oft nur gut gewappnet ertragen. Dabei nötigen sie uns eine Kraft ab, die an anderer Stelle fehlt. Selbstverständlich müssen wir alle Mut zeigen, wenn wir den doppelten Standard zerstören und befreiter älter werden wollen. Doch die absurde weibliche Dauermutprobe gehört auf den Müllhaufen der Geschichte.

Und das käme auch Männern zugute. Denn wie ist denn der Trend? Nehmen wir beispielsweise den Schönheitsmarkt. Dessen Normen und No-Go-Verdikte erreichen zunehmend die männliche Welt. Der Druck, formelhaften Bildern zu entsprechen, erhöht sich nicht nur auf weiblicher, sondern auch auf männlicher Seite. Noch lässt sich überhaupt nicht vom selben Level reden, aber die Tendenz ist klar. Soll das etwa die Lösung sein? Wenn künftig Männer beim Älterwerden ähnlich abgewertet werden wie Frauen – wem wäre damit geholfen? Es kann doch nicht darum gehen, dass der Druck alle gleichermaßen trifft, sondern dass der Druck aus der Sache für alle rausgenommen wird.

Schon deshalb wäre allen geholfen, wenn *doing aging* überhaupt in der Öffentlichkeit diskutiert würde. Wenn es ein Thema wäre jenseits von wissenschaftlichen Expertenzirkeln. Nicht als singuläre Debatte, nicht als ein Unter-ferner-liefen-Aspekt in der einzelnen Talkshow, sondern als ein gesellschaftlicher Diskurs, der auf Veränderung zielt. Die Form, in der weibliches Älterwerden *gemacht* wird, schafft so viel Unbehagen und Leid, frisst so viel positive und erzeugt so viel negative Energie, dass die Mechanismen, die hier zugange sind, transparent werden müssen. Das ist gesellschaftliche Pionierarbeit, da bewegen wir uns alle auf neuem Terrain.

Aber machen wir uns nichts vor: Ein radikaler Bewusstseinswandel wird nicht von heute auf morgen passieren. Bis dahin wird der doppelte Standard immer wieder zuschlagen und uns Frauen oft im Mark treffen. Das sind die Momente der Unsichtbarkeit, Traurigkeit und Demütigung. Dann hilft nichts, als den Kopf zu aktivieren und sich wie ein Mantra in Erinnerung zu rufen: Diese Gefühle sind kulturell erzeugt und eine soziale Erfahrung. Wir sind damit nicht allein!

Eine Revolution wird immer dann notwendig, wenn der Charakter eines Gesellschaftssystems nicht mehr zum Bewusstsein passt. Die junge Generation in den 1968er Jahren rebellierte, weil ihre Lebensvorstellungen keinen Platz in der alten Republik fanden. Frauen machten sich auf, die Welt zu erobern, weil sie die Rollen ablehnten, die ihnen gesellschaftlich vorgegeben wurden. Auch in der herrschenden Form des *doing aging* ist die Revolte im Kern bereits angelegt. Das gesellschaftliche Konstrukt passt nicht mehr zu dem, was Frauen heutzutage erwarten, nicht zu dem, wie sie leben oder leben wollen. In wenigen Jahrzehnten haben Frauen in den mittleren Jahren unendlich an Standing, Selbstbewusstheit und Ausstrahlung gewonnen. Doch der doppelte Standard katapultiert sie immer wieder schmerzhaft in Verhältnisse zurück, die sie auf anderen Feldern bereits erfolgreich umgekrempelt haben. Die weibliche Revolution bleibt unvollendet, solange dieser Widerspruch besteht.

Wenn wir also Freiheit und Gleichheit als Kern unseres sozialen und kulturellen Selbstverständnisses verteidigen, muss es sich ausgezockt haben beim Spiel mit den Jahren. Der doppelte Standard ist des aufklärerischen Anspruchs dieser Gesellschaft unwürdig und nicht zukunftstauglich. Machen wir also aus dem doppelten Standard – den einfachen!

Anmerkungen

Tücke und Tabu'

1 Wibke Bruhns im Interview mit der Autorin

2 Focus online, »Treue ist was für Loser«, 9.3.2010, http://www.focus.de/panorama/boulevard/udo-juergens-treue-ist-was-fuer-loser_aid_487974.html

3 Vgl. Heute.at, 25.11.2013, http://www.heute.at/stars/leute/art23692,959184

4 Vgl. Pierre Bourdieu, *Die feinen Unterschiede. Kritik der gesellschaftlichen Urteilskraft,* Frankfurt a. Main 1982, S. 171–261

5 Vgl. u. a. Birgit Blättel-Mink, Caroline Kramer (Hrsg.), *Doing Aging – Weibliche Perspektiven des Älterwerdens,* Baden-Baden 2009; Carolin Kollewe, Elmar Schenkel (Hrsg.), *Alter: unbekannt. Über die Vielfalt des Älterwerdens. Internationale Perspektiven,* Bielefeld 2011; Heike Hartung (Hrsg.), *Alter und Geschlecht. Repräsentationen, Geschichten und Theorien des Alter(n)s,* Bielefeld 2005

6 Anke C. Plagnol, Richard A. Easterlin, »Aspirations, Attainments, and Satisfaction: Life Cycle Differences Between American Women and Men«, in: *Journal of Happiness Studies,* 9 (4), S. 601–619, http://link.springer.com/article/10.1007/s10902-008-9106-5

7 Simone de Beauvoir, *Das Alter,* Hamburg, 5. Auflage 2012. Ersterscheinung der Originalausgabe Paris 1970

8 Interview mit Corinna Harfouch, »Wegen Falten verzweifeln? Lächerlich!«, Brigitte woman.de, http://woman.brigitte.de/kultur/filme-musik/corinna-harfouch-1049736

9 Susan Sontag, »The Double Standard of Aging«, in: *Saturday Review of The Society,* 23.9.1972, S. 29, http://www.unz.org/Pub/SaturdayRev-1972sep23-00029

10 Daniel D. im Interview mit der Autorin

11 Sabine Hamm, Ursula Meiners, *Wechseljahre: Abschied und Neubeginn. Was Frauen über Menopause und Klimakterium wissen sollten,* Leipzig 2013, S. 38

12 Ebd.

13 Eva Illouz, *Warum Liebe weh tut. Eine soziologische Erklärung,* Berlin 2012, S. 147

14 Richard A. Morton, Jonathan R. Stone, Rama S. Singh, »Mate Choice and the Origin of Menopause«, in: *PLOS Computational Biology.* Open access Journal, 13.6.2013, http://www.ploscompbiol.org/article/info:doi/10.1371/journal.pcbi.1003092

Scheusal und Schlampe

1 Vgl. *The Congress* – Website zum Film, http://congress.pandorafilm.de

2 Vgl. Eva Illouz, a.a.O., S. 45f.

3 Vgl. Henriette Herwig, »Ende und Anfang – man könnte sie verwechseln«, in: Henriette Herwig (Hrsg.), *Alterskonzepte in Literatur, bildender Kunst, Film und Medizin,* Freiburg i. Br./Berlin/Wien 2009, S. 170

4 Elisabeth Hellmich bezieht sich zwar hauptsächlich auf die dritte Lebensphase von Frauen – aber lassen sich diese Phänomene nicht bereits deutlich in der zweiten beobachten? Elisabeth Hellmich, *Forever young? Die Unsichtbarkeit alter Frauen in der Gegenwartsgesellschaft,* Wien 2007; Gerlinde Pölsler, »Böse, blöde, unbrauchbar?«, in: *Der Standard,* 20.5.2007

5 Albrecht Dürer, *Allegorie des Geizes,* Wien, Kunsthistorisches Museum

6 Andrea von Hülsen-Esch, »Falten, Sehnen, Knochen«, in: Henriette Herwig, *Alterskonzepte,* S. 32

7 Diese Vanitasgruppe wird der Ulmer Erhart-Werkstatt zugeschrieben und ist im Kunsthistorischen Museum in Wien aufbewahrt. Vgl. Andrea von Hülsen-Esch, a.a.O., S. 15

8 Die Federzeichnung stammt von Niklaus Manuel Deutsch und befindet sich im Kupferstichkabinett der Staatlichen Museen zu Berlin. Vgl. Andrea von Hülsen-Esch, a.a.O., S. 28ff.

9 »Die Schönheit der alten Männer ist an ihre gesellschaftliche und finanzielle Mächtigkeit gebunden«, stellt die Kulturwissenschaftlerin Jutta Buchner-Fuhs lapidar fest. Jutta Buchner-Fuhs, »Friseur und Fitnessstudio«, in: Carolin Kollewe, *Alter: unbekannt,* S. 202f.

10 Vgl. ebd., S. 36ff.

11 Vgl. Esther Fischer-Homberger, *Krankheit Frau. Und andere Arbeiten zur Medizingeschichte der Frau,* Bern/Stuttgart/Wien 1979

12 Darren Star, *Sex and the City,* Pro7, 2001–2005. Zitiert nach Britta Claus, »Singles und Alter(n)«, in: Henriette Herwig, *Alterskonzepte,* S. 277

13 Thomas Mann, »Die Betrogene«, in: Thomas Mann, *Das erzählerische Werk in zwölf Bänden.* Die Erzählungen, zweiter Band, S. 684

14 Vgl. Henriette Herwig, a.a.O., S. 178ff.

15 Zitiert nach Andrea von Hülsen-Esch, a. a. O., S. 39

16 Die australische Publizistin Germaine Greer verwendet – in Bezug auf die soziale Praxis – den Begriff »anophobia«, um die Angst vor der alternden Frau zu beschreiben. Vgl. Germaine Greer, *The Change. Women, Aging and the Menopause,* New York 1992

17 Christoph Dompke, *Alte Frauen in schlechten Filmen,* Hamburg 2012

18 Ebd., S. 77 ff.

19 Ebd., S. 99 ff.

20 Ebd., S. 165 ff.

21 Ebd., S. 148 ff.

22 Thomas Druyen, »Die große Alterswende«, in: *Aus Politik und Zeitgeschichte,* Beilage zur Wochenzeitung *Das Parlament,* 49–50, Dezember 2005, S. 24

23 Thomas Mann, »Theodor Storm«, in: Thomas Mann, *Gesammelte Werke in dreizehn Bänden,* Frankfurt a. Main 1990, Bd. IX, S. 266

24 Vgl. Heike Hartung, a. a. O., S. 13 f.

25 Vgl. Eva Jaeggi, *Viel zu jung, um alt zu sein. Das neue Lebensgefühl ab sechzig,* Hamburg 1996; dies., *Alte Liebe rostet schön. Was Paare zusammenhält,* Freiburg i. Br. 2013

26 Eva Jaeggi im Interview mit der Autorin

27 Bundesministerium für Familie, Senioren, Frauen und Jugend, Dokumentation der Konferenz »Altersbilder im Wandel«, Dezember 2011, S. 8

28 Sechster Bericht zur Lage der älteren Generation in der Bundesrepublik Deutschland. Altersbilder in der Gesellschaft. Bericht der Sachverständigenkommission an das Bundesministerium für Familie, Senioren, Frauen und Jugend, Berlin, Juni 2010

29 Ebd., S. 23 f.

30 Vgl. »Online dating leaves middle-aged women in ›single wilderness‹«, in: *the guardian/The Observer,* 10.7.2011, http://www.guardian.com/lifeandstyle/2011/jul/10/online-dating-middle-aged-women/print

31 »Don't call me Granny, unless I am your Granny«, Online-Edition Richmond News, 2009, http://www.richmond-dailynews.com/2009/06/archive-3241

32 Elfriede Hammerl, »Nenn mich nicht Oma!«, in: *Emma,* Juli/August 2009

33 Vgl. Gerd Göckenjan, »Die Erfindung der Großmutter im 19. Jahrhundert«, in: Henriette Herwig, *Alterskonzepte,* S. 103 ff.

34 Vgl. Marjanne Goozé, »Geist und Schönheit der alternden Salonnière«, in: Hella Ehlers, Gabriele Linke, Beate Rudlof, Heike Trappe (Hrsg.), *Geschlecht – Generation – Alter(n),* Berlin 2011, S. 41

35 In den Künsten, aber auch bei den Kunstschaffenden selbst spielte die Auseinandersetzung mit den Lebenszyklen zu allen Zeiten eine wichtige Rolle. Auch für die Besserverdienenden früherer Epochen war das eigene Älterwerden durchaus ein Thema – was sich wiederum in der Kunst widerspiegelt. *Das Bildnis des*

Dorian Gray (1890), Oscar Wildes Roman über einen reichen Dandy, der ein gemaltes Porträt anstelle seiner selbst altern lässt, ist ein strapaziertes Beispiel.

36 Quelle: Deutsches Tagebucharchiv e. V. in Emmendingen. Das Deutsche Tagebucharchiv bewahrt private Lebenszeugnisse aus dem deutschsprachigen Raum auf.

37 Ebd.

38 Maria F. im Interview mit der Autorin

39 Anna S. im Interview mit der Autorin

40 »Der Kopf und der Blick aus stumpf dunklen Augen sind leicht nach rechts unten gesenkt. Die Gesichtszüge sind etwas aufgedunsen und verschwommen, die geschminkten Lippen wie zögerlich geschlossen, das blonde Haar sittsam nach hinten genommen. Kopfhaltung, Blick und Mund vermitteln einen wehmütig-resignierten Eindruck«, heißt es in der Interpretation dieses Bildes durch die Historikerinnen Ursula Baumgardt und Ursa Krattiger. Ursula Baumgardt, Ursa Krattiger, »Das Altern im Spiegel weiblicher Selbstbildnisse«, in: Sylvia Buchen, Maja S. Maier (Hrsg.), *Älterwerden neu denken. Interdisziplinäre Perspektiven auf den demografischen Wandel,* Wiesbaden 2008, S. 151

41 Zitiert nach ebd., S. 153

42 Befördert unter anderem durch die Schriften von Simone de Beauvoir. Simone de Beauvoir, *Le Deuxième Sexe,* Paris 1949; *La Force des choses,* Paris 1963; *La Vieillesse,* Paris 1970

43 Klaudine, Sophia und Paula im Interview mit der Autorin

44 Anna-Maria im Interview mit der Autorin

45 Vgl. Institut für Demoskopie Allensbach, Altersbilder der Gesellschaft. Eine Repräsentativbefragung der Bevölkerung ab 16 Jahre, März 2012

46 Deutsches Tagebucharchiv e. V.

47 Herrad Schenk, »Vorhang auf für die neuen Alten! Vom allmählichen Wandel unseres kulturellen Altersbildes«, in: Carolin Kollewe, *Alter: unbekannt,* S. 29

48 Claudius Seidl, »Warum wir nicht mehr älter werden«, in: *Aus Politik und Zeitgeschichte,* Beilage zur Wochenzeitung *Das Parlament,* 49–50, Dezember 2005, S. 8 f.

49 Eva Jaeggi im Interview mit der Autorin

Knittergesicht und Cabrio

1 Beatrice im Interview mit der Autorin

2 Susan Sontag, a. a. O., S. 29–38

3 Ebd., S. 31

4 Ebd., S. 29

5 Ebd.

6 Vgl. Roberta Maierhofer, *Salty Old Women: Frauen, Altern und Identität in der amerikanischen Literatur,* Essen 2003, S. 37 f.

7 Susan Sontag, a. a. O., S. 36

8 Ebd., S. 38

9 Elisabeth Badinter, *Ich bin Du,* München, Neuausgabe 1991, S. 244 und S. 12

10 Siri Hustvedt, *Der Sommer ohne Männer,* Hamburg, 2. Auflage 2012

11 Ebd., S. 11, Hervorhebungen im Original

12 John Irving, *A Widow for One Year,* New York 1998

13 Vgl. Richard A. Morton, Jonathan R. Stone, Rama S. Singh, a. a. O.

14 Arthur Schnitzler, »Casanovas Heimfahrt«, in: Arthur Schnitzler, *Gesammelte Werke in drei Bänden,* hrsg. von Hartmut Scheible, Düsseldorf/Zürich 2002, Bd. I, S. 487

15 »Lisa Ortgies zerreißt es: zwischen Mitleid und guten Ratschlägen, zwischen Couperose und Cremetöpfen. Denn, Hilfe: Sie ist 40. Wer weiß Rat?«, in: *Emma*, März/April 2006

16 Adelheid Kuhlmey im Interview mit der Autorin

17 Bild.de vom 15.3.2013, http://www.bild.de/unterhaltung/leute/fritz-wepper/gegen-atze-schroeder-die-unendliche-zoff-geschichte-29512328.bild.html

18 Vgl. Katrin Hummel, »Verjüngst du mich, beschütz' ich dich«, in: *Frankfurter Allgemeine Zeitung*, 2.5.2012; und »Ach, so einen jungen Mann haben Sie?« faz.net, 20.7.2013, http://www.faz.net/aktuell/gesellschaft/menschen/beziehungen-ach-so-einen-jungen-mann-haben-sie-12289475.html

19 Adelheid Kuhlmey im Interview mit der Autorin

20 Christina Thürmer-Rohr im Interview mit der Autorin

21 Vgl. Katrin Hummel, »Verjüngst du mich, beschütz' ich dich«, a. a. O.

22 Christine Prayon im Interview mit der Autorin

23 Julia im Interview mit der Autorin

24 Annett im Interview mit der Autorin

25 *Zeit Magazin,* Nr. 40, 26. September 2013, S. 38

26 Nicole Gast, »Reife Frau, junger Mann – warum geht das nicht gut?«, Bild.de, 2.5.2011

27 Ulrike im Interview mit der Autorin

28 Vgl. Katrin Hummel, »Verjüngst du mich, beschütz' ich dich«, a. a. O.

29 Vgl. Katrin Hummel, »Ach, so einen jungen Mann haben Sie?«, a. a. O.

30 Vgl. Sabine Reichel, »Junger Mann und ältere Frau – kann das funktionieren?«, Brigitte woman.de, http://woman.brigitte.de/leben-lieben/liebe-sex/junger-mann-1023828. Vgl. Heike Stüvel, »Wenn ältere Frauen jüngere Männer lieben«, in: *Die Welt*, 15.8.2008, http://www.welt.de/wissenschaft/article2312931/Wenn-aeltere-Frauen-junge-Maenner-lieben.html

31 Eva Illouz, a. a. O., S. 153

32 Gertrud Backes im Interview mit der Autorin

33 Luzia Braun im Interview mit der Autorin

34 Gertrud Backes im Interview mit der Autorin

35 Nicole Gast, a. a. O.

36 Bundesministerium für Familie, Senioren, Frauen und Jugend, *Atlas zur Gleichstellung von Frauen und Männern in Deutschland,* Berlin 2009, S. 64

37 Joachim Strienz im Interview mit der Autorin

38 Bundesministerium für Familie, Senioren, Frauen und Jugend, *Atlas zur Gleichstellung*

39 Joachim Strienz im Interview mit der Autorin

40 Christina Thürmer-Rohr im Interview mit der Autorin

41 Sonia Mikich im Interview mit der Autorin

42 Julia im Interview mit der Autorin

43 Susan Sontag, a. a. O., S. 31

44 Klaudine, Sophia und Paula im Interview mit der Autorin

45 Vgl. »Online dating leaves middle-aged women in ›single wilderness‹«, a. a. O.

46 Luzia Braun im Interview mit der Autorin

47 Christine Prayon im Interview mit der Autorin

48 Maria Elisabeth Straub, »Verschwunden in Venedig«, in: *Brigitte woman,* Nr. 7/2008, S. 32–37

49 Eva Wlodarek, »So bleiben Sie sichtbar«, in: *Brigitte woman,* Nr. 7/2008, S. 38–40

50 Maren Kroymann im Interview mit der Autorin

51 Constanze Kleis, »Aller Charme verloren?«, in: *Für Sie,* Nr. 13/2009

52 Eva Jaeggi im Interview mit der Autorin

53 Sibylle Hamann, »Die Unsichtbaren«, in: *Der Standard,* 5./6.1.2008

54 Vgl. Martina Kumlehn, »Alternde Frauen und ›ihr ganz besonderes Lebensgefühl‹ – Konstrukte und Strategien gelingenden Alterns in der Zeitschrift *Brigitte woman. Das Magazin für Frauen über 40*«, in: Hella Ehlers, *Geschlecht – Generation – Alter(n),* S. 193

55 Vgl. Martina Kumlehn, a. a. O., S. 193

56 Luzia Braun im Interview mit der Autorin

57 Maren Kroymann im Interview mit der Autorin

58 Heike Melba Fendel im Interview mit der Autorin

59 Vgl. Martina Kumlehn, a. a. O., S. 193

60 Vgl. Betty Friedan, *The Fountain of Age,* New York 1993, S. 50

61 Vgl. zu diesem Themenkomplex: Rüdiger Kunow, »Ins Graue. Zur kulturellen Konstruktion von Altern und Alter«, in: Heike Hartung, *Alter und Geschlecht,* S. 23 ff.; Ursula Pasero, Gertrud M. Backes, Klaus R. Schroeter (Hrsg.), *Altern in Gesellschaft. Ageing – Diversity – Inclusion,* Wiesbaden 2007, S. 115 ff.; Birgit Blättel-Mink, Caroline Kramer, *Doing Aging,* S. 93.; Hella Ehlers, Gabriele Linke, Beate Rudlof, Heike Trappe, *Geschlecht – Generation – Alter(n);* Caro-

lin Kollewe, Elmar Schenkel, *Alter: unbekannt;* Irmhild Saake, *Die Konstruktion des Alters. Eine gesellschaftstheoretische Einführung in die Alternsforschung,* Wiesbaden 2006

62 Anton Amman, »Älterwerden in der Großstadt – Wie wir unsere Vorstellungen konstruieren«, überarbeitete Version eines Vortrags, gehalten am 25.4.2007 in Braunschweig

63 Vgl. Marjanne Goozé, a. a. O., S. 39

64 Gertrud Backes im Interview mit der Autorin

65 Vgl. Bundesministerium für Familie, Senioren, Frauen und Jugend, Dokumentation der Konferenz »Altersbilder im Wandel«, Dezember 2011, S. 33

66 Adelheid Kuhlmey im Interview mit der Autorin

Gift und Glamour

1 Anonymisierte Gesprächspartnerin im Interview mit der Autorin

2 Christine Westermann, *Da geht noch was. Mit 65 in die Kurve,* Köln 2013, S. 137 f.

3 Klaudine, Sophia und Paula im Interview mit der Autorin

4 Luzia Braun im Interview mit der Autorin

5 Sonia Mikich im Interview mit der Autorin

6 Regina Ziegler im Interview mit der Autorin

7 Quelle: Pro Quote e.V.

8 Vgl. AFP DVBP669 UA 4 USA afp /AFP-TG31 über afp vom 13.05.13 10:15:53

9 Wibke Bruhns im Interview mit der Autorin

10 »Begegnung auf Augenhöhe«, Gala.de, 5.2.2013, http://www.gala.de/stars/story/interview/nina-ruge-begegnung-auf-augenhoehe_873432.html

11 »Birgit Schrowange will erste grauhaarige Moderatorin werden«, na-presseportal, 18.10.2013, http://www.presseportal.de/pm/66148/2578928/birgit-schrowange-will-erste-grauhaarige-moderatorin-werden

12 Anonymisierter Gesprächspartner im Interview mit der Autorin

13 Sonia Mikich im Interview mit der Autorin

14 Das Allgemeine Gleichbehandlungsgesetz (AGG) wurde am 14.8.2006 vom Bundestag verabschiedet. »Ziel des Gesetzes ist, Benachteiligungen aus Gründen der Rasse oder wegen der ethnischen Herkunft, des Geschlechts, der Religion oder Weltanschauung, einer Behinderung, des Alters oder der sexuellen Identität zu verhindern oder zu beseitigen.« http://www.gesetze-im internet.de/bundesrecht/agg/gesamt.pdf

15 Sonia Mikich im Interview mit der Autorin

16 Luzia Braun im Interview mit der Autorin

17 Jonathan Wynne-Jones, »BBC faces fresh claims of sexism and ageism«, in:

Telegraph, 8.4.2012, http://www.telegraph.co.uk/culture/tvandradio/bbc/9192152/BBC-faces-fresh-claims-of-sexism-and-ageism.html

18 Amy Oliver, »It does matter how women look on TV«, Mail Online, 4.4.2012, http://www.dailymail.co.uk/news/article-2125088/Ex-BBC-correspondent...-broadcasters-shouldnt-complaining-sexism.html?printingPage=true

19 Greg Wood, »John McCririck claims Channel 4 has made him unemployable«, in: *The Guardian,* 4.6.2013

20 Sonia Mikich im Interview mit der Autorin

21 Wilfried Urbe, »Doch bloß wieder Stöckelschuh-Safari«, in: *taz,* 8.3.2013

22 Sonia Mikich im Interview mit der Autorin

23 Vgl. Simone Schellhammer, »Sexismus im Fernsehen: Jetzt kommen Sie mir nicht mit Frauenkram!«, Tagesspiegel.de, 6.2.2013, http://www.tagesspiegel.de/medien/sexismus-im-fernsehen-jetzt-kommen-sie-mir-nicht-mit-frauenkram/7739886.html

24 Wilfried Urbe, a. a. O.

25 Regina Ziegler im Interview mit der Autorin

26 Sabine Rückert, »Scharf aufs Leben, Eine emanzipierte Gesellschaft schafft sich im Fernsehen neue Heldinnen – Frauen über 50. Das Stereotyp vom trüben Altern ist gebrochen«, Zeit Online, 1998, http://www.zeit.de/1998/40/199840.frau-im tv_.xml/komplettansicht

27 Ebd.

28 »Ulrike Folkerts: Ich plane, mit Freunden alt zu werden«, in: *Emotion* 7/2009, S. 72

29 »Sophie von Kessel beklagt Rollenmangel für ältere Schauspielerinnen«, 20.9.2012, http://www.t-online.de/regionales/id_59689666/sophie-von-kessel-beklagt-rollenmangel-fuer-aeltere-schauspielerinnen.html

30 Christine Prayon im Interview mit der Autorin

31 »Corinna Harfouch: Wegen Falten verzweifeln? Lächerlich!« Brigitte woman.de, http://woman.brigitte.de/kultur/filme-musik/corinna-harfouch-1049736

32 Regina Ziegler im Interview mit der Autorin

33 Christine Prayon im Interview mit der Autorin

34 Heike Melba Fendel im Interview mit der Autorin

35 Sabine Rückert, a. a. O.

36 Ian J. Griffiths, »Older women unhappy over their portrayal in films, survey shows«, the guardian.com, 28.3.2011, http:/www.guardian.com/film/2011/mar/28/women-unhappy-portrayal-films-survey/print

37 »Corinna Harfouch: Wegen Falten verzweifeln?«, a. a. O.

38 Heike Melba Fendel im Interview mit der Autorin

39 Maria Russo, »Farewell to Youth, but Not Beauty«, in: *The New York Times,* 1.3.2012

40 »Sex ist kein fremder Planet«, Interview mit Oscar-Preisträgerin Meryl Streep, in: *Die Presse am Sonntag,* 23.9.2012, S. 40

41 Bettina Aust, Robin Wright: »Beim Film wird man zur Ware«, DiePresse. com, 12.9.2013, http://diepresse.com/home/kultur/film/1452070/print.do

42 Patrick Heidmann, »Rätselhafter Jugendwahn. Für Isabella Rossellini wäre das Älterwerden eigentlich kein Thema – wenn es nur ihren Job nicht so beeinflussen würde«, in: *Kölner Stadtanzeiger*, 1.9.2012

43 Miriam Nyary, »Alle Frauen, die behaupten, sie lieben ihre Falten, lügen«, in: *Bild am Sonntag*, 20.1.2013

44 Heike Melba Fendel im Interview mit der Autorin

45 *Die Welt*, 26.3.2013, http://www.welt.de/newsticker/news3/article114772635/ Hannelore-Hoger-hatte-Schoenheits-OP.html

46 Regina Ziegler im Interview mit der Autorin

47 Howard Carpendale bei *Lanz*, ZDF, 22.10.2013

48 Heike Melba Fendel im Interview mit der Autorin

49 Wibke Bruhns im Interview mit der Autorin

50 Maren Kroymann im Interview mit der Autorin

Panik und Propaganda

1 Maren Kroymann im Interview mit der Autorin

2 Eva Jaeggi im Interview mit der Autorin

3 Monika Schröder im Interview mit der Autorin

4 Gertrud Backes im Interview mit der Autorin

5 Christine Prayon im Interview mit der Autorin

6 Rüdiger Kunow, a. a. O., S. 29

7 Vgl. ebd.

8 Patrick Heidmann, a. a. O.

9 Vgl. Rüdiger Kunow, a. a. O., S. 29

10 Dagmar Leischow, »›Älterwerden ist ein Geschenk‹«, Interview mit Popstar Nena über Erziehung, persönliche Entfaltung und ihre Rolle als Großmutter, in: *Frankfurter Rundschau*, 15.11.2012, S. 40

11 Colette Dowling, *Frauen im Aufwind. Mit 50 beginnt ein neues Leben*, Frankfurt a. Main 1999, S. 89

12 »Lisa Ortgies zerreißt es: zwischen Mitleid und guten Ratschlägen, zwischen Couperose und Cremetöpfen. Denn, Hilfe: Sie ist 40. Wer weiß Rat?, a. a. O.

13 Adolph Freiherr von Knigge, *Über den Umgang mit Menschen*, Kap. 5, Absatz 9, http://www.zeno.org/Literatur/M/Knigge,+Adolph+Freiherr+von/Schriften/Über+den+Umgang+mit+Menschen/Zweiter+Teil/5.+Kapitel

14 Vgl. Rüdiger Kunow, a. a. O., S. 28

15 Sonia Mikich im Interview mit der Autorin

16 na-presseportal, newsroom *Für Sie*, 30.1.2012, http://www.presseportal.de/

pm/6558/2189628/exklusiv-umfrage-72-prozent-der-frauen-verschweigen-ihr-al-
ter-grund-nachteile-im-job-und-bei-den

17 http://www.fuersie.de/psychologie/persoenlichkeit/artikel/schummeln-
beim-alter

18 Christine Prayon im Interview mit der Autorin

19 Sophia, Klaudine, Paula im Interview mit der Autorin

20 Dazu haben die Glücksforscher, die deutsche Wirtschaftswissenschaftle-
rin Anke Plagnol und der amerikanische Happiness-Forscher Richard Easterlin, zwei Lebensbereiche untersucht: Partnerschaft und Familie sowie Beruf und
Finanzen. Männer sind bereits ab 41 Jahren mit ihren finanziellen Angelegenheiten zufrieden; und die Familie kommt als Glücksfaktor dann noch hinzu. So
ist es zum Beispiel für einen Mann ab 34 wahrscheinlicher als für eine Frau, verheiratet zu sein. Bereits hier lauert also ein Auslöser für das weibliche Unglück.
Man müsse zwar nicht verheiratet sein, um glücklich zu werden, betonen die
Forscher. Aber wenn man es wirklich will und dann nicht bekommt, schlägt
das aufs Gemüt.

21 Wobei die deutschen Wissenschaftler im Gegensatz zu den angelsächsischen nicht von »Happiness« sprechen, sondern nach der Zufriedenheit fragen.

22 Vgl. Ulrich van Suntum, Aloys Prinz, Nicole Uhde, *Lebenszufriedenheit und Wohlbefinden in Deutschland: Studie zur Konstruktion eines Lebens-
zufriedenheitsindikators,* SOEPpapers on Multidisciplinary Panel Data Research
259, Berlin, Januar 2010, http://www.diw.de/documents/publikationen/73/
diw_o1.c.346193.de/diw_sp0259.pdf

23 Stefanie Schramm, »Kann man Glück lernen?«, in: *Zeit Wissen,* 17.9.2013,
S. 26–31

24 Adelheid Müller-Lissner, »Kurven des Glücks«, Zeit Online, 12.10.2009,
http://www.zeit.de/gesellschaft/zeitgeschehen/2009-10/lebenszufriedenheit-
geschlechter

25 Vgl. Robert Koch Institut, Statistisches Bundesamt, *Schwerpunktbericht der
Gesundheitsberichterstattung des Bundes. Gesundheit von Frauen und Männern im
mittleren Lebensalter,* Berlin 2006, S. 19 ff. Der Bericht verweist darauf, dass es
unklar ist, worauf diese Geschlechtunterschiede zurückzuführen sind: »...ob
Frauen ›tatsächlich‹ häufiger unter Beschwerden leiden, oder ob sie eher geneigt
sind, hierüber in Befragungen Auskunft zu geben. Diese unter dem Stichwort
›methodische Artefakte‹ diskutierte Frage verweist darauf, dass Frauen und Männer Beschwerden und Symptome unterschiedlich wahrnehmen und bewerten.«

26 »Die 4-Wochen-Prävalenz einer diagnostisch abgesicherten psychischen Störung beträgt bei 36- bis 45-jährigen Männern 10 Prozent, bei gleichaltrigen Frauen
23 Prozent. In der Altersgruppe der 46- bis 65-Jährigen liegen die Prävalenzraten
bei 14 Prozent bei den Männern und 23 Prozent bei den Frauen.« Vgl. Robert
Koch Institut, Statistisches Bundesamt, *Schwerpunktbericht,* S. 63 f.

27 Adelheid Kuhlmey im Interview mit der Autorin

28 Eva Jaeggi im Interview mit der Autorin

29 Maren Kroymann im Interview mit der Autorin

30 »Ob es mir gelingt, das Altern aufzuhalten?« Aus dem Tagebuch von Elvira Sch., in: *Bleibe jung – damit du alt werden kannst! Älterwerden in Tagebüchern und Erinnerungen,* Deutsches Tagebucharchiv e.V., Zeitreise 14, S. 9 f.

31 Simon de Beauvoir, *Das Alter,* S. 6

32 Simone de Beauvoir, *Der Lauf der Dinge,* Hamburg, 24. Auflage 2008, S. 621

33 Ebd., S. 271

34 Ebd., S. 621

35 Ebd.

36 Simone de Beauvoir, *Das andere Geschlecht,* Hamburg 1979, S. 551

37 Ebd.

38 Ebd., S. 554 f.

39 Ebd., S. 556

40 Simon de Beauvoir, *Das Alter,* S. 18

41 Vgl. Roberta Maierhofer, *Salty Old Women,* S. 116

42 Vgl. Simon de Beauvoir, *Das Alter,* S. 460 ff.

43 Vgl. dazu Bascha Mika, *Alice Schwarzer. Eine kritische Biographie,* Reinbek bei Hamburg 1999, S. 61 ff.

44 Vgl. Stefanie Schramm, a. a. O., S. 26–31

Liebe und Lebenselixier

1 Zitiert nach: Britta Claus, a. a. O., S. 272

2 Vgl. Colette Dowling, a. a. O., S. 139

3 Klaudine, Sophia und Paula im Interview mit der Autorin

4 Vgl. dazu Eva Illouz, a. a. O., S. 266 ff.

5 Vgl. »Adieu, Dominique, Ehefrau verlässt Strauss-Kahn«, Stern.de, 29.6.2012, http://www.stern.de/panorama/ehefrau-verlaesst-strauss-kahn-adieu-dominique-1848032.html

6 Eva Illouz, a. a. O., S. 269

7 Ebd.

8 Jessica Benjamin, *Die Fesseln der Liebe. Psychoanalyse, Feminismus und das Problem der Macht,* Basel/Frankfurt a. Main 1990, S. 78

9 Evelyn Holst, »Frauen wollen Ziegen sein«, emotion.de, http://www.emotion.de/de/page.aspx/4501/evelyn-holst/kolumne-holst-aelterwerden

10 Vgl. Britta Claus, a. a. O., S. 267 ff.

11 Vgl. Bundesministerium für Familie, Senioren, Frauen und Jugend, *Frauen in Führungspositionen. Barrieren und Brücken,* Berlin 2010, S. 48

12 Statistisches Bundesamt, Statistisches Jahrbuch 2013, S. 49

13 Mit dieser Frage haben sich die Wissenschaftler vom Sozio-oekonomi-

schen Panel beschäftigt; seit 1983 machen sie eine repräsentative Langzeitstudie in Deutschland und befragen die gleichen 11 000 Haushalte über Einkommen, Erwerbstätigkeit, Bildung oder Gesundheit.

14 Wolfgang Hess, Cornelia Varwig, »Glücklich durch Heirat – aber nur für ein Jahr«, in: *Bild der Wissenschaft*, 17. September 2013, S. 71 ff.

15 Statistisches Bundesamt (Hrsg.), *Frauen in Deutschland 2006*, Wiesbaden 2006, S. 39 f.

16 Darren Star, *Sex and the City*, Pro7 2001–2005, Staffel 1, Serienfolge 1, zitiert nach Britta Claus, a. a. O., S. 273

17 Statistisches Bundesamt, *Frauen in Deutschland*, S. 39 f.

18 Vgl. *Der Spiegel Wissen*, »Liebe. Was Paare zusammenhält«, Mai 2012, S. 49

19 Vgl. »Online dating leaves middle-aged women in ›single wilderness‹«, a. a. O.

20 Heike Melba Fendel im Interview mit der Autorin

21 Vgl. Florian Zerfass, »Digitale Kampfarena«, in: *Der Spiegel Wissen*, »Liebe. Was Paare zusammenhält«, Mai 2012, S. 65

22 Jörg Böckem, »Darf ich in dein Herz?«, in: *Der Spiegel Wissen*, »Liebe. Was Paare zusammenhält«, Mai 2012, S. 72 f.

23 Ebd., S. 72

24 Vgl. »Online dating leaves middle-aged women in ›single wilderness‹«, a. a. O.

25 *Zeit Magazin*, Nr. 16, 11. April 2013, S. 57

26 Ebd., S. 58

27 Colette Dowling beschreibt, dass Frauen nicht nur Verlust-, sondern auch Versagensgefühle haben, wenn sie ohne Mann leben. Colette Dowling, a. a. O., S. 144 ff.

28 Heike Melba Fendel im Interview mit der Autorin

29 Vgl. dazu Eva Illouz, a. a. O., S. 234 ff.

30 Das Sozio-oekonomische Panel hat in seinen Untersuchungen herausgefunden, dass verheiratete Menschen glücklicher sind als unverheiratete, vor allem im ersten Jahr nach der Hochzeit. Doch selbst wenn sie nach zwölf Monaten wieder auf ihr früheres Zufriedenheitsniveau abfallen, sind sie noch immer zufriedener als Ledige. Der Pferdefuß nur: Das Sozio-oekonomische Panel ist eine Langzeitstudie. So konnten die Forscher feststellen, dass die glücklich Verheirateten bereits als Single ziemlich zufrieden waren. Daraus zogen die Wissenschaftler den Schluss: Zufriedene Menschen heiraten eher als unzufriedene und bleiben dann auch in der Ehe glücklicher. Vgl. Wolfgang Hess, Cornelia Varwig, a. a. O., S. 71 ff.

31 Vgl. Eva Illouz, a. a. O., S. 308; Bascha Mika, *Die Feigheit der Frauen. Rollenfallen und Geiselmentalität*, München 2011, S. 31 ff.

32 Eva Illouz, a. a. O., S. 308

33 Ebd., S. 427

34 Heike Melba Fendel im Interview mit der Autorin

35 Vgl. zum Folgenden auch: Eva Illouz, a. a. O., S. 208 ff.

36 Johann Wolfgang von Goethe, *Die Leiden des jungen Werther, in: Goethes Werke,* hrsg. von Chr. Christiansen, Gutenberg-Verlag, Wien/Hamburg/Budapest/Zürich, S. 239

37 Stefanie Schramm, a. a. O., S. 26–31

Werte und Wirtschaft

1 Ilona im Interview mit der Autorin

2 »Reich werden für Anfängerinnen«, in: *Reutlinger General-Anzeiger,* 22.1.2013

3 Ursula Kals, »Informierte Frauen sind risikofreudiger«, Gespräch mit Helma Sick, Betriebswirtin und Finanzberaterin für Frauen in: *Frankfurter Allgemeine Zeitung,* Beruf & Chance, 13.11.2010

4 Ebd.

5 »Mehr als Intuition. Was Frauen und Männer bei der Geldanlage unterscheidet«, Beilage der *Süddeutschen Zeitung,* 19.4.2012

6 Forum: Helma Sick, Finanzberaterin für Frauen, im Gespräch mit Isabella Schmid, 3.4.2003, BR-Online

7 Ebd.

8 Klaudine, Sophia und Paula im Interview mit der Autorin

9 AFP, OECD-Studie: Renten von Frauen deutlich niedriger als von Männern, DVBP2293rT4DEUafp 17.12.2012

10 Gertrud Backes im Interview mit der Autorin

11 Forum: Helma Sick, Finanzberaterin für Frauen, im Gespräch mit Isabella Schmid, 3.4.2003, BR-Online

12 Vgl. Helga Stephan, Eberhard Wiedemann, »Lohnstruktur und Lohndifferenzierung in der DDR«, in: *Mitteilungen aus der Arbeitsmarkt- und Berufsforschung,* 23. Jg., 1990, S. 550 ff., http://doku.iab.de/mittab/1990/1990_4_mittab_stephan_wiedemann.pdf

13 Vgl. Ulrich van Suntum, Aloys Prinz, Nicole Uhde, *Lebenszufriedenheit und Wohlbefinden in Deutschland,* a. a. O.

14 Institut für Demoskopie Allensbach, »Wenn Frauen vom Glück träumen«. Eine Umfrage für *Bella,* Allensbach, 8.6.1995

15 Simone im Interview mit der Autorin

16 Bundesministerium für Familie, Senioren, Frauen und Jugend, *Perspektive Wiedereinstieg. Ziel, Motive und Erfahrungen von Frauen vor, während und nach dem beruflichen Wiedereinstieg,* Berlin 2010, S. 16

17 Ebd., S. 10

18 Ebd., S. 17 f.

19 Forum: Helma Sick, Finanzberaterin für Frauen, im Gespräch mit Isabella Schmid, 3.4.2003, BR-Online

20 Bundesministerium für Familie, Senioren, Frauen und Jugend, *Perspektive Wiedereinstieg,* S. 19 f.

21 Ebd., S. 20

22 Ebd., S. 17

23 Vgl. Saskia Fee-Bender, »Age-Gender-Diversity – Barrieren und Perspektiven für die Chancengleichheit älterer Frauen in der Arbeitswelt«, in: Birgit Blättel-Mink, *Doing Aging,* S. 141

24 Gertrud Backes im Interview mit der Autorin

25 Catherine Hakim, *Erotisches Kapital. Das Geheimnis erfolgreicher Menschen,* Frankfurt a. Main 2011, S. 9

26 Vgl. Saskia Fee-Bender, a. a. O., S. 144

27 na-presseportal, newsroom *Für Sie,* 30.1.2012, http://www.presseportal.de/pm/6558/2189628/exklusiv-umfrage-72-prozent-der-frauen-verschweigen-ihr-alter-grund-nachteile-im-job-und-bei-den

28 »Die geringere Zugehörigkeit von Frauen zur Berufswelt begründe also ihre geringere Teilnahme an und Beachtung bei der beruflichen und besonders bei der betrieblichen Weiterbildung – und das wiederum bedinge ihre geringeren Chancen im Beruf.« Angelika Puhlmann, »Eine Frage der Zeit – die älteren Frauen und die Weiterbildung«, in: Birgit Blättel-Mink, *Doing Aging,* S. 120

29 Angelika Puhlmann, a. a. O., S. 120

30 Vgl. Bundesministerium für Familie, Senioren, Frauen und Jugend, *Frauen in Führungspositionen,* S. 30 ff.

31 Ebd., S. 7

32 Sheryl Sandberg, »Frauen seid nicht so demütig!«, in: *Frankfurter Allgemeine Zeitung,* 20.4.2013, http://www.faz.net/aktuell/wirtschaft/menschen-wirtschaft/sheryl-sandberg-frauen-seid-nicht-so-demuetig-12156302.html

33 »Wir Frauen müssen an uns glauben«, Zeit online, 19.4.2013, http://www.zeit.de/karriere/beruf/2013 -04/interview-sheryl-sandberg

34 Vgl. Bundesministerium für Familie, Senioren, Frauen und Jugend, *Managerinnen 50plus: Karrierekorrekturen beruflich erfolgreicher Frauen in der Lebensmitte,* Berlin 2011

35 Bundesministerium für Familie, Senioren, Frauen und Jugend, *Frauen in Führungspositionen,* S. 32

36 Ebd., S. 31

37 Vgl. Barbara Riedmüller, Ulrike Schmalreck, *Die Lebens- und Erwerbsverläufe von Frauen im mittleren Lebensalter. Wandel und rentenpolitische Implikation,* Berlin 2012, S. 64 ff.

38 Hier geht es um Mütter im Alter zwischen 25 und 54 Jahren, vgl. AFP, OECD-Studie: Renten von Frauen deutlich niedriger als von Männern, DVB-P2293rT4DEUafp, 17.12.2012

39 Vgl. Barbara Riedmüller, Ulrike Schmalreck, *Die Lebens- und Erwerbsverläufe von Frauen,* S. 11

40 Ebd., S. 20

41 Maren Kroymann im Interview mit der Autorin

42 »Altersarmut: Frauen als Vorsorgemuffel«, Aspect Online. Wir vergleichen, 16.11.2010, http://www.aspect-online.de/artikel/altersarmut-frauen-als-vorsorge-muffel/

43 Vgl. Barbara Riedmüller, Ulrike Schmalreck, *Die Lebens- und Erwerbsver-läufe von Frauen*, S. 75 ff.

44 Vgl. ebd., S. 17 und S. 19

45 Vgl. ebd., S. 91

46 Vgl. ebd., S. 13

47 Vgl. ebd., S. 12 f.

48 Forum: Helma Sick, Finanzberaterin für Frauen, im Gespräch mit Isabella Schmid, 3.4.2003, BR-Online

49 »Reich werden für Anfängerinnen«, in: *Reutlinger General-Anzeiger*, 22.1.2013

50 Helene im Interview mit der Autorin

51 Bundesministerium für Familie, Senioren, Frauen und Jugend, *Perspektive Wiedereinstieg*, S. 10

52 Ebd., S. 10

53 Ebd., S. 12

54 Ebd., S. 14 und S. 45

55 Ebd., S. 39

56 Ebd., S. 13

57 Vgl. Volker Heise, »Mittel gegen das Empty-Nest-Syndrom«, in: *Berliner Zeitung*, 24.9.2013

58 Bundesministerium für Familie, Senioren, Frauen und Jugend, *Perspektive Wiedereinstieg*, S. 13

59 Monika Schröder im Interview mit der Autorin

60 Vgl. Saskia Fee-Bender, a. a. O., S. 146

61 Die Pflege von alten Menschen ist mit ein Grund, warum so viele Frauen, die in den mittleren Jahren berufstätig sind, einen Teilzeitjob haben. Auffällig ist, dass der Anteil an Teilzeitjobs in der Altersgruppe der 40- bis 54-jährigen Frauen bei über 50 Prozent liegt und sich auch in der Altersgruppe darüber nicht verändert. Bei den Minijobs zeigt sich das gleiche Bild, auch hier finden sich verstärkt Frauen ab dem mittleren Alter. Vgl. Barbara Riedmüller, Ulrike Schmalreck, *Die Lebens- und Erwerbsverläufe von Frauen*, S. 11 ff.

62 Robert Koch Institut, Gesundheitsberichterstattung des Bundes

Wirren und Wandel

1 *Klimawechsel,* Miniserie nach der Idee von Doris Dörie, 1. Folge: Das Chaos beginnt, ZDF, 7.10.2010

2 Barbara Gärtner, »Die späten Mädchen. Was passiert mit Frauen um die 50?« Süddeutsche.de, 7.10.2010, http://www.sueddeutsche.de/medien/zdf-serie-klimawechsel-die-spaeten-maedchen-1.24609

3 Vgl. dazu auch Milena Moser, »Frauen sprechen über Wechseljahre – endlich!«, in: *Brigitte woman,* 7.4.2009

4 »Tabuthema Wechseljahre«, *Brigitte woman,* Heft 3/2007

5 Sabine Hamm, Ursula Meiners, *Wechseljahre: Abschied und Neubeginn,* S. 31

6 Klaudine, Sophia und Paula im Interview mit der Autorin

7 Ebd.

8 Selbst die berühmte Äbtissin Hildegard von Bingen, bis heute wegen ihrer Pflanzenheilkunde vor allem bei Frauen geschätzt, äußerte sich nicht gerade freundlich über die Biologie des Weibes; der »Fluss der Begierde« sei schuld, dass die weiblichen »Gefässe dem Blutstrom geöffnet« würden, schrieb sie. Das haben wir nun davon, dass Eva sich im Paradies mit der Schlange eingelassen hat. Wäre die Frau ohne Sünde geblieben, wäre sie heute noch heil. Vgl. Esther Fischer-Homberger, a. a. O., S. 39 f.

9 Noch in den 1940er Jahren brachte der amerikanische Autor Philip Wylie eine Essay-Sammlung mit dem reizenden Titel: *Generations of Vipers* heraus, die prompt zum Bestseller wurde. »Nie zuvor hat eine große Nation tapferer, von Träumen beseelter Männer zerstreut eine riesige Klasse müßiger Frauen in der Lebensmitte geschaffen«, schrieb Wylie. Er beschimpfte »die Hitzewallungen, den Infantilismus, das Weinen, die Sentimentalität, die eigenartigen Gelüste und das ganze Arsenal von Tricks, Schlichen, Listen und subalternem Götzendienst« der Frau in den Wechseljahren. Vgl. Philip Wylie, *Generations of Vipers,* New York 1942, zitiert nach: Colette Dowling, a. a. O., S. 105

10 Vgl. Esther Fischer-Homberger, a. a. O., S. 53 ff.

11 Vgl. Roberta Maierhofer, a. a. O., S. 41 f.

12 Vgl. Esther Fischer-Homberger, a. a. O., S. 53 ff.

13 Vgl. Esther Fischer-Homberger, a. a. O., S. 68. *Krankheit Frau* war ein bahnbrechendes medizingeschichtliches Werk, das die Debatte um den Umgang mit dem weiblichen Körper und die feministische Sicht darauf entscheidend beeinflusste.

14 Monika Schröder im Interview mit der Autorin

15 »Prominente späte Mütter«, Brigitte.de, http://woman.brigitte.de/leben-lieben/familie/prominente-spaete-muetter-1067304/?image=3

16 Der Arbeitskreis ist ein Verband kritischer Gynäkologinnen, der sich in den 1980er Jahren gegründet hat, um das Ausschlachten des weiblichen Körpers anzuprangern. Damals lief die Metzelei wie am Schnürchen. Drei Chefärzte gro-

ßer Kliniken hatten sich an die Spitze der Bewegung gesetzt; sie hielten Totaloperationen bei jeder Frau grundsätzlich für angebracht. Sicherheitshalber sozusagen, weil die Gebärmutter ja ein »nutzloses Reproduktionsorgan« sei, wenn eine Frau schon Kinder habe. Aber auch die Angst vor einer Schwangerschaft oder vor Krebs reichte ihnen bereits für den Eingriff. Frauen würden sich doch anschließend regelrecht befreit fühlen, meinten die Weißkittel. Zudem erschien ihnen die Verstümmelung noch aus einem weiteren Grund vorteilhaft: »Die Frau verschließt sich dem Mann auch nicht mehr zu bestimmten Zeiten, etwa in Pillenpausen oder während der Menstruation. Intimkontakt ist ständig möglich.« Vgl. »Nutzloses Organ. Die operative Entfernung der Gebärmutter erlebt einen ›ungeahnten Boom‹« – wem nützt das?«, in: *Der Spiegel*, 7/1981

17 Doch nur bei einem Bruchteil der Frauen, die auf den OP-Tisch landen, lautet die Diagnose auf bösartigen Tumor. Dabei können die Folgen eines solchen Eingriffs alles andere als harmlos sein. Der Katalog reicht von schmerzhaften Verwachsungen bis zu Blaseninkontinenz, von Depressionen bis zu sexuellen Problemen, von Störungen des Hormonhaushalts bis zum tödlichen Ausgang der Operation.

18 Franz Wittig, »Operieren, bis die Kasse stimmt. Pfusch an der Frau«, Sendung des SWR-Fernsehens, 7.4.2011

19 Vgl. »Nutzloses Organ«, a. a. O. Damals hatten Propaganda und ein erzeugter Angstdruck großen Erfolg. Anfang der Achtzigerjahre konnten sich Gynäkologen rühmen, fünfmal so viele Frauen von ihrem Sexualorgan befreit zu haben wie noch zehn Jahre zuvor. Und es dauerte eine ganze Zeit, bis die Kritik an diesen Praktiken öffentlich Gehör fand und zu einer Veränderung führte. Erst ab den Neunzigerjahren wurden Totaloperationen weniger.

20 Franz Wittig, a. a. O.

21 Sabine Hamm, Ursula Meiners, *Wechseljahre: Abschied und Neubeginn*, S. 11

22 Ebd., S. 19

23 Siri Hustvedt, *Der Sommer ohne Männer*, S. 138

24 Vgl. Sabine Hamm, Ursula Meiners, *Wechseljahre: Abschied und Neubeginn*, S. 31 ff.

25 Sabine Hamm und Ursula Meiners sind der Ansicht, dass Mutterrolle und die Haltung zu den Wechseljahren sehr eng zusammenhängen. Wer sich jenseits von Mutterschaft und Kindererziehung kein Leben vorstellen könne, werde auch den Übergang in eine andere Phase nur widerwillig meistern, meinen sie. Zusammengefasst lautet die These der Autorinnen: Je traditioneller das Rollenmuster, desto heftiger die Beschwerden während der Wechseljahre. Vgl. Sabine Hamm, Ursula Meiners, *Wechseljahre: Abschied und Neubeginn*, S. 31 ff.

26 Vgl. Sabine Hamm, Ursula Meiners, *Wechseljahre: Abschied und Neubeginn*, S. 37

27 pro familia Deutsche Gesellschaft für Familienplanung, Sexualpädagogik

und Sexualberatung e. V., *Wechseljahre – ein neuer Lebensabschnitt,* Frankfurt a. Main, 3. Auflage 2008

28 Adelheid Kuhlmey im Interview mit der Autorin

29 Monika Schröder im Interview mit der Autorin

30 Bettina im Interview mit der Autorin

31 Adelheid Kuhlmey im Interview mit der Autorin

32 Diese – nach eigenen Angaben – informelle Expertenvereinigung machte für eine angeblich nur locker organisierte Gruppe von Wissenschaftlern jahrzehntelang erstaunliche Lobbyarbeit.

33 pro familia, *Wechseljahre,* a. a. O.

34 »Pro und Contra. Wechseljahre: Hormontherapie oder lieber nicht?« Ein Streitgespräch über die Vor- und Nachteile der Hormontherapie während der Wechseljahre. Moderation: Irene Stratenwerth, in: *Brigitte woman,* 7.6.2005

35 Entsprechend wird auf der aktuellen Website der Menopause Gesellschaft beschwörend die »Bedeutung der Hormonsubstitution für die Leistungsfähigkeit und Lebensqualität« von Millionen Frauen in den Wechseljahren angepriesen. Und darauf gepocht, dass »angesichts der öffentlichen Kampagne gegen die Hormonsubstitution eine sachgerechte Darstellung der tatsächlichen Risiken und Vorteile einer Östrogenbehandlung dringend notwendig« sei. Vgl. http://www.menopause-gesellschaft.de/start.htm

36 »Pro und Contra. Wechseljahre: Hormontherapie oder lieber nicht?«, a. a. O.

37 pro familia, *Wechseljahre,* a. a. O.

38 Sabine Hamm und Ursula Meiners betrachten es als Riesenskandal, dass die Menopause als krankmachend gilt und mit Medikamenten bekämpft wird. »Es gibt keine Vorbilder, keine Modelle und auch keine Traditionen, wie Frauen in unserer Gesellschaft mit ihren Wechseljahren positiv und produktiv umgehen können«, schreiben sie. »Es gibt nur eine medizinische Sicht auf die Dinge, und die sieht das Klimakterium ausschließlich als gesundheitliches Risiko, das man – Gott sei's gelobt – behandeln kann und muss.« Vgl. Sabine Hamm, Ursula Meiners, *Wechseljahre: Abschied und Neubeginn,* S. 31

39 Monika Schröder im Interview mit der Autorin. Antidepressiva werden ständig angeboten. Es gibt Ärzte aller medizinischen Fachrichtungen, die eine Frau in mittleren Jahren mit Beschwerden sehen und ihr prompt Stimmungsaufheller verordnen wollen.

40 Monika Schröder im Interview mit der Autorin

41 Eva Illouz, a. a. O., S. 149

42 Monika Schöder im Interview mit der Autorin

43 Vgl. Julia Merlot, »Testosteron mit Pfefferminzgeschmack. Pharma-Tests für Frauen-Lustpille«, Spiegel Online, 29.8.2013, http://www.spiegel.de/gesundheit/sex/lustpille-fuer-die-frau-pharmafirmen-wollen-libido-steigern-a-911484-druck.html

44 Monika Schröder im Interview mit der Autorin

45 Joachim Strienz im Interview mit der Autorin

46 Joachim Strienz im Interview mit der Autorin

47 Joachim Strienz im Interview mit der Autorin

48 Jörg Blech, »Männer in der Menopause«, in: *Der Spiegel,* 35/2013, S. 117

49 Ebd., S. 116–118

50 Ebd., S. 116

Schönheit und Scham

1 David und Paul im Interview mit der Autorin

2 Maren Kroymann im Interview mit der Autorin

3 Maike und Uta im Interview mit der Autorin

4 Naomi Wolf, *Der Mythos Schönheit,* Reinbek bei Hamburg 1993, S. 14

5 Ebd., S. 12

6 Vgl. Ada Borkenhagen, Elmar Brähler (Hrsg.), *Intimmodifikationen, Spielarten und ihre psychosozialen Bedeutungen,* Gießen 2010, S. 7

7 Julia im Interview mit der Autorin

8 Annett im Interview mit der Autorin

9 Eva Illouz, a. a. O., S. 84 f.

10 Ebd., S. 84 ff.

11 Gertrud Backes im Interview mit der Autorin

12 Eva Illouz, a. a. O., S. 103 f.

13 Ebd., S. 86

14 Vgl. ebd., S. 88 f.

15 Ebd., S. 84 ff.

16 Vgl. Paul Philipp Hanske, »Schamlos«, in: *Süddeutsche Zeitung Magazin,* 22.11.2013

17 Anna-Maria im Interview mit der Autorin

18 Klaudine, Paula und Sophia im Interview mit der Autorin

19 Vgl. Nadine Ahr, »Schöner, als die Natur erlaubt«, Zeit Online, 10.11.2012, http://www.zeit.de/2012/45/DOS-Schoenheitswahn

20 Vgl. Christoph Ruhkamp, »Wenn Wanderärzte Botox spritzen« faz.net, 26.6.2012, http://www.faz.net/aktuell/wirtschaft/schoenheitschirurgie-wenn-wanderaerzte-botox-spritzen-11798765.html

21 Vgl. http://de.statista.com/themen/1058/schoenheitsoperationen

22 Vgl. Ada Borkenhagen im Interview mit der Autorin

23 Vgl. Werner Bartens, »Der Nächste bitte, Orangenhaut – die erfundene Krankheit«, süddeutsche.de, 27.5.2013, http://www.sueddeutsche.de/gesundheit/der-naechste-bitte-cellulite-1.1680172

24 Paul Philipp Hanske, a. a. O.

25 Vgl. ebd.

26 Vgl. Ada Borkenhagen im Interview mit der Autorin

27 Vgl. Ada Borkenhagen, Elmar Brähler, *Intimmodifikationen*, S. 97 ff.

28 Ada Borkenhagen im Interview mit der Autorin

29 Ada Borkenhagen im Interview mit der Autorin

30 Ada Borkenhagen im Interview mit der Autorin

31 Ada Borkenhagen im Interview mit der Autorin

32 Ada Borkenhagen im Interview mit der Autorin

Auswahlbibliografie

Alter und Altern, Aus Politik und Zeitgeschichte, 49-50/2005.

Alternde Gesellschaft, Aus Politik und Zeitgeschichte, 4–5/2013.

Amann, Anton/Kolland, Franz (Hg.): *Das erzwungene Paradies des Alters? Fragen an eine kritische Gerontologie,* Wiesbaden 2008.

Badinter, Elisabeth: *Ich bin Du. Die neue Beziehung zwischen Mann und Frau – oder: Die androgyne Revolution.* Aus dem Französischen von Friedrich Griese, München 1987.

de Beauvoir, Simone: *Das Alter.* Essay, Reinbek bei Hamburg 1972.

de Beauvoir, Simone: *Das andere Geschlecht. Sitte und Sexus der Frau* (französische Originalausgabe 1949), Reinbek bei Hamburg 1968.

de Beauvoir, Simone: *Der Lauf der Dinge,* Reinbek bei Hamburg 1966, 24. Auflage 2008.

Benjamin, Jessica: *Die Fesseln der Liebe. Psychoanalyse, Feminismus und das Problem der Macht,* Basel/Frankfurt am Main 1990.

Berner, Frank/Rossow, Judith/Schwitzer, Klaus-Peter (Hg.): *Altersbilder in der Wirtschaft, im Gesundheitswesen und in der pflegerischen Versorgung. Expertisen zum Sechsten Altenbericht der Bundesregierung.* Band 2, Wiesbaden 2012.

Bischoff, Sonja: *Wer führt in (die) Zukunft? Männer und Frauen in Führungspositionen der Wirtschaft in Deutschland – die 5. Studie,* Bielefeld 2010.

Blättel-Mink, Birgit/Kramer, Caroline (Hg.): *Doing Aging – Weibliche Perspektiven des Älterwerdens,* Baden-Baden 2009.

Borkenhagen, Ada/Brähler, Elmar (Hg.): *Intimmodifikationen. Spielarten und ihre psychosozialen Bedeutungen,* Gießen 2010.

Bourdieu, Pierre: *Die feinen Unterschiede. Kritik der gesellschaftlichen Urteilskraft,* Frankfurt am Main 1987, 10. Auflage 1998.

Bovenschen, Silvia: *Älter werden. Notizen,* Frankfurt am Main 2006.

Buchen, Sylvia/Maier, Maja S. (Hg.): *Älterwerden neu denken: Interdisziplinäre Perspektiven auf den demografischen Wandel,* Wiesbaden 2008.

Bundesministerium für Familie, Senioren, Frauen und Jugend: *Frauen in Führungspositionen – Barrieren und Brücken*, Berlin 2010.

Bundesministerium für Familie, Senioren, Frauen und Jugend: *Perspektive Wiedereinstieg. Ziele, Motive und Erfahrungen von Frauen vor, während und nach dem beruflichen Wiedereinstieg*, Berlin 2010.

Bundesministerium für Familie, Senioren, Frauen und Jugend: Sechster Bericht zur Lage der älteren Generation in der Bundesrepublik Deutschland – Altersbilder in der Gesellschaft, Berlin 2010.

Butler, Judith: *Das Unbehagen der Geschlechter,* Frankfurt am Main 1991.

Butler, Judith: *Psyche der Macht. Das Subjekt der Unterwerfung,* Frankfurt am Main 2001.

Buttkewitz, Uta: »Der ›spielerische‹ Umgang mit dem Alter – die Kategorie Alter als kommunikatives und soziales Konstrukt«, in: *WISSENSCHAFT in progress* 1.08, S. 7–22.

Clough, Patricia: *Vom Vergnügen, eine ältere Frau zu sein,* München 2012.

Derra, Julia Maria: *Das Streben nach Jugendlichkeit in einer alternden Gesellschaft. Eine Analyse altersbedingter Körperveränderungen in Medien und Gesellschaft,* Baden-Baden 2012.

Die Frau von morgen wie wir sie wünschen. Eine Essaysammlung aus dem Jahre 1929. Mit Beiträgen von Max Brod bis Stefan Zweig und einem Essay zur Ausgabe von Silvia Bovenschen, Frankfurt am Main 1990.

Dompke, Christoph: *Alte Frauen in schlechten Filmen. Vom Ende großer Filmkarrieren,* Hamburg 2012.

Dowling, Colette: *Frauen im Aufwind. Mit 50 beginnt ein neues Leben,* Frankfurt am Main 1999.

van Dyk, Silke / Lessenich, Stephan (Hg.): *Die jungen Alten. Analysen einer neuen Sozialfigur,* Frankfurt am Main 2009.

Ehlers, Hella / Linke, Gabriele / Rudlof, Beate / Trappe, Heike (Hg): *Geschlecht – Generation – Alter(n). Geistes- und sozialwissenschaftliche Perspektiven,* Berlin 2011.

Fischer-Homberger, Esther: *Krankheit Frau. Zur Geschichte der Einbildungen,* Frankfurt am Main 1984.

Friedan, Betty: *The Fountain of Age,* New York 1993.

Gebhardt, Miriam: *Alice im Niemandsland. Wie die deutsche Frauenbewegung die Frauen verlor,* München 2012.

Geissler, Christa / Held, Monika: *Die Generation Plus lebt ihre Zukunft. Der Aufbruch der Alten – Gespräche, Reportagen und Porträts,* Berlin 2007.

Gerster, Petra: *Reifeprüfung. Die Frau von 50 Jahren,* Berlin 2007.

von Gienanth, Lo: *Was heißt hier alt? Anstiftung zum Eigensinn,* München 2008.

Greer, Germaine: *The Change: Women, Aging and the Menopause,* New York 1993.

Greer, Germaine: *Die ganze Frau. Körper – Geist – Liebe – Macht,* München 2000.

Gruss, Peter: *Die Zukunft des Alterns. Die Antwort der Wissenschaft.* Ein Report der Max-Planck-Gesellschaft, München 2007.

Haen, Renate: *Das Zicken-Prinzip. Der weibliche Weg zu Ruhm und Glück,* München 2000.

Hakim, Catherine: *Erotisches Kapital. Das Geheimnis erfolgreicher Menschen,* Frankfurt am Main 2011.

Hamm, Sabine / Meiners, Ursula: *Wechseljahre: Abschied und Neubeginn. Was Frauen über Menopause und Klimakterium wissen sollten,* Leipzig 2013.

Hardwick, Elisabeth: *Verführung und Betrug. Frauen und Literatur.* Essays (amerikanisches Original 1974), Frankfurt am Main 1986.

Hartung, Heike (Hg.): *Alter und Geschlecht. Repräsentationen, Geschichten und Theorien des Alter(n)s,* Bielefeld 2005.

Hartung, Heike / Maierhofer, Roberta (Hg.): *Narratives of Life: Mediating Age.* Aging Studies in Europe, Band 1, Wien/Berlin 2009.

Haug, Frigga (Hg.): *Historisch-kritisches Wörterbuch des Feminismus.* Band 1: Abtreibung bis Hexe, Hamburg 2003.

Heidkamp, Konrad: *Sophisticated Ladies. Junge Frauen über 50,* Reinbek bei Hamburg 2003.

Hellmich, Elisabeth: *Forever young? Die Unsichtbarkeit alter Frauen in der Gegenwartsgesellschaft,* Wien 2007.

Herwig, Henriette (Hg.): *Alterskonzepte in Literatur, bildender Kunst, Film und Medizin,* Freiburg i. Br./Berlin/Wien 2009.

Hoffmann, Hilmar (Hg.): *Jugendwahn und Altersangst.* Mit Beiträgen von E. Blanco Cruz, I. Fetscher, E. Fried u. v. a., Frankfurt a. Main 1988.

Horney, Karen: *Die Psychologie der Frau,* Frankfurt a. Main 1994.

Hustvedt, Siri: *Der Sommer ohne Männer.* Roman, Reinbek bei Hamburg 2011.

Hustvedt, Siri: *What I Loved,* London 2003.

Illouz, Eva: *Warum Liebe weh tut. Eine soziologische Erklärung,* Berlin 2011.

Irving, John: *A Widow for One Year,* New York 1998.

Jaeggi, Eva: *Alte Liebe rostet schön. Was Paare zusammenhält,* Freiburg i. Br. 2013.

Jaeggi, Eva: *Viel zu jung, um alt zu sein. Das neue Lebensgefühl ab sechzig,* Reinbek bei Hamburg 1996.

Klindworth, Gisela: *Älterwerden. Lebenslaufkrisen von Frauen,* Bielefeld 1988.

Kollewe, Carolin / Schenkel, Elmar (Hg.): *Alter: unbekannt. Über die Vielfalt des Älterwerdens. Internationale Perspektiven,* Bielefeld 2011.

von der Leyen, Marie-Luise: *Lebenslinien. Außergewöhnliche Persönlichkeiten erzählen übers Älterwerden,* München 2006.

Maierhofer, Roberta: *Salty Old Women. Eine anokritische Untersuchung zu Frauen, Altern und Identität in der amerikanischen Literatur,* Essen 2003.

McRobbie, Angela: *Top Girls. Feminismus und der Aufstieg des neoliberalen Geschlechterregimes,* Wiesbaden 2010.

Mehlmann, Sabine / Ruby, Sigrid (Hg.): *»Für Dein Alter siehst Du gut aus!« Von der Un/Sichtbarkeit des alternden Körpers im Horizont des demographischen Wandels. Multidisziplinäre Perspektiven,* Bielefeld 2010.

Mika, Bascha: *Die Feigheit der Frauen. Rollenfallen und Geiselmentalität. Eine Streitschrift wider den Selbstbetrug,* München 2011.

Mitscherlich-Nielsen, Margarete: *Die Radikalität des Alters. Einsichten einer Psychoanalytikerin,* Frankfurt am Main 2011.

Moscati, Antonella: *Fast eine Ewigkeit.* Aus dem Italienischen von Maja Pflug, München 2007.

Nick, Désirée: *Gibt es ein Leben nach fünfzig? Mein Beitrag zum Klimawandel,* Berlin 2011.

Niejahr, Elisabeth: *Alt sind nur die anderen. So werden wir leben, lieben und arbeiten,* Frankfurt am Main 2004.

Penny, Laurie: *Fleischmarkt. Weibliche Körper im Kapitalismus,* Hamburg 2012.

Opaschowki, Horst W. / Reinhardt, Ulrich: *Altersträume. Illusion und Wirklichkeit,* Darmstadt 2007.

Pasero, Ursula / Backes, Gertrud M. / Schroeter, Klaus R. (Hg.): *Altern in Gesellschaft. Ageing – Diversity – Inclusion,* Wiesbaden 2007.

Polt-Heinzl, Evelyne (Hg.): *Frauen beschimpfen Frauen,* Leipzig 1997.

Riedmüller, Barbara / Schmalreck, Ulrike: *Die Lebens- und Erwerbsverläufe von Frauen im mittleren Lebensalter. Wandel und rentenpolitische Implikation,* Berlin 2012.

Rosin, Hanna: *Das Ende der Männer und der Aufstieg der Frauen,* Berlin 2012.

Saake, Irmhild: *Die Konstruktion des Alters. Eine gesellschaftstheoretische Einführung in die Alternsforschung,* Wiesbaden 2006.

Sander, Helke: *Der letzte Geschlechtsverkehr und andere Geschichten über das Altern,* München 2011.

Schlaffer, Hannelore: *Das Alter. Ein Traum von Jugend,* Frankfurt am Main 2003.

Seyfahrt, Kathrin: *Der Traum von der jungen Figur. Ess-Störungen in der Lebensmitte,* München 2003.

Sick, Helma / Fritz, Renate: *Schöne Aussichten: Keine Angst vorm Alter! Wie Frauen finanziell am besten vorsorgen,* München 2010.

Sontag, Susan: »The Double Standard of Aging«, in: *Saturday Review of The Society,* 23.9.1972, S. 29–38.

Stämpfli, Regula: *Die Macht des richtigen Friseurs. Über Bilder, Medien und Frauen,* Brüssel 2007.

Stämpfli, Regula: *Die Vermessung der Frau. Von Botox, Hormonen und anderem Irrsinn,* Gütersloh 2013.

Storch, Maja: *Die Sehnsucht der starken Frau nach dem starken Mann,* München 2002.

Vannuccini, Vanna: *Liebe mit siebzig. Wie Frauen die Lust neu entdecken,* München 2013.

Walter, Natasha: *Living Dolls. The Return of Sexism,* London 2010.

Watzlawick, Paul: *Anleitung zum Unglücklichsein,* München, 15. Auflage 2009.

Westermann, Christine: *Da geht noch was. Mit 65 in die Kurve,* Köln 2013.

Wolf, Naomi: *Der Mythos Schönheit,* Reinbek bei Hamburg 1991.

Wolf, Naomi: *Vagina. Eine Geschichte der Weiblichkeit,* Reinbek bei Hamburg 2012.

Dank

Wer über viele Monate im Schreibkloster sitzt, lebt neben der Arbeit von einem Trost: dass es Menschen gibt, die das entstehende Buch begleiten und sich auf vielerlei Art kümmern. Um das Projekt, um die Autorin, um so wichtige Dinge wie den Zeitungsartikel, der zum Thema unbedingt noch gelesen gehört, oder den Teller Pasta am Abend.

An Zuspruch, Ermutigung, professionellem und lebenspraktischem Beistand hat es in meinem Schreibkloster nicht gemangelt. Dafür danke ich Ihnen und euch allen! Meinen Interviewpartnerinnen und -partnern, meiner Agentin und meiner Lektorin, den Kolleginnen und Kollegen, die mich beim Ideensammeln, Recherchieren und Transkribieren unterstützten. Ein großes Dankeschön an meine Freundinnen und Freunde, die mich trotz andauernder Abwesenheit nicht verstoßen haben. Genau dazu hätten auch meine Familie und mein Liebster in den vergangenen Monaten das eine oder andere Mal genügend Grund gehabt – taten aber das Gegenteil und waren in jeder Hinsicht für mich da. Was soll ich sagen?